ubu

Geontologias

Um réquiem para o liberalismo tardio

Elizabeth A. Povinelli

apresentação e tradução
Mariana Ruggieri

7
apresentação
Mariana Ruggieri

17
1. As três figuras da geontologia

61
2. As pedras podem morrer?
Morte e vida no Imaginário do Carbono

102
3. Os fósseis e os ossos

153
4. A normatividade dos corpos d'água

190
5. O nevoeiro do sentido e o *demos* sem voz

229
6. O *download* do Sonhar

264
7. Geontopoder liberal tardio

279
Agradecimentos

283
Referências

Apresentação

"O conceito de vida é a pele que vivenciamos como nossa", diz Elizabeth Povinelli em uma nota de rodapé do segundo capítulo deste livro. Apesar de sua posição menor dentro da magnitude teórica de *Geontologias*, memorizei o excerto e guardei-o comigo como uma espécie de sutura possível para um livro que resiste obstinadamente à síntese. De fato, é o tecido cicatricial produzido pelo geontopoder – um modo de gerir o mercado e as diferenças que se fundamenta na separação entre Vida e Não Vida, ou entre o vivo e o inerte – que se apresenta como local privilegiado de investigação. Nesse sentido, a pele, como órgão limítrofe que circunda e contém as pulsões metabólicas daquilo que é vivo, se revela como uma espécie de fronteira traçada por uma aliança curiosa entre a biologia e a ontologia. Essa aliança, no entanto, também produz uma cisão. Ou melhor, é sustentada por uma cisão. Afinal, a quem se refere o "nós" da frase inicial desta apresentação? A todas as formas de socialidade humana ou a uma específica, que ocupou o mundo à força e sequestrou o próprio conceito de humano – e de vida – para si própria, transformando as demais em fósseis? E quais as relações entre esse "nós" e a cor da pele de quem pode ou não propor um conceito para definir aquilo que se manifesta como vivo?

Essas são algumas das questões que impelem Povinelli a investigar a extrusão do poder geontológico (a diferença entre Vida e Não Vida), o qual sempre se moveu pelas camadas tectônicas do bio/necropoder (a governança por meio da vida e da morte) e vai se tornando mais aparente para as populações que antes apenas se beneficiavam, direta ou indiretamente, de seu modo de ordenar o trânsito das mercadorias e dos corpos. Se para essas populações foi preciso conceitualizar o Antropoceno de modo que a ordem geológica pudesse ser compreendida como indissociada da ação humana, isso revela que o poder geontológico parece, cada vez mais, produzir evidências contra si próprio, até mesmo diante de seus entusiastas. Em filmes e séries de ficção científica, vemos os grandes centros financeiros consumidos pelas forças naturais, catástrofes projetadas ambivalentemente como temor e desejo. Não qualificar o *ánthropos* do Antropoceno, contudo, significa permanecer no ponto cego produzido pelo geontopoder. E é possível ir ainda além, parece nos dizer Povinelli, ao investigar as ansiedades detonadas pelo espectro da catástrofe futura. Quando o fim do mundo é pensado como o-fim-de-toda-a-vida-ao-mesmo-tempo, a narrativa adquire características biontológicas: primeiro o vazio, depois o evento da vida e, por fim, a morte. A existência só é possível de ser compreendida – e valorizada – a partir de elementos que caracterizariam a vida, de modo que a ontologia se revele como a base da própria governança da diferença. A geontologia proposta pela autora não é algo a ser reivindicado como uma contraontologia, mas um conceito que pode iluminar a cumplicidade entre os marcadores metabólicos (nascimento, crescimento, reprodução, morte) e os marcadores ontológicos (evento, *conatus/affectus*, finitude). Investigando os limites de autores fundamentais para o campo da filosofia dedicada à existência e ao modo de conhecer o mundo, Povinelli dialoga também com correntes que pensam a insustentabilidade cada vez mais evidente da separabilidade entre Vida e Não Vida, tais como a ontologia orientada a objetos, o novo materialismo e o rea-

Apresentação

lismo especulativo, com o intuito de descobrir até que ponto, e sob quais condições, seria possível considerá-las aliadas. Mas, poderíamos dizer, um pouco impacientes, para que tudo isso? E o interessante é que Povinelli parece partilhar dessa inquietude; não por uma disposição individual, mas por uma orientação coletiva. A geontologia é focalizada, em suas mais diversas manifestações, da perspectiva do Karrabing, um coletivo indígena do Território do Norte, na Austrália, composto por homens e mulheres de diversas gerações. Foi o Karrabing, em uma conformação coletiva anterior, que transformou, por assim dizer, Povinelli em antropóloga nos anos 1980. Formada em filosofia e interessada em filosofias indígenas, deparou com a necessidade legal de haver uma antropóloga para representar a comunidade de Belyuen em um pleito pelo reconhecimento de suas terras perante o governo australiano. Investigar o aparato crítico ocidental da perspectiva Karrabing significa, portanto, evidenciar a maneira como alguns de seus pressupostos estão operando no avanço daquilo que a autora chama de liberalismo tardio de ocupação, um modo de governança que é simultaneamente multiculturalista e extrativista. No Território do Norte, isso significa enfrentar as gigantescas e poderosas empresas de mineração ao mesmo tempo que se confrontam as políticas de reconhecimento determinadas pelo governo australiano. Se a ontologia pode ser mais bem compreendida como um arranjo de existência (em oposição, por exemplo, a algo que concede estatuto de humanidade), trata-se de explorar os arranjos compostos pela geontologia no modo como são analisados pelo Karrabing à medida que depara com suas constrições. O capitalismo enxerga tudo como potencialmente vital do ponto de vista do lucro, separando os existentes de acordo com o potencial desejado de extração. Para o capitalista, nada é inerte; desde que se possa projetar sobre ele sua intencionalidade empreendedora, um deserto pode ser um campo fértil de oportunidades – trata-se do animista exemplar, diz Povinelli, tomando o conceito antropológico para nomear uma figura sintomática do geontopoder. Se antes do advento do liberalismo tardio as populações eram diferenciadas evolutivamente de acordo com sua atribuição de agência a entes não humanos, para a atual política de reconhecimento australiana indígenas podem ser reconhecidos como donos originários de suas terras somente na medida em que manifestem um animismo sancionado pelo Estado liberal de ocupação e que se apresentem como potenciais detentores de *royalties* de mineração.

O coletivo Karrabing surgiu da necessidade de se organizarem respostas a diversos processos políticos e históricos. No terceiro capítulo, podemos entender melhor como o geontopoder opera na distinção entre fósseis e existentes, impactando na possibilidade de se pleitear uma terra como originária. O capítulo começa na virada da maré baixa para a maré cheia, quando a jovem Povinelli está na praia com Bilawag e Binbin, conversando sobre o *durlgmö* (aquilo que a ciência natural conhece como fóssil de plesiossauro) que se havia manifestado para elas há muito tempo. O *durlgmö* era o Sonhar patrilinear do marido de Binbin, mas o Sonhar dele estava localizado a mais de duzentos quilômetros dali.[1] Binbin, seu marido e Bilawag foram assentados em Belyuen pelo Estado colonial de ocupação no fim dos anos 1930. A manifestação do *durlgmö* ali era,

---

1 De acordo com Renato Sztutman, o Sonhar "pode referir-se a personagens míticos, a narrativas, a lugares ou mesmo a trajetos. Pode 'pertencer' a uma pessoa ou a um coletivo. O 'sonho' em questão não coincide com o objeto psicanalítico, não advém do trabalho de um inconsciente psíquico, mas sim de eventos virtuais, que existem para além do sujeito e sua consciência. Na língua batjemalh – uma das línguas faladas entre os membros do coletivo Karrabing – a palavra para 'sonhar' é *durlg*. Antropólogos costumaram traduzir conceitos como esse como 'totem', incorrendo em certas simplificações e reificações. De modo geral, como indica Povinelli, os sonhares estão na base da criação da topologia da região, descrevendo o trajeto que culminou no estabelecimento de lugares e acidentes geográficos. Os sonhares seriam, na glosa de Barbara Glowczewski, inspirada em Félix Guattari, 'territórios existenciais' – virtuais, porém reais, já que atuam fortemente na vida das pessoas"; R. Sztutman, "O cinema como sonhar", in *forumdoc. bh.25 anos*, catálogo, 18 nov.-2 dez. 2021, p. 203.

Apresentação

portanto, sinal de que essas novas terras, às quais haviam chegado após um deslocamento forçado e violento, indicavam um estado de pertencimento, conectando o solo em que foram assentadas àquele do qual haviam sido forçosamente removidas. Saber analisar essas manifestações e, sobretudo, suas modificações é uma maneira de compreender os arranjos de existência e os modos de cuidado e atenção demandados pelos novos arranjos. Nos anos 1970, foi aprovada na Austrália uma lei permitindo o reconhecimento territorial de populações indígenas. No entanto, somente grupos que demonstrassem reter um imaginário específico poderiam fazer valer seus pleitos. Para serem reconhecidos como donos originários, era preciso que apresentassem ao Estado, responsável por realocar milhares de indígenas, evidências de um traço temporal anterior ao próprio Estado, ou seja, que contassem dos arranjos de existência antes do desarranjo e do rearranjo coloniais. O que se exigia, portanto, era um animismo inanimado: a afirmação de um território vivo que estivesse parado no tempo. Em outras palavras, era preciso apresentar-se como um fóssil social. Segundo laudos antropológicos, embora fosse possível reconhecer alguns outros membros da comunidade de Belyuen como donos originários, as reivindicações de Binbin, seu marido e Bilawag eram de natureza sócio-histórica, não se enquadrando nos parâmetros legais de originariedade. O embate com uma forma correta de ancestralidade, determinada pelo Estado, é uma das muitas formas que Povinelli encontra para revelar o maquinário das políticas liberais tardias de reconhecimento, em que o passado ancestral é considerado materialmente restrito ao passado, impossível de atualizar-se no presente.

Já o presente ancestral é uma temporalidade suturada: em razão do avanço da ocupação colonial, os ancestrais humanos e mais-que-humanos dos Karrabing encontram dificuldade em permanecer nos seus lugares. Isso fica mais evidente na produção cinematográfica do coletivo, que utiliza sobreposições visuais e narrativas. Em um dos filmes apresentados no livro, *When the Dogs Talked* [Quando os cachorros falavam], são as próprias crianças e jovens do Karrabing que demonstram o tecido cicatricial do presente ancestral. Curiosos com a origem de um buraco na terra, eles se perguntam se teriam sido os dingos do Sonhar ou as máquinas – e antes ou depois dos dinossauros. Mas essa conversa é só uma das atividades focalizadas pelo curta-metragem, atravessado pela sombra iminente de um despejo por inadimplência e por discussões muito concretas acerca de sua própria realização como filme. A decisão de experimentar com recursos audiovisuais surgiu também do desejo de pensar alternativas de renda que não envolvessem a autorização de mineração no território, pressão cada vez mais onipresente à medida que o Estado diminui seus programas sociais, propagandeando o empreendedorismo como modo de ascensão social (e moral, como vemos no quarto capítulo). Essa sutura de temporalidades dá origem a um gênero fílmico que Povinelli, diretora dos filmes Karrabing, chama de realismo improvisacional. A improvisação não se refere apenas a uma forma artística, mas a uma forma – uma arte, diz a autora – de vida. Entre a realidade e o realismo está a manifestação da realidade e, consequentemente, não se podem separar a governança da existência e a representação da existência. Os aparentes erros de continuidade nos filmes, portanto – pessoas diferentes fazendo o mesmo papel, roupas e carros diversos na mesma cena –, todas as suas inconsistências, são registros da vida indígena sob o manto do geontopoder. Durante a filmagem, os atores do Karrabing precisam lidar com uma vida administrada por forças policiais, serviços sociais e outras instituições, impedindo sua presença constante e contínua nas gravações. O improviso se torna, então, uma forma crítica de habitar e se mover dentro dos cercamentos do liberalismo tardio.

Publicado originalmente em 2016, *Geontologias* se refere múltiplas vezes aos livros anteriores de Povinelli, reconhecendo a continuidade de suas curiosidades e desconfianças. E podemos também ver relações com seus livros posteriores, marcados pelas turbulências dos últimos anos. Em *The Inheritance*, composto mais por ima-

Apresentação

gens do que por palavras, Povinelli ilustra sua vida familiar como neta de imigrantes europeus nos Estados Unidos e a branquitude que recebe de herança, apesar da história de despossessão de sua família paterna, a qual havia perdido terras ancestrais no norte da Itália. Diante da ascensão de forças políticas reacionárias, contrárias inclusive ao pacto liberal, Povinelli aborda sua história familiar de modo a refletir sobre o movimento cada vez mais comum de populações brancas reivindicarem para si um direito ancestral e tradicional (e lembro aqui das imagens da tomada do Capitólio estadunidense, onde um supremacista branco trajava diversos símbolos da mitologia nórdica). Lido no Brasil, *Geontologias* nos impele a pensar não apenas sobre as semelhanças mas também sobre as diferenças da conformação do geontopoder no território nacional à medida que a mineração avança sobre as terras indígenas em velocidade vertiginosa. Lido aqui, neste momento em que há a possibilidade de se retomar um projeto de governo criminosamente interrompido pelo ultraliberalismo econômico e pelo ultrarreacionarismo social, parece mais do que necessário nos mantermos atentas às manifestações, tanto de nossos inimigos como de nossos aliados. Não podemos nos esquecer de que, para Bilawag e Binbin, a tarefa fundamental do pensamento humano é saber avaliar manifestações de modo a compreender o que é esperado de nós e decidir em que direção devemos orientar nossa existência para que o mundo mais--que-humano não nos vire as costas.

MARIANA RUGGIERI é doutora em Teoria Literária pela Universidade de São Paulo. Foi pesquisadora visitante na Universidade de Michigan, na Universidade Nacional Autônoma do México e na Universidade Livre de Berlim. Realizou o pós-doutorado (Fapesp) na Universidade Estadual de Campinas. É professora da Universidade Federal do Ceará.

Para todos *nós, karrabing ou karrakal, gagathenibarru*

Tão pouco do que pode acontecer acontece.

— SALVADOR DALÍ

1.

As três figuras da geontologia

As figuras e as táticas

Por bastante tempo muitos acreditaram que a Europa Ocidental havia gerado e propagado globalmente um regime de poder mais bem descrito como biopolítico. Pensava-se que a biopolítica era o "conjunto dos mecanismos pelos quais aquilo que, na espécie humana, constitui suas características biológicas fundamentais tornou-se uma estratégia política, uma estratégia geral de poder".[1] Muitos acreditam que esse regime foi inaugurado entre o final do século XVIII e o começo do século XIX e consolidado durante os anos 1970. Antes disso, no apogeu dos monarcas europeus, reinava uma forma muito diferente de poder, mais especificamente o poder soberano. O poder soberano se definia pela performance pública e espetacular do direito de matar, de tirar a vida e, em momentos de generosidade régia, de deixar viver. Tratava-se de um regime de polegares soberanos que apontavam para cima ou para baixo, decretado sobre os corpos de humanos – e ocasionalmente

---

1 Michel Foucault, *Segurança, território, população: Curso dado no Collège de France (1977-1978)*, trad. Eduardo Brandão. São Paulo: WMF Martins Fontes, 2008, p. 3; trad. modif.

de felinos – torturados, eviscerados, carbonizados e desmembrados.[2] O poder régio não era apenas a reivindicação de um poder absoluto sobre a vida. Era um carnaval da morte: multidões reunidas em um ruidoso *jamboree* de matança – barganhando mercadorias, jogando dados –, e não em um silêncio reverente em torno da santidade da vida. Sua figura, descrita vividamente na abertura de *Vigiar e punir*, de Michel Foucault, é a do regicida arrastado por cavalos e depois esquartejado.

De que maneira essa forma de poder se diferencia do modo como concebemos hoje o poder legítimo, naquilo que demandamos dele e naquilo que ele cria diante de nossas demandas? E de que maneira são diferentes as figuras por meio das quais a forma contemporânea de poder estabelece seu poder? Nós não vemos reis e seus súditos, ou corpos fracionados em pedaços, mas Estados e suas populações, indivíduos e sua administração da saúde, o casal malthusiano, a mulher histérica, o adulto perverso e a criança masturbadora. Certamente algumas conformações sociais parecem indicar o retorno ao poder soberano, como os Estados securitários estadunidenses e europeus, com seus centros secretos de extradição criados no encalço do 11 de Setembro, dos atentados de 7 de julho de 2005 em Londres e 11 de março de 2004 em Madri (11-M), do *Charlie Hebdo*... Mas essas manifestações de um novo poder soberano duro se insinuam profundamente nas operações de biopoder – por meio dos ritmos estocásticos de algoritmos específicos e experimentos em redes sociais –, algo que Foucault havia antecipado em seu curso sobre segurança, território e população.[3] Será, portanto, tão espantoso que alguns acreditem em uma grande divisão que separa o atual regime biopolítico da ordem antiga da soberania? Ou que alguns

---

2 Robert Darnton, *O grande massacre de gatos*, trad. Sonia Coutinho. Rio de Janeiro: Graal, 1988.

3 Ver, por exemplo, Joseph Masco, *The Theater of Operations: National Security Affect from the Cold War to the War on Terror*. Durham: Duke University Press, 2014.

pensem que o poder disciplinar (com suas figuras de acampamentos militares, quartéis e escolas e sua regulamentação da vida) e a biopolítica (com suas quatro figuras da sexualidade, seu rastreio tecnológico do desejo nas dimensões individual e populacional e sua normação da vida) se encontram protegidos do selvagem e antigo dispositivo soberano?

Foucault certamente não foi o primeiro a perceber a transformação da forma e do fundamento racional do poder na longa história da Europa Ocidental – e, conforme ela moldou as destinações de seu alcance imperial e colonial, o poder se inscreveu no globo. Hannah Arendt, talvez mais notadamente, escrevendo quase vinte anos antes de Foucault dar início ao seu curso sobre biopoder, lamentou a emergência do "Social" como referente e propósito da atividade política.[4] Arendt não contrastou o apogeu dos monarcas e dos tribunais europeus com o foco moderno sobre o corpo social; no lugar disso, ela buscou contrastar esse último com a clássica divisão grega entre os âmbitos público e privado. Para Arendt, o público constituía o espaço da deliberação e da ação políticas, construído e definido por sua liberdade e seu antagonismo em relação à esfera da necessidade. O público se constituía pela exclusão ativa da esfera da necessidade – tudo que tivesse a ver com a vida física do corpo –, e essa exclusão constituía a esfera pública como tal. Para Arendt, o espaço da necessidade começou a se infiltrar no público durante os séculos XVIII e XIX, criando uma nova topologia do público e do privado. Ela denominou essa nova espacialidade de "o Social". Em vez de excluir do pensamento político as necessidades, as carências e os desejos humanos, o Estado liberal "Social" os acolhia, abrindo caminho para que o *homo economicus* saqueasse o fórum público e se estabelecesse como a razão de ser do político. Desde então, o Estado liberal obtém sua legitimidade por meio da demonstração

---

4 Hannah Arendt, *A condição humana*, trad. Roberto Raposo. Rio de Janeiro: Forense Universitária, 2007.

de que antecipa, protege e aprimora as necessidades, as carências e os desejos biológicos e psicológicos de seus cidadãos.

Se não foi de Foucault a primeira palavra sobre a biopolítica, tampouco lhe coube a última. Embora seu famoso gracejo sobre o século que carregaria o nome de "Deleuze" não tenha passado de um comentário espirituoso, ele sem dúvida estaria satisfeito em ver a boa trajetória percorrida por seu conceito de biopolítica, que gerou inúmeros neologismos (biopoder, biopolítica, tanatopolítica, necropolítica, formas positivas e negativas de biopoder, neuropolítica) e se alastrou pela antropologia, pelos estudos culturais e literários, pela teoria política, pela filosofia crítica e pela história. Jacques Derrida e Donna Haraway explorariam o conceito de autoimunidade da perspectiva da biopolítica.[5] Giorgio Agamben colocaria Arendt e Foucault em diálogo de modo a ampliar as origens da biopolítica, incorporando os direitos grego e romano.[6] Roberto Esposito responderia às leituras negativas realizadas por Agamben, argumentando que uma forma positiva da biopolítica poderia ser encontrada em leituras inovadoras de Martin Heidegger, Georges Canguilhem e B. de Spinoza.[7] O conceito foucaultiano de biopolítica também tem sido fustigado por acusações de provincianismo narcisista.[8] Esse provincianismo se torna aparente quando a biopolítica é analisada a partir de uma outra história global – quando se

---

5 Ver Jacques Derrida, *A besta e o soberano*, trad. Marco Casanova. Rio de Janeiro: Via Verita, 2018; e Donna Haraway, "The Biopolitics of Postmodern Bodies: Constitutions of Self in Immune System Discourse". *differences: A Journal of Feminist Cultural Studies*, v. 1, n. 1, 1989.

6 Giorgio Agamben, *Homo Sacer I: O poder soberano e a vida nua*, trad. Henrique Burigo. Belo Horizonte: Editora UFMG, 2007.

7 Ver Roberto Esposito, *Bios: Biopolítica e filosofia*, trad. M. Freitas da Costa. Lisboa: Edições 70, 2010; e Timothy Campbell, *Improper Life: Technology and Biopolitics from Heidegger to Agamben*. Minneapolis: University of Minnesota Press, 2011.

8 Ver, para efeito comparativo, Dipesh Chakrabarty, *Provincializing Europe: Postcolonial Thought and Historical Difference*. Princeton: Princeton University Press, 2007.

As três figuras da geontologia

concede à biopolítica uma geografia social diferente. Assim, muitos autores e autoras no Sul Global têm insistido que é impossível escrever uma história da biopolítica que começa e termina na história europeia, *mesmo quando* a Europa Ocidental é tomada como quadro referencial. Achille Mbembe, por exemplo, argumentou que as expressões sádicas do nazismo alemão estavam genealogicamente relacionadas ao sadismo do colonialismo europeu. No espaço colonial, "a instrumentalização generalizada da existência humana e a destruição material de corpos humanos e populações" foi o precursor experimental para os campos de extermínio na Europa.[9] E, antes de Mbembe, W. E. B. Du Bois defendeu que as origens materiais e discursivas do monumentalismo europeu, como os boulevards cintilantes de Bruxelas, podiam ser localizadas nos regimes coloniais brutais no Congo.[10] Essa genealogia global tanto da extração quanto da produção de materialidade e vida levou Rosi Braidotti a concluir: "Biopoder e necropolítica são duas faces da mesma moeda".[11]

Mas seriam os conceitos de biopolítica, positiva ou negativa, ou de necropolítica, colonial ou pós-colonial, a forma de poder na qual o liberalismo tardio agora opera – ou na qual tem operado? Se, parafraseando Gilles Deleuze, conceitos dão lugar à compreensão daquilo que nos rodeia, mas não daquilo que está em nosso campo de visão, a biopolítica ainda acolheria sob as suas asas conceituais aquilo que precisa ser considerado se quisermos compreender o liberalismo tardio contemporâneo?[12] É tão significativo o nosso

---

9 Achille Mbembe, *Necropolítica: Biopoder, soberania, estado de exceção, política da morte*, trad. Renata Santini. São Paulo: n-1 edições, 1018, pp. 10-11. Ver também Rosi Braidotti, "Bio-Power and Necro-Politics: Reflections on an Ethics of Sustainability". *Springerin*, v. 2, n. 7, 2007.

10 David Levering Lewis, *W.E.B Du Bois: The Fight for Equality and the American Century 1919-1963*. New York: Henry Holt, 2000, especialmente pp. 394-96.

11 R. Braidotti, "Bio-Power and Necro-Politics", op. cit.

12 Compreendo "conceito" no sentido amplo em que Gilles Deleuze e William James abordaram o trabalho da conceitualização, sobretudo para atualizar uma série

deslumbre diante da imagem de um poder operante na vida a ponto de não percebermos os novos problemas, figuras, estratégias e conceitos que emergem em toda parte, sugerindo outra forma de poder liberal tardio? A ponto de não nos atentarmos à revelação de uma forma que é fundamental ao conceito de biopoder – mas que é por ele ocultada? É tão imperativo nosso foco em explorar cada dobra do manto biopolítico – biossegurança, bioespectralidade, tanatopoliticidade – a ponto de nos esquecermos de observar que as figuras do biopoder (a mulher histérica, o casal malthusiano, o adulto perverso e a criança masturbadora; os acampamentos e quartéis, o panóptico e o confinamento solitário), outrora tão centrais ao nosso entendimento do poder contemporâneo, agora parecem menos decisivas, encontrando inflexões ou cedendo espaço a novas figuras: o Deserto, o Animista, o Vírus? E seria o retorno à soberania nossa única opção para compreender o poder liberal tardio contemporâneo? Esta introdução, bem como os capítulos seguintes, procuram refletir sobre o modo como nossa aliança ao conceito de biopolítica esconde e revela outro problema: uma forma que, por falta de termo melhor, chamo de poder *geontológico*, ou *geontopoder*.

Vou esboçar, então, algumas palavras sobre o que quero dizer com poder geontológico, ou geontopoder, embora seu escopo e sua relevância possam ser conhecidos apenas nos mundos imanentes em que ele é continuamente feito e desfeito – um dos quais se aborda neste livro. O modo mais simples de delinear a diferença entre geontopoder e biopoder é considerar que o primeiro não opera pela governança da vida e pelas táticas da morte, e sim se apresenta como um conjunto de discursos, afetos e táticas utilizados no liberalismo tardio para manter e dar forma à relação futura da distinção

---

de quase eventos dentro de um limiar. Ver William James, *Pragmatism*. New York: Dover, 1995; Gilles Deleuze e Félix Guattari, *O que é a filosofia?*, trad. Bento Prado Jr. e Alberto Alonso Munoz. São Paulo: Editora 34, 2007; e Isabelle Stengers, "Gilles Deleuze's Last Message"; recalcitrance.com/deleuzelast.htm.

As três figuras da geontologia

entre Vida e Não Vida.[13] Este livro argumenta que, à medida que são desestabilizadas as divisões ordenadoras estáveis daquilo que é Vida e Não Vida, novas figuras, táticas e discursos de poder vão deslocando o quarteto biopolítico. Mas por que usar esses termos, e não outros? Por que não usar "poder meteorontológico", que poderia referir-se mais precisamente ao conceito de mudança climática? Por que não cunhar o termo cacofônico "gexistente", já que, ao longo deste livro, utilizo o termo "existente" para me referir ao que poderia, em outros contextos, ser descrito como vida, coisa, organismo e ser? Não seria "gexistência" semanticamente mais apropriado para o meu argumento, elaborado abaixo e nos capítulos subsequentes, de que ontologias ocidentais são biontologias disfarçadas – a metafísica ocidental como a medida de todas as formas de existência, determinada pelas qualidades de uma única forma de existência (*bíos, zoé*) – e de que a biopolítica depende de uma metafísica cujos fundamentos permanecem inabaláveis? Ao fim, optei por manter o termo *geontologia* e seus cognatos, como *geontopoder*, porque queria intensificar o contraste entre os componentes atuais e ativos da não vida (*geos*) e do ser (ontologia) diante da governança liberal tardia da diferença e dos mercados. Assim, pretende-se que a geontologia realce, por um lado, o cercamento biontológico da existência (a caracterização de todos os existentes como aqueles dotados de qualidades associadas à Vida). E, por outro lado, pretende-se realçar a dificuldade em encontrar uma linguagem crítica que possa abarcar o momento em que uma forma de poder bastante autoevidente em certos regimes de liberalismo tardio de ocupação torna-se visível globalmente.[14]

---

13 Os conceitos de geontologia (seres Não Vivos) e geontopoder (o poder dos seres Não Vivos e o poder sobre eles) buscam, portanto, indicar a fase atual do pensamento e da prática que definem o liberalismo tardio – uma fase que reconsolida essa distinção ao mesmo tempo que testemunha seu desdobramento.

14 Embora no Brasil a palavra "ocupação" seja utilizada por inúmeros movimentos sociais populares para descrever seus métodos de democratização do acesso à terra e à moradia, a opção de traduzir "*late settler liberalism*" por "liberalismo tardio

Vou enfatizar esse último ponto. O geontopoder não é um poder que está surgindo agora para substituir a biopolítica – o biopoder (a governança por meio da vida e da morte) tem há muito tempo dependido de um geontopoder implícito (a diferença entre o vivo e o inerte). E, de modo similar àquele como a necropolítica operou abertamente na África colonial, para depois revelar seu contorno na Europa, o geontopoder também tem operado abertamente no liberalismo tardio de ocupação e se insinuado nas operações cotidianas da governança da diferença e dos mercados. A atribuição, a uma série de povos colonizados, da *inabilidade* para diferenciar entre coisas que possuem agência, subjetividade e intencionalidade – do tipo que emerge com a vida – tem sido a base para lançá-los à mentalidade pré-moderna e à diferença pós-reconhecimento. O intuito dos conceitos de geontologia e geontopoder, portanto, não é fundar uma nova ontologia de objetos nem estabelecer uma nova metafísica do poder, tampouco adjudicar a possibilidade ou a impossibilidade da capacidade humana de conhecer a verdade a respeito do mundo das coisas. No lugar disso, tais conceitos ajudam a tornar visíveis as táticas figurais do liberalismo tardio, ao passo que a *orientação e distribuição biontológica* longeva do poder desmorona, perdendo sua eficácia como pano de fundo autoevidente da razão. E, mais especificamente, eles buscam destacar o espaço limitado em que muitos de meus colegas indígenas, homens e mulheres, são forçados a manobrar enquanto procuram manter relevantes suas análises críticas e suas práticas de existência.[15] Em resumo, o geontopoder não é pri-

---

de ocupação" considera também as ocupações violentas realizadas por empreendimentos estatais e/ou comerciais, que invadem os territórios tradicionais e neles permanecem, passando a ordenar suas paisagens e relações, frequentemente dispersando ou exterminando quem antes vivia ali. Sob o liberalismo tardio, como nos mostra Povinelli no decorrer do livro, a ocupação mantém muitas das características do colonialismo de ocupação, ao mesmo tempo que sofre algumas transformações fundamentais, dentre elas as políticas de reconhecimento. [N.T.]

15 Vou argumentar que um aspecto crucial daquilo que está conformando esse es-

meiro um conceito e depois algo que aplico aos mundos de meus amigos e amigas, mas um conceito que emerge da percepção que se tem, nesse espaço limitado, a respeito da governança liberal tardia.

Para começar a compreender o trabalho do conceito de geontopoder relativo ao biopoder, vou retornar às três formas foucaultianas de poder e realizar duas perguntas simples, cujas respostas podem parecer suficientemente decantadas. Primeira: as relações entre poder soberano, poder disciplinar e biopoder são de implicação, distinção e determinação ou entre elementos de um mesmo conjunto? Segunda: era a intenção de Foucault que esses modos de poder fossem periodizações históricas, uma metafísica quase transcendente do poder ou variações dentro de uma estrutura histórica e social mais abrangente? Não nos esqueçamos de que, apesar de toda a nossa certeza contemporânea de que um abismo separa o poder soberano do poder disciplinar e do biopoder, Foucault parecia oscilar entre enxergar um único conceito que atravessava as três formas e delinear três formas específicas de poder, cada uma com sua unidade conceitual específica. Por um lado, ele escreve que o século XVIII testemunhou "o aparecimento – deveríamos dizer a invenção – de uma nova mecânica do poder, que tem procedimentos bem particulares, instrumentos totalmente novos, uma aparelhagem muito diferente".[16] E, no entanto, Foucault também afirma que as formas de poder não sucedem umas às outras como contas em um rosário. Tampouco se conformam à *Aufhebung* hegeliana; a soberania não se desdobra dialeticamente no poder disciplinar, nem

---

paço restrito é a homologia entre vida natural e vida crítica como técnicas, vocabulários e meios afetivos para criar formas de existência – uma homologia cicatricial entre o drama da vida natural (nascimento, crescimento e reprodução) e da morte e o drama dos eventos da vida crítica (*conatus* e *affectus* e finitude). Essa restrição não acontece abstratamente, mas por meio dos modos liberais tardios da governança da diferença e dos mercados.

16 M. Foucault, *Em defesa da sociedade: Curso no Collège de France (1975-1976)*, trad. Maria Ermantina Galvão. São Paulo: WMF Martins Fontes, 2005, p. 42.

o poder disciplinar na biopolítica. Em vez disso, todas as três formas de poder estão sempre em copresença, embora o modo como são organizadas e expressadas em sua relação mútua varie de acordo com o tempo e o espaço sociais.[17] Por exemplo, o fascismo alemão empregou as três formas de poder no Holocausto – a figura de Hitler exemplificou o direito do soberano de decidir quem era inimigo ou amigo e, portanto, quem poderia ser morto e a quem se poderia deixar viver; as câmaras de gás exemplificaram a regularidade do poder disciplinar; e a figura do ariano exemplificou a governança pelo imaginário da população e da higiene.

Podemos encontrar exemplos mais recentes. O presidente estadunidense George W. Bush e seu vice-presidente, Dick Cheney, reivindicaram, resoluta e publicamente, o direito a homicídios extrajudiciais (um direito que o presidente seguinte também reivindicou). No entanto, eles não exerciam sua autoridade em festivais públicos onde as vítimas eram arrastadas e esquartejadas, mas por meio de operações especiais secretas em que atuavam seres humanos e drones ou em centros escondidos de rendição extraordinária. Menos explícitas e, portanto, potencialmente mais produtivas, as novas tecnologias de mídia, como Google e Facebook, mobilizam algoritmos para rastrear tendências populacionais em decisões pessoais, criando novas oportunidades para o capital e novos meios de securitizar a intersecção entre o prazer individual e o bem-estar de certas populações, o que Franco Berardi tem chamado de "semiocapitalismo".[18] Essas táticas e estéticas modernas de poder so-

---

17 Ver R. Esposito, *Bios*, op. cit., p. 57.

18 Ver Franco Berardi, *Precarious Rhapsody: Semiocapitalism and the Pathologies of the Post-Alpha Generation*. New York: Autonomedia, 2009. Ver também Macedo Duarte, "Hannah Arendt, Biopolitics and the Problem of Violence: From Animal Laborans to Homo Sacer", in Dan Stone e Richard King (orgs.), *Hannah Arendt and the Uses of History: Imperialism, Nation, Race, and Genocide*. London: Berghahn, 2007; e Claire Blencowe, "Foucault's and Arendt's 'Insider View' of Biopolitics: A Critique of Agamben". *History of the Human Sciences*, v. 23, n. 5, 2010.

berano existem conjuntamente com o que Henry Giroux, a partir do trabalho crucial de Angela Davis sobre o complexo industrial-prisional, tem argumentado serem os atributos centrais do poder contemporâneo estadunidense: biossegurança, com sua panóplia de blocos carcerários ordinários, e formas severas de isolamento.[19] Mas, mesmo ali onde a soberania estadunidense parece se manifestar na sua faceta mais aguda – homicídios sancionados pelo Estado e baseados no sistema prisional –, as mortes são fortemente orquestradas com uma ampla diferença em termos de seu ordenamento estético e afetivo se comparadas à época monárquica. Essa forma de homicídio estatal conta com testemunhas, mas, em vez de barganhar produtos, elas se sentam detrás de uma parede de vidro, onde uma cortina é discretamente aberta enquanto a vítima é preparada para a morte – no caso de surgirem "complicações", a cortina pode ser rapidamente fechada. A multidão barulhenta é mantida do lado de fora: a que celebra é mantida de um lado do cordão policial, a que se mantém em vigília e oração, do outro. Outros exemplos da copresença das três formas de poder emergem em lugares menos óbvios – como nos anúncios informativos aos passageiros conforme os voos da Qantas se aproximam do solo australiano. Se antes era anunciado que os passageiros deveriam estar cientes dos regulamentos rígidos vigentes no país a respeito da quarentena para plantas e animais, agora são anunciadas rígidas "leis de biossegurança".

Ainda assim, continuamos atravessando esses entrelaçamentos variados de poder com a linguagem da soberania, do poder disciplinar e da biopolítica como se fossem formas independentes entre

---

19 Henry Giroux, *Youth in a Suspect Society: Democracy or Disposability*. London: Palgrave Macmillan, 2010, p. 83; A. Davis, *A democracia da abolição: Para além do império, das prisões e da tortura*, trad. Artur Neves Teixeira. Rio de Janeiro: Difel, 2009. Ver também Ruth Wilson Gilmore, *Golden Gulag: Prisons, Surplus, Crisis, and Opposition in Globalizing California*. Berkeley: University of California Press, 2007; e J. Masco, *The Theater of Operations*, op. cit.

si e autônomas em relação à história. É como se, ao entrarmos em suas águas, as correntes dessas diversas formas nos puxassem em direções distintas. Por um lado, cada forma de poder parece expressar uma relação estética e tática diferente, ainda que, por outro lado, fiquemos com a sensação prolongada de que alguma matriz conceitual compartilhada e inominada sustente sua existência tripla – ou pelo menos a cisão entre poder soberano, de um lado, e poder disciplinar e biopoder, de outro. Não sou a primeira, seguramente, a perceber isso. Alain Badiou comenta que, à medida que Foucault se deslocava de uma abordagem arqueológica para uma que fosse genealógica, "uma doutrina de 'campos'" começou a substituir a sequência de "singularidades epistêmicas", de tal modo que Foucault foi conduzido de volta "ao conceito e à filosofia".[20] Em outras palavras, enquanto Badiou insiste que Foucault não foi "nem filósofo, nem historiador, nem uma combinação bastarda dos dois", ele pontua o surgimento de algo como um conceito metafísico em sua obra tardia, especialmente em seu pensamento a respeito da biopolítica e da hermenêutica de si e do outro. Para Badiou esse conceito era o poder. E é exatamente aí que se crava a diferença entre a biopolítica e o geontopoder.

No lugar do poder, gostaria de propor que aquilo que mantém unidas as três formas é uma asserção ontológica comum, outrora pouco assinalada, a saber, de que há uma distinção entre Vida e Não Vida que faz diferença. Hoje, e cada vez mais globalmente, essa asserção se assinala. Por exemplo, a observação outrora banal de que as três formas de poder (poder soberano, poder disciplinar e biopoder) funcionam "sobre um homem enquanto ser vivo" (*une prise de pouvoir sur l'homme en tant qu'etre vivant*)[21] hoje tropeça no vão entre *en tant que* e *tant que*, entre o "enquanto" e o "contanto que".

---

20 Alain Badiou, *The Adventure of French Philosophy*, org. e trad. Bruno Bosteels. London/New York: Verso, 2012, pp. 87, 93 e 97.
21 M. Foucault, *Em defesa da sociedade*, op. cit., p. 286.

As três figuras da geontologia

Essa fraseologia, talvez não tão excessiva em outros tempos, soa agora, quase inevitavelmente, como uma condicional ontológica e epistemológica: todas as três formas funcionam *contanto que* continuemos a conceitualizar humanos como *coisas vivas* e *contanto que* humanos *continuem a existir*. Sim, a soberania, a disciplina e a biopolítica exibem, estetizam e publicizam os dramas da vida e da morte de modos distintos. E, sim, a partir do século XVIII, as ciências antropológicas e físicas vieram a conceitualizar humanos como uma única espécie sujeita à lei natural que governa sobre a vida e a morte de indivíduos e de espécies inteiras. E, sim, esses novos discursos deram abertura a uma nova relação entre os modos como a lei soberana e a biopolítica organizam seus poderes em torno da vida e da morte. E, sim, o rápido resumo de Foucault a respeito dessa transformação como uma inversão a partir do direito de matar e deixar viver rumo ao poder de fazer viver e deixar morrer deve ser modificado à luz do fato de que Estados contemporâneos fazem viver, deixam morrer *e* matam. E, sim, muitos tipos de liberalismo parecem evidenciar uma mancha biopolítica, do colonialismo de ocupação ao liberalismo desenvolvimentista e ao neoliberalismo em sua versão mais completa.[22] Algo, no entanto, está fazendo com que essas declarações sejam lidas e vivenciadas irrevogavelmente por meio de um novo drama, não o drama da vida e da morte, mas uma forma de morte que começa e termina na Não Vida – notadamente a extinção de humanos, da vida biológica e, como costuma ser dito, do próprio planeta –, remetendo-nos a um tempo anterior à vida e à morte de indivíduos e espécies, o tempo do *geos*, o tempo sem alma. A conjunção "enquanto" coloca em primeiro plano o *ánthropos* como apenas um elemento em um conjunto maior da

---

22 Ver, por exemplo, Scott Lauria Morgensen, "Biopolitics of Settler Colonialism: Right Here, Right Now". *Settler Colonial Studies*, v. 1, n. 1, 2011; e Sandro Mezzadra, Julian Reid e Ranabir Samaddar (orgs.), *The Biopolitics of Development Reading Michel Foucault in the Postcolonial Present*. New York: Springer, 2013.

vida, não meramente animal mas de toda Vida, em oposição ao estado original e radical da Não Vida, do vivo em relação ao inerte, do extinto em relação ao estéril. Em outras palavras, está cada vez mais evidente que o *ánthropos* permanece sendo um elemento no conjunto da vida somente enquanto a Vida pode manter sua distinção em relação à Morte/Extinção *e* à Não Vida. Também é evidente que as estratégias liberais tardias para governar a diferença e os mercados funcionam somente enquanto essas distinções são mantidas. E, exatamente porque podemos escutar "enquanto" sabemos, esses parêntesis estão agora visíveis, debatíveis, tensos e irrequietos. É fato que a declaração "evidentemente, *x* humanos são mais importantes do que *y* rochas" continua sendo realizada, persuadindo e interditando o debate político. Mas o que me interessa neste livro é a hesitação breve, a pausa, o influxo de ar que pode interromper o consentimento imediato.

O desenrolar da fórmula agora é assim:

Vida (Vida{nascimento, crescimento, reprodução} *vs.* Morte) *vs.* Não Vida.

O conceito e seus territórios

Muitos atribuem o desmoronamento da distinção autoevidente entre Vida e Não Vida ao desafio colocado pelas mudanças climáticas na era geológica do Antropoceno. Desde que Eugene Stoermer primeiro cunhou o termo "Antropoceno" e Paul Crutzen o popularizou, pretendeu-se que o Antropoceno marcasse o momento geologicamente estabelecido em que as forças da existência humana começaram a suplantar o Holoceno e a sobrecarregar todas as outras formas e forças biológicas, geológicas e meteorológicas. Isto é, o Antropoceno marca o momento em que a existência humana se tornou a forma determinante – e maligna, diga-se de passagem – da existência planetária, substituindo a constatação simplória de que humanos afetam o seu meio. Não é um conceito livre de controvérsias. Mesmo os geólogos que o defendem não concordam com os critérios que devem ser utilizados para marcar seu início. Muitos critérios – e, portanto, datas – têm sido propostos. Alguns o situam no princípio da Revolução Neolítica, quando a agricultura foi inventada e a população humana explodiu. Outros a localizam na detonação da bomba atômica, um evento que deixou sedimentos radioativos na estratigrafia e ajudou a consolidar a noção de Terra (Gaia) como algo que poderia ser destruído pela ação humana e dramatizar a diferença entre Vida – um fenômeno planetário – e Não Vida – uma frieza espacial. As reflexões de Hannah Arendt, em 1963, sobre o lançamento do Sputnik e a perda de contato "entre o mundo dos sentidos e das aparências e a visão de mundo física" seriam importantes aqui; assim como o seria a hipótese de Gaia publicada dois anos depois por James Lovelock, logo após a foto revolucionária do nascer da Terra, capturado pela *Apollo 8* e transmitido ao vivo na véspera de Natal de 1968.[23] Outros estabelecem o início do Antropoceno na Revolução Industrial movida a carvão. Se a expressão britânica *"like selling coal to Newcastle"*[24] foi registrada pela primeira vez em 1538, servindo para recordar a longa história de uso de carvão na Europa, no século XVIII a Revolução Industrial expandiu maciçamente as jazidas de carvão de Lancashire, Somerset e Northumberland, detonando uma enorme bomba de carbono ao liberar incalculáveis toneladas de hidrocarbonetos na atmosfera e ocasionando a nossa atual revolução climática – além, possivelmente, da sexta grande

---

23 H. Arendt, "A conquista do espaço e a estatura humana", in *Entre o passado e o futuro*, trad. Mauro W. Barbosa. São Paulo: Perspectiva, 2007, p. 336; James Lovelock, "A Physical Basis for Life Detection Experiments". *Nature*, v. 207, 1965. Ver também Elizabeth DeLoughrey, "Satellite Planetarity and the Ends of the Earth". *Public Culture*, v. 26, n. 2, 2014.

24 "Como vender carvão para Newcastle", expressão que se refere a uma ação sem sentido, já que a cidade inglesa de Newcastle era o centro de distribuição do carvão. [N.T.]

extinção.[25] Mas a exploração de jazidas de carvão também revelou grandes depósitos fósseis estratificados que incentivaram a fundação da cronologia geológica moderna: a terra como um conjunto de camadas estratificadas de tempo e existência. Em outras palavras, o conceito de Antropoceno é tanto um produto das jazidas de carvão quanto uma análise acerca de sua formação, visto que os fósseis contidos nas jazidas ajudaram a produzir e assegurar a disciplina moderna da geologia e, por contraste, da biologia. No entanto, embora as jazidas de carvão tenham auxiliado na criação dessas disciplinas modernas, a bomba de carbono que elas detonaram – primeiro, lentamente e, depois, aparentemente de modo súbito – transformaram essas distinções disciplinares em diferenças de um tipo diferente. Da perspectiva do ciclo planetário do carbono, que diferença faz a diferença entre Vida e Não Vida? Quais novas combinações e alianças disciplinares são necessárias sob a pressão das mudanças climáticas Antropogênicas? Além disso, se o capital industrial foi a causa da disciplina moderna da geologia e, portanto, a origem secreta da nova era geológica e de seus suportes disciplinares, por que não nomeá-lo e ridicularizá-lo no lugar de fazer isso com o Humano? De fato, James Moore sugeriu que aquilo que estamos chamando de Antropoceno pode ser mais precisamente descrito como Capitaloceno – o que estamos realmente testemunhando são as condições materiais dos últimos quinhentos anos de capitalismo.[26] Na reformulação poética de Dennis Dimick, o Antropoceno e as mudança climáticas não refletem nada além da dependência do capitalismo industrial

---

25 Para algumas perspectivas sobre os entrelaçamentos profundos entre conhecimento, capital e processos biológicos que ocorreram em função da descoberta desses fósseis e dos combustíveis fósseis, ver Karen Pinkus, "Fuels and Humans, Bíos and Zōē", in Tom Bristow e Thomas H. Ford, *A Cultural History of Climate Change*. London: Routledge, 2016; e Kathryn Yusoff, "Geologic Life: Prehistory, Climate, Futures in the Anthropocene". *Environment and Planning D: Society and Space*, v. 31, n. 5, 2013.
26 Jason W. Moore, "Capitalocene, Part ı: On the Nature and Origins of our Ecological Crisis". *The Journal of Peasant Studies*, 2017.

As três figuras da geontologia

aos "raios solares antigos".[27] Outros nomes proliferam: Plantationoceno, Angloceno, Chthuluceno...

O modo e motivo pelos quais diversos estudiosos escolheram uma nomenclatura ou um marcador geo-histórico em detrimento de outro nos ajuda a evidenciar como o geontopoder sustenta e se sustenta sobre a vida natural e a vida crítica, assim como as maneiras como todas as formas específicas de existência, humanas ou outras, são governadas no liberalismo tardio. Como apontam autores de um artigo na *Nature*, mudanças no sistema Terra são heterogêneas e diacrônicas, geografias difusas e diferenciais que só parecem ser eventos terrestres instantâneos quando observadas de uma perspectiva de milhões de anos de compressão estratigráfica.[28] No entanto, embora todos os marcadores estratigráficos exijam um "marcador claro e datável que documente uma mudança global reconhecível no registro estratigráfico, junto de estratótipos auxiliares que documentem mudanças a longo prazo no sistema Terra", o Antropoceno apresenta um problema específico, visto que não pode depender de "depósitos minerais de agregados sólidos ('rocha') para a delimitação"; trata-se de "um horizonte de eventos sem a presença significativa de fósseis" e deve, portanto, buscar um parâmetro diferente para uma Seção e Ponto do Estratótipo de Limite Global [Global Boundary Stratotype Section and Point], "de modo a formalizar uma unidade temporal que se estenda até o presente, incluindo, portanto, uma visão do futuro".[29] Qual a evidência mais materialmente sustentável, socialmente desinteressada e clara dessa nova era geológica: a camada de carbono deixada pela Revolução Industrial, o CO_2 das mudanças climáticas, a assinatura atômica como efeito da bomba atômica?

---

27 Joel Achenbach, "Welcome to the Anthropocene", *Washington Post*, 3 ago. 2010, em reportagem sobre a fala de Dennis Dimick no Aspen Environment Forum, National Geographic.

28 Simon L. Lewis e Mark A. Maslin, "Defining the Anthropocene". *Nature*, v. 519, 2015.

29 Ibid.

A teoria crítica contemporânea pode desdenhar da ideia de que esses marcadores sejam fatos desinteressados no solo, mas veremos que, de um ângulo específico e relevante, a teoria crítica mais reitera do que contesta os principais desejos das ciências naturais. Abordo esse tópico no próximo capítulo. Aqui basta apontar como cada modo de marcar os protagonistas-chave no drama do Antropoceno resulta em um conjunto diferente de problemas e antagonismos éticos, políticos e conceituais que, no entanto, não se afastam do dilema contemporâneo do geontopoder. Por exemplo, do ponto de vista dos cérebros mais literais, o Antropoceno contrasta o ator humano a outros atores biológicos, meteorológicos e geológicos. O Humano emerge como uma abstração, de um lado, com o mundo Não Humano do outro. Quando foi que *humanos* se tornaram a força dominante do *mundo*? Essa forma de categorizar o mundo faz sentido somente dentro da lógica disciplinar da geologia, uma perspectiva disciplinar que depende de tipos naturais e lógicas de espécie. Do ponto de vista geológico, o planeta começou sem Vida, com Não Vida, a partir da qual, por algum motivo, surgiram formas de Vida. Essas formas evoluíram até que uma delas ameaçou extinguir não apenas sua própria forma mas todas as outras, devolvendo o planeta a uma inanimação original. Em outras palavras, quando a abstração do Humano é escolhida como protagonista do Antropoceno, um conjunto específico de personagens abarrota o palco – o Humano, o Não Humano, o Morto, o Nunca Vivo. Essas personagens encenam um drama específico: o fim dos humanos dá ânimo à ansiedade em relação ao fim da Vida, e o fim da Vida dá ânimo à ansiedade em relação à transformação da esfera azul em um planeta vermelho. A Terra virando Marte, a não ser que exista mesmo vida em Marte... E, assim que as coisas começam a tomar um rumo duvidoso, alguém na plateia geralmente interrompe a peça para lembrar todo mundo de que Vida e Não Vida, Humano e Não Humano, são abstrações e distrações do fato de que não foram *humanos* que criaram esse problema. Na realidade, foi um modo específico de sociedade humana e,

As três figuras da geontologia

ainda assim, foram classes, raças e regiões de humanos específicas. Após essa interrupção, o antagonismo se desloca, e os protagonistas não são nem humanos e outras forças biológicas, meteorológicas e geológicas nem Vida e Não Vida. O antagonismo se dá entre formas variadas de mundos da vida humanos e seus efeitos distintos sobre o mundo dado.

No entanto, nenhum desses modos narrativos acerca dos protagonistas e antagonistas do geontopoder oferece uma solução social e política evidente. Por exemplo, se mantivermos o foco sobre o efeito que um modo de sociabilidade humana – digamos, o capitalismo liberal – possui sobre outras formas de vida, devemos democratizar a Vida de modo que todas as formas de existência possam ter voz diante do uso atual do planeta? Ou algumas formas de existência devem receber mais cédulas ou mais peso na votação do que outras? Pensemos no trabalho recente da antropóloga Anna Tsing, em que ela mobiliza o cogumelo matsutake para defender uma política mais inclusiva de bem-estar, um imaginário político que conceitualiza o bem como um mundo em que humanos prosperam tanto quanto não humanos. E, no entanto, essa prosperidade é, como talvez não possa deixar de ser, medida de acordo com pontos de vista humanos específicos, que se tornam evidentes quando outras espécies de fungos aparecem no horizonte – por exemplo, aqueles fungos arborícolas que se proliferam nos berçários agrocapitalistas, como os fungos que parasitam raízes de Hevea: *Rigidoporus lignosus* e *Phellinus noxius*. Eu posso não querer que o capitalismo de *plantation* sobreviva, mas o *R. lignosus* e o *P. noxius* certamente querem. O *P. noxius* não é nocivo [*noxious*] de um ponto de vista inlocalizável, e sim porque ele pode ser entendido como a espécie companheira de uma forma específica da existência social humana, o agrocapitalismo. Daremos, então, uma cédula ao *P. noxious*? O que ele deverá concordar em fazer e ser antes de eu concordar em lhe dar um voto? O que mais precisará concordar com minhas regras nessa nova guerra do mundo – aqueles minerais, lagos, partículas aéreas e correntes que prosperam em uma forma, e não em outra? A "sustentabilidade" pode rapidamente se tornar um chamado para conceber um modo de (multi)existência suscetível aos nossos desejos, ao mesmo tempo que as alianças políticas ficam muito confusas. Afinal, talvez o *P. noxious* seja o melhor guerreiro de classes que temos agora. Ele consome as condições de sua existência e destrói o que o capital oferece como a condição de sua extensão normativa. É verdade que, no processo, ele também consome uma multidão de outras formas de existência. Mas a guerra de classes não é uma empreitada gentil.

Quando a tentativa de resolver esse problema nos levar à exaustão, podemos trocar nosso telescópio por um conjunto de binóculos e olhar os diversos modos específicos de existência humana em geografias sociais específicas – e entre essas geografias. Em outras palavras, podemos desistir de tentar encontrar a regra geral da inclusão universal, que poderia evitar injustiças locais, e focar nos problemas locais. No caso deste livro, por exemplo, eu aposto em uma aliança com meus amigos, amigas e colegas indígenas no Território do Norte australiano. Aqui observamos que não foram os humanos, e sim alguns modos de sociabilidade humana, que exerceram uma força maligna sobre as dimensões meteorológica, geológica e biológica da Terra. Começamos, então, a distinguir um tipo de humano, com seus modos de existência, de outros. Mas, assim que pensamos ter uma localização – estes *versus* aqueles –, nosso foco deve imediatamente se expandir. A natureza global da mudança climática, do capital, da toxicidade e da discursividade nos demanda olhar imediatamente para além do lugar em que estamos. É preciso seguir o fluxo das indústrias tóxicas, cujos resíduos penetram na comida, nas florestas e nos aquíferos, e visitar os centros de trânsito de vírus que conectam espécies por meio de vetores de doença. À medida que ampliamos o local nesse emaranhado de trânsitos infiltrantes, não precisamos expandir a escala até o Humano ou o global, mas tampouco podemos permanecer no local. Podemos apenas permanecer *mais ou menos aqui*.

As três figuras da geontologia

Em outras palavras, o Antropoceno e seu conceito companheiro de mudança climática não devem ser vistos meramente como eventos geológicos e meteorológicos, e sim como um conjunto de turbulências políticas e conceituais que emergiram nos anos 1960 – o movimento ambientalista radical, a oposição indígena à mineração, o conceito de Gaia e do planeta azul. Essas turbulências estão agora acelerando o problema de como o liberalismo tardio vai governar globalmente a diferença e os mercados. Minha intenção não é adjudicar quais antagonistas e protagonistas escolhemos, mas demostrar como o objeto de preocupação alojou-se dentro de disputas concorrentes pela existência, assim como entre elas, gerando implicações para o modo como conceitualizamos a escala, o evento, a circulação e o ser. Independentemente de como os geólogos terminem por datar a ruptura entre o Holoceno e o Antropoceno, o conceito de Antropoceno já exerce um impacto dramático sobre, e mediante, a organização do pensamento crítico, das políticas culturais e da governança geopolítica entre o Norte e Sul Globais. E esse impacto conceitual é um dos efeitos e uma das causas do desmoronamento da distinção autoevidente entre Vida e Não Vida, fundamental à biopolítica. Como nota a geógrafa Kathryn Yusoff, a biopolítica está cada vez mais "subtendida pela geologia".[30] A possibilidade de que humanos, ou certas formas de existência humana, constituam uma força maligna tão arrebatadora a ponto de a própria Vida correr o risco da extinção planetária tem modificado o foco das humanidades e das ciências humanas, das ciências sociais quantitativas e das ciências naturais.[31] A emergência do conceito geológico do

---

30 Kathryn Yusoff, "Geological Subjects: Nonhuman Origins, Geomorphic Aesthetics and the Art of Becoming Inhuman". *Cultural Geographies*, v. 22, n. 3, 2015.
31 Para alguns exemplos de um mudança lenta de humano para não humano e para não vida, ver D. Haraway, *Crystals, Fabrics, and Fields: Metaphors of Organicism in Twentieth-Century Developmental Biology*. New Haven/London: Yale University Press, 1976; Dipesh Chakrabarty, "Climate of History: Four Theses". *Critical Inquiry*, v. 35, 2009; Claire Colebrook, *Death of the PostHuman: Essays on Extinction*,

Antropoceno e a modelagem meteorológica do ciclo de carbono, a emergência de novas ciências naturais sintéticas, como a biogeoquímica, e a proliferação de novas ontologias de objetos (novos materialismos, materialismos especulativos, realismos especulativos e ontologias orientadas a objetos) apontam para uma barreira perfurante entre a autonomia da Vida e sua oposição e diferença em relação à Não Vida. Como, por exemplo, as humanidades.

No momento em que o futuro da vida humana – ou de um modo de vida humana – é colocado sob a pressão do aquecimento global, a ontologia emerge novamente como um problema central na filosofia, na antropologia, nos estudos literários e culturais, nos estudos da ciência e da tecnologia. Cada vez com mais frequência, a teoria crítica se mostra incapaz de demonstrar a superioridade do humano em relação a outras formas de vida – por isso a ascensão de políticas e teorias pós-humanistas –, mas ela também encontra dificuldade em sustentar, entre todas as formas de Vida e a categoria da Não Vida, uma diferença que faça diferença. A teoria crítica coloca cada vez mais pressão sobre as distinções ontológicas entre os existentes biológicos, geológicos e meteorológicos. A crítica pós-humanista está cedendo espaço a uma crítica pós-vida: do ser ao agenciamento, do biopoder ao geontopoder. Qual *status* os objetos devem ter nas diversas ontologias ocidentais? Há objetos, existentes, ou apenas agenciamentos difusos? Esses agenciamentos difusos também são vivos? Os antropólogos têm contribuído para tais questões, geralmente mais filosóficas, ao deslocar seus interesses mais antigos por epistemologias sociais e culturais em direção

---

v. 1. Ann Arbor: Open Humanities Press/Michigan Publishing, 2014; Tom Cohen, "Introduction", in Tom Cohen (org.), *Telemorphosis: Theory in the Era of Climate Change*. Ann Arbor: Open Humanities Press/MPublishing, 2012; Richard Grusin (org.), *The Nonhuman Turn*. Minneapolis: University of Minnesota Press, 2015; e Eugene Thacker, *After Life*. Chicago: University of Chicago Press, 2010.

As três figuras da geontologia

a preocupações acerca de ontologias múltiplas.[32] Mas talvez essas disciplinas acadêmicas estejam apenas tirando o atraso em relação a uma conversa que teve seu início na literatura, como em *Ruído branco*, de Don DeLillo, e certamente na obra literária de Margaret Atwood, a partir de *O conto da aia* e ao longo de sua trilogia MaddAddão. Agora todo um campo de estudos ecoliterários examina as explorações ficcionais, midiáticas e fílmicas do mundo pós--extinção que está por vir.

E isso me leva ao meu segundo ponto. À medida que nos deixamos capturar, cada vez mais, pelas declarações conflitantes de naturezas precárias e existências entrelaçadas, uma proliferação selvagem de novos modelos, figuras e táticas conceituais desloca as figuras e táticas conceituais do biopolítico e do necropolítico. Em nome de uma explicação analítica, agrego essa proliferação em torno de três figuras: o Deserto, o Animista e o Vírus. Para entender o estatuto dessas figuras, dois aspectos devem ser considerados. Primeiro, conforme o geontológico passa a cumprir um papel maior na governança do nosso pensamento, não é possível simplesmente incluir outras formas de existência (outros existentes) em nossos entendimentos prévios acerca das qualidades do ser e da vida; eles exigirão, por um lado, deslocar a divisão entre Vida e Não Vida e, por outo, romper com as formas de governança do liberalismo tardio. Em outras palavras, essas figuras, táticas e discursos são os *sintomas* e os *diagnósticos* do modo

---

32 Ver, por exemplo, Knut Christian Myhre, "What the Beer Shows: Exploring Ritual and Ontology in Kilimanjaro". *American Ethnologist*, v. 42, n. 1, 2015; Henrik Erdman Vigh e David Brehm Sausdal, "From Essence Back to Existence: Anthropology beyond the Ontological Turn". *Anthropological Theory*, v. 14, n. 1, 2014; Martin Holbraad, "The Power of Powder: Multiplicity and Motion in the Divinatory Cosmology of Cuban Ifá (or Mana Again)", in Amiria Henare, Martin Holbraad e Sari Wastell (orgs.), *Thinking through Things: Theorising Artefacts Ethnographically*. London: Routledge, 2006; Marisol de la Cadena, "Indigenous Cosmopolitics in the Andes: Conceptual Reflections beyond 'Politics'". *Cultural Anthropology*, v. 25, n. 2, 2010; e Philippe Descola, *The Ecology of Others*. Chicago: Prickly Paradigm, 2013.

atual pelo qual o liberalismo tardio governa a diferença e os mercados em diferentes geografias sociais. Portanto, as três figuras do geontopoder não diferem muito, em certa perspectiva, das quatro figuras foucaultianas do biopoder. A mulher histérica (histericização dos corpos femininos), a criança masturbadora (pedagogização do sexo das crianças), o adulto perverso (psiquiatrização do prazer perverso) e o casal malthusiano (socialização do comportamento reprodutivo): Foucault se importava com essas figuras da sexualidade e do gênero não porque pensasse que elas representavam a verdade reprimida da existência humana, mas porque acreditava que elas representavam os sintomas e os diagnósticos de uma forma moderna do poder. Essas quatro figuras eram tanto expressões do biopoder como um modo de observar sua operação. Embora Foucault, nas aulas compiladas no volume *Em defesa da sociedade*, discutisse a insurreição dos conhecimentos subjugados, seria incorreto compreender essas figuras como subjugadas no sentido liberal dos sujeitos oprimidos. A questão não era a libertação dessas figuras e formas de vida, mas a compreensão delas como indicadoras de um mundo possível diferinte [*otherwise*][33] ou para além de suas próprias formas de existência – era compreendê-las como um ponto de passagem para a emergência de outra coisa. A mulher histérica, a criança masturbadora, o casal malthusiano e o adulto perverso poderiam virar outra coisa além do que já eram? E o que emergisse dessas figuras, independentemente do que fosse, sobreviveria às condições de seu nascimento? Poderiam elas ser investidas das qualidades e características consideradas sensatas e persuasivas antes de serem extintas como monstruosidades?[34]

---

33 Conforme tradução proposta por Eduardo Viveiros de Castro, Déborah Danowski e Juliana Fausto na entrevista de Elizabeth Povinelli para o colóquio Os Mil Nomes de Gaia: Do Antropoceno à Idade da Terra, 16 set. 2014. Na entrevista em questão, Povinelli define o conceito de "diferinte" como "aquilo que está dentro de algo, causa um abalo nesse algo e faz com que todo o sistema vire outra coisa". [N.T.]
34 Aprofundo os pontos acima em Elizabeth A. Povinelli, "The Will to Be Otherwise/The Effort of Endurance". *South Atlantic Quarterly*, v. 111, n. 3, 2012.

Uma abordagem similar pode ser adotada em relação ao Deserto, ao Animista e ao Vírus. Cada uma dessas figuras proporciona um mecanismo pelo qual podemos conceber o que antes era apenas pressuposto, mas que agora constitui as arquiteturas estremecidas da governança geontológica. Repito, essas figuras e discursos não devem ser consideradas saídas nem respostas à biopolítica. Não são sujeitos subjugados aguardando libertação. A geontologia não representa uma crise de vida (*bíos*) e morte (*thánatos*) em termos de espécie (extinção) nem meramente uma crise entre Vida (*bíos*) e Não Vida (*geos, meteoros*). O geontopoder é um modo de governança liberal tardio. E é esse modo de governança que agora se vê estremecido. Além do mais – e este é o segundo ponto –, visto que o Deserto, o Animista e o Vírus são ferramentas, sintomas, figuras e diagnósticos desse modo de governança liberal tardia, talvez mais evidente no liberalismo tardio de ocupação do que em qualquer outro lugar, pode ser necessário deslocá-las em prol de outras figuras, em outros lugares, na medida em que forem mais aparentes ou relevantes para a governança nesses espaços. No entanto, parece-me que, ao menos no liberalismo tardio de ocupação, a geontologia se aninha com suas três figuras na soleira entre uma governança dada e seus diferintes, tentando bloquear entrada e saída e restringindo o formato e a extensão de seus aposentos internos. Ou podemos pensar nessas figuras como uma coleção de fantasmas governantes que, no liberalismo tardio de ocupação, existem entre dois mundos – o mundo em que as oposições dependentes de vida (*bíos*) e morte (*thánatos*) e de Vida (*bíos*) e Não Vida (*geos, meteoros*) são sensíveis e dramáticas; um mundo em que esses cercamentos não são, nem sequer foram, relevantes, sensíveis, viáveis.

Vamos tomar como exemplo o Deserto e seu imaginário central, o Carbono. O Deserto engloba discursos, táticas e figuras que reestabilizam a distinção entre Vida e Não Vida. Ele representa todas as coisas percebidas e concebidas como despidas de vida – e, por conseguinte, todas as coisas que poderiam, com o emprego correto de perícia tecnológica e manejo, ser tornadas (novamente) acolhedoras para a vida. O Deserto, em outras palavras, se atém à distinção entre Vida e Não Vida e dramatiza a possibilidade de que a Vida esteja sempre sob a ameaça das areias rastejantes e dissecantes da Não Vida. O Deserto é o espaço em que já houve vida, não há mais, mas poderia haver se conhecimentos, técnicas e recursos fossem devidamente administrados. O Imaginário do Carbono se encontra no coração dessa figura e é, portanto, fundamental para a manutenção do geontopoder. O Imaginário do Carbono aloja a superioridade da Vida no Ser ao transpor conceitos biológicos como o metabolismo e seus eventos principais – nascimento, crescimento-reprodução, morte – e conceitos ontológicos, como evento, *conatus/affectus* e finitude. A biologia e a ontologia evidentemente não operam no mesmo campo discursivo, tampouco se cruzam simplesmente. Apesar disso, como argumento com mais profundidade no próximo capítulo, o Imaginário do Carbono reforça um ponto de encontro cicatricial onde podem ser intercambiadas intensidades, emoções, maravilhamentos, angústias e talvez terrores conceituais da outra Vida, sobretudo do Inerte, Inanimado, Estéril. Nesse lugar cicatricial, o ontológico se revela como uma biontologia. O Ser sempre esteve dominado pela Vida e pelos desejos da Vida.

Assim, o Deserto não se refere literalmente ao ecossistema que, na ausência de água, é hostil à vida. O Deserto é o afeto que mobiliza a busca por outras instâncias de vida no universo e por tecnologias para semear os planetas com vida; ele ativa o imaginário contemporâneo dos campos petrolíferos do Norte da África; e arregimenta o temor de que em breve todos os lugares serão apenas um cenário dos filmes *Mad Max*. Também é possível vislumbrar o Deserto na categoria geológica do fóssil, visto que fósseis são considerados remanescentes de algo previamente carregado de vida e que perdeu essa vida, mas cuja conversão em combustível pode proporcionar condições para uma forma específica de vida – o capitalismo contemporâneo, hipermoderno e informatizado – e uma nova forma de morte em massa, a extinção total; bem como nos clamores por uma solução capitalista ou tecnológica à mudança de clima antropogênica. Não tão surpreendentemente, então, o Deserto se torna estofo de uma série de obras teóricas, científicas, literárias, artísticas e midiáticas; dos filmes *Mad Max* à ficção científica *O tempo em Marte*, de Philip K. Dick, e à poética de Juliana Spahr em *Well Then There Now* [Bem então lá agora].

Ao centro da figura do Animista está o imaginário da Indigeneidade. Enquanto o Deserto dramatiza o perigo constante que a Não Vida representa para a Vida, o Animista insiste que a diferença entre Vida e Não Vida não deve ser vista como uma questão, já que todas as formas de existência carregam em si uma força vital de ânimo e afeto. Certas populações históricas e sociais são apontadas como detentoras eternas dessa percepção animista central – tais populações estão localizadas sobretudo em colônias de ocupação, mas também incluem populações pré-cristãs e pré-islâmicas ao redor do globo, o sujeito contemporâneo que recicla o seu lixo,[35] o neopaganismo, estudos científicos e tecnológicos baseados em actantes e certos modos de retratar e perceber uma série de novos sujeitos cognitivos. Por exemplo, os diagnósticos psicocognitivos de certas formas de autismo e Asperger podem pertencer ao âmbito do Animista. Temple Grandin é uma figura exemplar nesse aspecto, não apenas por sua orientação à vida não humana (vacas) mas também pela sua defesa de cognições alternativas que permitem uma orientação a formas de existência de Não Vida. O Animista também animou uma gama de explorações artísticas acerca dos modos não humanos e inorgânicos de agência, subjetividade e agenciamento, como o romance *The Bees* [As abelhas], de Laline Paull, e o filme italiano *As quatro voltas*. Em outras palavras, o Animista comporta aquelas pessoas que defendem a equivalência entre todas as formas de vida ou que enxergam vida onde outros enxergariam a ausência de vida.

---

35 Ver, por exemplo, Myra J. Hird et al., "Making Waste Management Public (or falling back to sleep)". *Social Studies of Science*, v. 44, n. 3, jun. 2014.

A expressão teórica mais bem acabada do Animista se encontra nas filosofias críticas contemporâneas do vitalismo. Alguns neovitalistas têm explorado os princípios spinozanos de *conatus* (que aquilo que existe, vivo ou não vivo, empenha-se em perseverar em sua existência) e *affectus* (a capacidade de afetar e de ser afetado) para destruir a divisão entre Vida e Não Vida; ao passo que outros, como John Carriero, têm insistido que Spinoza aceitava, acriticamente, que coisas vivas fossem "mais avançadas" que coisas não vivas e "que gatos são mais interessantes que pedras".[36] O pragmatista estadunidense Charles Sanders Peirce também inspirou novos estudos vitalistas – Brian Massumi, por exemplo, está há bastante tempo sondando a semiótica de Peirce como um terreno para estender o afeto em direção a existentes não vivos.[37] Friso que o "materialismo vital", para referenciar o trabalho de Jane Bennett, não afirma estar interessado na vida em si. No lugar disso, ele busca compreender a distribuição de quase agências e actantes em materiais humanos e não humanos, de modo a embaralhar os conceitos de sujeito, objeto e predicado. E, no entanto, é precisamente nesse ponto que é possível vislumbrar o poder do Imaginário do Carbono – a sutura das formas dominantes do espaço conceitual no liberalismo tardio pelas transposições recíprocas entre os conceitos biológicos de nascimento, crescimento-reprodução e morte e os conceitos ontológicos de evento, *conatus/affectus* e finitude. Os novos vitalismos se aproveitam da antiga sombra ocidental que impõe as qualidades de uma de suas categorias (Vida, *Leben*) sobre as dinâ-

---

36 John Carriero, "Conatus and Perfection in Spinoza". *Midwest Studies in Philosophy*, v. 35, 2011, p. 74.

37 Brian Massumi, *Ontopower: War, Powers, and the State of Perception*. Durham: Duke University Press, 2015. Ver também Jane Bennett, "A Vitalist Stopover on the Way to a New Materialism", in Diana Coole e Samantha Frost (orgs.), *New Materialisms: Ontology, Agency, and Politics*. Durham: Duke University Press, 2010; Arun Saldanha, *Sexual Difference Between Psychoanalysis and Vitalism*. London: Routledge, 2013; e Mel Y. Chen, *Animacies: Biopolitics, Racial Mattering, and Queer Affect*. Durham: Duke University Press, 2012.

micas principais de seu conceito de existência (Ser, *Dasein*). Removido do cercamento da vida, *Leben* enquanto *Dasein* vaga livremente como forma de vitalidade unívoca. Ao fazer isso, de que modo proibimos aquilo que está fazendo o papel da Não Vida de afetar aquilo de que a Vida é álibi? Quais são as armadilhas que essa resposta estratégica coloca para a teoria crítica? De que forma as qualidades que estimamos em uma forma de existência, quando atribuídas a todas as outras formas de existência, tornam a estabelecer, velada ou abertamente, a hierarquia da vida?[38]

Finalmente, o Vírus e seu imaginário central do Terrorista proporcionam um lampejo da radicalização persistente, errante e latente do Deserto, do Animista e de seus imaginários principais do Carbono e da Indigeneidade. O Vírus é a figura daquilo que procura interferir nos arranjos atuais da Vida e da Não Vida e afirma ser uma diferença que não faz diferença, *não porque* tudo é vivo, vital e potente, nem porque tudo é inerte, replicante, imóvel, dormente e duradouro. Visto que a divisão entre Vida e Não Vida não define nem contém o Vírus, ele pode utilizar e ignorar essa divisão em prol de divergências nas energias dos arranjos de existência, de modo a incrementar sua própria extensibilidade. O Vírus copia, duplica e permanece dormente, ao mesmo tempo que se ajusta continuamente às circunstâncias, experimentando e realizando testes. Ele confunde e nivela a diferença entre Vida e Não Vida, ao mesmo tempo que tira proveito dos mais ínfimos aspectos de sua diferenciação.

---

38 Por exemplo, Elizabeth Grosz buscou recentemente situar o conceito de diferença no trabalho de Charles Darwin e, de modo mais amplo, na virada pós-humanista contemporânea. Por meio de uma leitura vivaz dos escritos de Darwin, Bergson e Deleuze, Grosz esvazia a diferença entre Vida e Não Vida, orgânico e inorgânico, mediante a atribuição de um "dinamismo constrito" que pulsa em ambas. Ela também diferencia o inorgânico do orgânico pela elevação de um modo de reprodução orgânico, o dimorfismo sexual, acima de todos os outros, com base em sua complexidade; ele é "ontologicamente aberto e dinâmico"; Elizabeth Grosz, *Becoming Undone: Darwinian Reflections on Life, Politics, and Art*. Durham: Duke University Press, 2011, p. 116.

Vislumbramos o Vírus sempre que alguém sugere que o tamanho da população humana deve ser considerado diante do rastro da mudança climática; que a montanha glacial de granito agradece os efeitos do ar condicionado sobre a vida; que humanos são *kudzus*;[39] ou que a extinção humana é desejável e deve ser acelerada. O Vírus é também o Ebola e o aterro sanitário, a infecção bacteriana resistente a medicamentos gerada em criadouros de salmão e de aves em grande escala, o poder nuclear; a pessoa que se parece exatamente "conosco" no momento em que planta uma bomba. Talvez a figura mais espetacular do Vírus na cultura popular seja o zumbi – a Vida tornada Não Vida e transformada em um novo tipo de guerra entre espécies – o não vivo agressivo e putrefato contra o último reduto da Vida. Assim, a diferença entre o Deserto e o Vírus diz respeito à agência e à intencionalidade da Vida não humana e da Não Vida. Enquanto o Deserto é um estado inerte, aberto a doses de injeção tecnológica, o Vírus é um agente antagonista e ativo, construído a partir da montagem coletiva que constitui o geontopoder liberal tardio. Na continuação da crise liberal tardia após o 11 de Setembro, o colapso do mercado financeiro e a mudança climática Antropogênica, o Vírus foi primeiramente associado ao fundamentalismo islâmico e ao movimento verde radical. E uma parcela significativa do pensamento crítico tem se dedicado à relação entre biopolítica e biossegurança. No entanto, o foco sobre a biossegurança tem ofuscado a reorientação sistêmica desta em torno da geossegurança e da meteorossegurança: os efeitos sociais e ecológicos das mudanças climáticas.[40] O Vírus, portanto, constitui também a alteridade interna e política do reconhecimento: ambientalistas habitando as zonas fronteiriças entre ativismo e terrorismo sob vigilância interestatal. Mas, ao passo que o Vírus pode, à primeira vista, apresen-

---

39 Tipo de planta trepadeira invasora. [N.T.]

40 Nafeez Ahmed, "Pentagon Bracing for Public Dissent over Climate and Energy Shocks". *The Guardian*, 14 jun. 2013.

tar-se como uma rota de fuga ao geontopoder, ser o Vírus significa sujeitar-se a ataques e abjeção constantes. Além disso, viver na vizinhança do Vírus significa habitar uma crise existencial.

Como espero deixar mais claro, o Capitalismo tem uma relação particular com o Deserto, o Animista e o Vírus, posto que o Capitalismo vê em todas as coisas o potencial de gerar lucro; dito de outro modo, nada é inerentemente inerte, tudo é vital do ponto de vista da capitalização, e qualquer coisa pode virar alguma coisa a mais em função de um novo ângulo inovador. De fato, pode-se dizer que os capitalistas são os mais puros entre os Animistas. Dito isso, o capitalismo industrial depende das separações entre formas de existência e, juntos com os Estados, policia-as vigorosamente, de modo que certos tipos de existentes possam ser subjugados a modos de extração distintos. Assim, mesmo quando ativistas e acadêmicos nivelam a relação entre vidas animais e entre objetos (incluindo sujeitos humanos), Estados aprovam legislações tanto para garantir a empresas e corporações o direito de utilizarem animais e terras quanto para criminalizar táticas de ativismo ecológico e ambiental. Em outras palavras, como o Vírus que se beneficia sem estar derradeiramente comprometido com a diferença entre Vida e Não Vida, o Capital enxerga todos os modos de existência como se eles fossem vitais *e* demanda que nem todos os modos de existência sejam equivalentes do ponto de vista da extração de valor.

As evidências, o método, os capítulos, o título

Pode parecer estranho a algumas pessoas que este livro tenha o biopoder como ponto de partida. Mobilizei raramente, se muito, o conceito de biopolítica ou de biopoder para analisar o liberalismo tardio de ocupação. Essa ausência não resulta de desconhecimento ou da simples rejeição do conceito em si. Foucault, Mbembe e outros tão cruciais aos debates em torno do necro e do biopoder nunca estiveram distantes do meu pensamento. Ao contrário, e isto é importante, nunca esteve evidente para mim se o conceito de biopolítica era realmente o conceito apropriado para analisar a expressão da governança liberal nos espaços de ocupação em que meu pensamento e minha vida têm transcorrido: são mais de trinta anos de camaradagem familiar com indígenas, homens e mulheres, no Top End do Território do Norte, na Austrália.[41] De fato, a governança biopolítica de populações indígenas, embora certamente presente e concebível, sempre me convenceu menos do que a administração de existentes, realizada por meio da separação daquilo que possui e está imbuído das dinâmicas da vida (nascimento, crescimento, finitude, agência, intencionalidade, autoria ou, pelo menos, possibilidade de mudança) e daquilo que o liberalismo tardio de ocupação trata como absolutamente desprovido de vitalidade. Será que as pedras escutam e atuam intencionalmente com o auxílio de um aparelho sensorial? Os atores principais dentro do Estado liberal tardio de ocupação respondem: "absolutamente não". Mas será que certas populações dentro do liberalismo de ocupação se constituem como formas pacíficas de alteridade cultural a partir da crença de que absolutamente sim, atuando com base nessa crença? Absolutamente. Utilizar a crença de que a Não Vida atua de modos que só seriam possíveis para a Vida constitui uma forma pacífica de ser "o Outro" porque, por muito tempo, o liberalismo de ocupação conteve, com facilidade, essa crença entre os parêntesis do impossível e do absurdo. À medida que o geontopoder se revela como poder de diferenciação e de controle, em oposição à verdade e à referência, não fica claro se esse mesmo poder de crença pode ser tão facilmente controlável. Em outras palavras, não considero o geontopoder como mera consequência conceitual de uma nova Era Geológica do Humano – o Antropoceno e as

---

41 Ver, por exemplo, S. L. Morgensen, "Biopolitics of Settler Colonialism", op. cit.; e Michael Griffiths, "Biopolitical Correspondences: Settler Nationalism, Thanatopolitics, and the Perils of Hybridity". *Australian Literary Studies*, v. 26, n. 2, 2011.

As três figuras da geontologia

mudanças climáticas – e, portanto, uma nova fase do liberalismo tardio. É possível que o Antropoceno e as mudanças climáticas tenham tornado o geontopoder visível àqueles que previamente não eram afetados por ele. Sua operação, no entanto, sempre foi a arquitetura relativamente aparente da governança da diferença e dos mercados no capitalismo tardio de ocupação.

Em vez de biopoder ou geontopoder, o que tem me interessado é principalmente como discursos e afetos que se acumulam em torno da temporalidade do sujeito (o sujeito autológico) e das sociedades (a sociedade genealógica) atuam como formas de disciplina que mais dividem do que descrevem as formas sociais do liberalismo tardio. Tenho me interessado pelo modo como discursos e afetos específicos que se acumulam em torno de uma forma--evento específica – o big bang, o novo, o extraordinário, aquilo que claramente rompe o tempo/espaço, criando um Aqui e Agora, um Ali e Então – defletem a ética e a política liberal de modo a afastá-las das formas mais relutantes e corrosivas do dano. Em outras palavras, o que tem me interessado é o quase evento, uma forma de ocorrência que nunca perfura o horizonte do aqui e agora e do ali e então e, no entanto, conforma a base das formas de existência, permitindo que permaneçam em seu lugar ou o alterem. O quase evento está sempre apenas *mais ou menos aqui* e ocorre *mais ou menos agora*. Ele pede, portanto, que nossa atenção seja direcionada às forças de condensação, manifestação e resistência, mais do que ao contorno dos objetos. Essa eventividade se enreda frequentemente em volta e dentro da temporalidade do outro, impedindo, redirecionando e exaurindo a emergência de um diferinte. A pouco perceptível mas intensa luta diária de muitas pessoas para permanecerem no quadro de extrema pobreza – e não descerem para algo pior, por exemplo – arranha apenas delicadamente a retina do discurso ético e político dominante, visto que o esforço de resistência e sua energia criativa inacreditável aparentam ser insignificantes, indolentes, preguiçosos e imutáveis – ou, como formularam dois candidatos republicanos à presidência nos Estados Unidos, um modo de obter coisas de graça.[42]

Concebi este livro originalmente como o terceiro e último da minha trilogia sobre o liberalismo tardio, que começou com *Empire of Love* [Império do amor], depois *Economies of Abandonment* [Economias do abandono], terminando com *Geontologias*. No entanto, percebi que, de forma grave e inesperada, eu estava reescrevendo meu primeiro livro, *Labor's Lot* [O quinhão do trabalho] e, assim, completando uma longa reflexão sobre a governança no liberalismo tardio de ocupação. De fato, no decorrer dos próximos capítulos, faço referência implícita e explícita a alguns desses trabalhos anteriores, como *Labor's Lot* e os ensaios "Do Rocks Listen?"[As pedras escutam?] e "Might Be Something" [Pode ser algo]. Assim, é como se fosse o capítulo final de um livro bastante longo começado em 1984, quando cheguei pela primeira vez a Belyuen, uma pequena comunidade indígena na Península Cox, no Território do Norte da Austrália. Eu não era antropóloga na época, tampouco queria ser. Obtive minha graduação em filosofia sob a tutela de William O'Grady, um aluno de Hannah Arendt. Minha trajetória como antropóloga se iniciou por causa de um pedido dos residentes mais antigos de Belyuen, homens e mulheres que, naquele momento, estavam envolvidos em um dos processos de assentamento mais longos e contestados da Austrália. As determinações da legislação em torno do direito territorial exigiam que estivessem representados por um advogado e um antropólogo. Inicialmente, nos anos 1940, Belyuen foi estabelecida como Ocupação Aborígene de Delissaville [Delissaville Aboriginal

---

42 Estou me referindo aos comentários de Jeb Bush na Historical Society em Keene, Massachusetts, em 2015, ecoando os comentários anteriores de Mitt Romney quando se dirigiu à Associação Nacional para o Progresso de Pessoas de Cor [NAACP – National Association for the Advancement of Colored People] em 2012. Ver Max Ehrenfreund, "Jeb Bush Suggests Black Voters Get 'Free Stuff'". *The Washington Post*, 30 set. 2015; e Matt Taibbi, "Romney's 'Free Stuff ' Speech Is New Low". *Rolling Stone*, 13 jul. 2012.

As três figuras da geontologia

Settlement], onde variados grupos indígenas locais podiam ser confinados. Em 1976, a ocupação passou a poder ser autogovernada e recebeu o nome Comunidade Belyuen [Belyuen Community], sob os termos da Lei dos Direitos Aborígenes à Terra [Aboriginal Land Rights Act]. A área circundante, pertencente à Commonwealth, foi simultaneamente pleiteada. A reivindicação foi finalmente acolhida em 1989, mas o comissário de terras afirmou não ter encontrado donos aborígenes originários para a área em questão. Pediu-se recurso e houve nova audiência em 1995, ano em que se averiguou que uma pequena subseção da comunidade de Belyuen preenchia os requisitos legais, segundo a Lei dos Direitos à Terra, para "dono aborígene originário".

Desde então, tenho trabalhado em incontáveis projetos, pequenos e grandes, ao lado desses homens e mulheres idosos e, agora, de seus filhos e filhas, netas e netos, bisnetos e bisnetas e tataranetas e tataranetos. Minha vida acadêmica, no entanto, tem consistido primordialmente não em produzir textos etnográficos que expliquem a cultura e a sociedade deles para os outros; em vez disso, ajudo a analisar a aparição do poder liberal tardio em sua vida. Meu objeto de análise, em outras palavras, não são eles, mas o liberalismo tardio de ocupação. Como resultado, as evidências primárias para os meus argumentos provêm dos tipos de forças liberais tardias que circulam por seu cotidiano – e pela parte de seu cotidiano que temos compartilhado. Mais recentemente, essas forças e formas do liberalismo tardio têm se adensado em torno de um coletivo de mídia alternativa, organizado pelo conceito *"karrabing"*. No momento em que escrevo este livro, a expressão midiática principal dos Karrabing é um coletivo de audiovisual e três grandes projetos fílmicos – mas, no decorrer deste livro, especialmente no capítulo 6, também me refiro ao nosso projeto de mídia original, um projeto de realidade aumentada em GPS/GIS. Vou dar um pouco de contexto para essa empreitada que não se completou. Em 2005, dei início a uma conversa com colegas, amigas e amigos indígenas para discutir o que deveria ser feito com o gigantesco arquivo que se acumulava lentamente em diversas repartições. Alguns sugeriram que eu trabalhasse com a Biblioteca do Território do Norte [Northern Territory Library], que estava ajudando comunidades a construírem arquivos digitais locais convencionais – arquivos comunitários armazenados em computadores dedicados, contendo *software* que permite aos membros das comunidades locais organizarem o acesso conforme regras apropriadas a gêneros, idades, clãs e rituais locais. A Biblioteca do Território do Norte construía esses arquivos digitais com um *software* Ara Irititja desenvolvido em terras Pitjatjarra, de modo a permitir maior controle sobre a produção e a circulação de seus áudios, vídeos e histórias pictóricas. À medida que entendíamos melhor como poderíamos usar o *software*, também explorei outros formatos em GIS, junto com novas iniciativas digitais nos Estados Unidos, particularmente com o periódico *Vectors*.[43]

No entanto, muitos homens e mulheres tinham outra sugestão: queimar tudo. Se a forma de existência registrada no meu arquivo era relevante apenas como memória de arquivo, então essa forma de existência havia sido abandonada e deveria ser realizado um *kapuk* (um tipo de enterro). Em outras palavras, eles pensavam que meu arquivo deveria ser tratado como todos os demais vestígios das coisas que existiam em uma forma e agora existiriam em outra. Era preciso cavar um buraco, cantar ao redor dele enquanto se queimavam os vestígios, cobri-lo e compactar a terra por cima com a força dos pés. Por muitos anos alguns saberiam o que esse buraco, agora sem indícios, havia contido. Depois de um período mais longo, outros talvez teriam uma sensação vaga de que se tratava de um local significativo. Aquele conhecimento não desapareceria. Seria transformado no próprio solo sobre o qual pisamos, aquilo sobre o qual nos sustentamos, mas do qual não teríamos de nos ocupar.

---

43 E. A. Povinelli, "Digital Futures". *Vectors*, 19 maio 2008.

Em janeiro de 2007, bem quando estávamos avançando em nossos trabalhos, um violento motim irrompeu na comunidade. A causa era socialmente complexa, uma mistura de desavenças pessoais com o legado das disputas divergentes por terra. Retornarei a isso mais adiante e também no capítulo 3. Por ora basta dizer que, após serem assediadas com serras elétricas e picaretas, trinta pessoas – descendentes das principais contribuidoras do arquivo, àquela altura já falecidas – deixaram Belyuen e seus trabalhos bem remunerados. O motim foi anunciado no noticiário local, e o governo trabalhista da região, ansioso por demonstrar seu comprometimento com o bem-estar indígena e por evitar repercussões negativas, prometeu a esse grupo moradia e emprego em suas "terras originárias", 300 quilômetros ao sul, próximas a um pequeno posto avançado com pouquíssima infraestrutura.

Entretanto, apenas dois meses depois de tal motim de promessas, o governo federal determinou a publicação de um relatório comissionado por esse governo do Território do Norte. O relatório, *Ampe Akelyernemane Meke Mekarle/"Little Children Are Sacred"* [Crianças pequenas são sagradas], examinava as condições sociais de crianças indígenas vivendo em comunidades remotas. Em meio a uma série de detalhamentos sobre problemas nas comunidades, uma declaração genérica em particular detonou um pânico sexual nacional que transformou a maneira como o governo federal australiano governava as pessoas indígenas: a declaração de que, em contextos mais vulneráveis, as crianças sofriam abuso sexual. O governo federal conservador utilizou essa declaração para justificar a reorganização agressiva da era dos direitos territoriais, alterando pedaços importantes da legislação, como a Lei dos Direitos Aborígenes à Terra. Adquiriu-se terra forçosamente. Era permitido à polícia apreender os computadores da comunidade. Ordenou-se aos médicos que realizassem exames íntimos compulsórios nas crianças. O financiamento foi ou congelado ou retirado das comunidades indígenas remotas e rurais. Se pessoas indígenas quisessem financiamento para seu "estilo de vida" cultural, que fossem buscá-lo no mercado. Poderiam arrendar suas terras à mineração, ao desenvolvimento territorial e ao turismo. Ou poderiam se mudar para as cidades e conseguir empregos precarizados.

Foi nesse cenário de reorganização neoliberal maciça imposto pela governança australiana à vida indígena, sem moradia nem emprego e no frágil ecossistema costeiro do Território do Norte, que meus amigos e amigas e eu criamos um projeto social alternativo chamado Karrabing. Em emiyengal, *karrabing* se refere ao ponto mais baixo da maré. Maré baixa! Ela permanecerá ali até virar, retornando à costa até atingir *karrakal*. *Karrabing* não tem as conotações negativas da frase "maré baixa". Não tem nada de "baixo" na maré atingindo *karrabing*. Todas as potencialidades se lançam adiante. Na região costeira que vai de Nganthawudi a Milik, uma *karrabing* profunda abre uma passagem mais curta entre o continente e as ilhas. Em alguns lugares, recifes surgem à medida que a água retrocede. Um caminho é revelado. Ainda que eu o componha, o Karrabing é um grupo majoritariamente indígena. Suas regras de governo determinam que todos os membros não indígenas, diferentemente dos membros indígenas, eu inclusa, devem oferecer bens tangíveis como condição de participação. Essas regras existem para reconhecer que, não obstante as relações afetivas entre participantes, o liberalismo tardio de ocupação realiza débitos e créditos com base na situação do indivíduo em relação à tabela de divisões do império.

Para o propósito deste livro, talvez o aspecto mais importante da Corporação Indígena Karrabing [Karrabing Indigenous Corporation] seja que ela não se conforma às lógicas e fantasias da era dos direitos territoriais. De fato, a Karrabing se constitui em rejeição explícita às formas estatais de posse de terra e reconhecimento de grupo – sobretudo o imaginário antropológico de clã, totem e território –, ainda que mantenha, por meio de seus membros individuais, modos de pertencimento a terras específicas. Portanto, embora a maioria de membros da Karrabing seja formada por pa-

As três figuras da geontologia

rentes que descendem ou pertencem conjugalmente à família de Roy Yarrowin e Ruby Yarrowin, nem descendência nem matrimônio definem a composição interna ou o imaginário social da Karrabing. No lugar disso, o pertencimento se conforma por uma orientação experiencialmente imanente, definido pela disposição para realizar projetos para a Karrabing. Em outras palavras, a Karrabing mantém uma relação de improviso com a geontologia liberal tardia. O coletivo investiga continuamente suas formas e forças à medida que busca um modo de sustentar e aprimorar uma maneira e um modo de existência. E ele existe contanto que seus membros e membras sintam-se comprometidas e orientadas aos seus projetos.

Os leitores e leitoras podem se surpreender diante do fato de que nenhum dos capítulos seguintes se articula explicitamente em torno das três figuras do geontopoder. No decorrer do livro, o geontopoder e suas três figuras surgem como as centelhas e os clarões das luzes espectrais sobre o oceano. O Animista Indígena (as políticas de reconhecimento e sua inversão), o Deserto Capitalista (soberania mineradora e tóxica) e o Vírus inconformado (os Karrabing) assombram o senso de governança do liberalismo tardio explorado aqui. E, no entanto, eu argumento que cada uma dessas figuras cria o espaço de manobra restrito em que está inserido o Karrabing indígena. Isso não deveria surpreender demais. Afinal, uma das primeiras batalhas pelos direitos territoriais indígenas na Austrália deveu-se à mineração de bauxita em solo yolngu, na Terra de Arnhem, que ameaçou transformar os campos alagadiços verdejantes em desertos tóxicos. Wali Wunungmurra, um dos signatários originais da "Bark Petition" [petição em casca de árvore] enviada ao Parlamento australiano demandando que o povo Yolngu fosse reconhecido como dono do território, disse: "No final dos anos 1950, os Yolngu tomaram conhecimento de que havia gente prospectando minerais na região da Península Gove e, logo depois, descobriram que concessões de mineração haviam sido permitidas em uma porção considerável de nossas terras originárias. Nossa resposta, em 1963, foi enviar uma petição emoldurada em cascas pintadas de árvore para o governo da Commonwealth".[44] No transcurso dos anos 1970, engrenagens legislativas significativas foram movimentadas de modo a mediar, por meio da figura do Animista (Totemista), a relação entre pessoas indígenas, o capital (inicialmente mineração e pastoreio, mas depois, aos poucos, desenvolvimento territorial e turismo) e o Estado.

Mesmo assim, em vez de organizar o livro em torno dessas três figuras, eu o fiz em torno do envolvimento de meus colegas com seis modos de existência diferentes e do seu desejo de que o mantenimento desses modos fosse o foco principal desta análise: formas de existência frequentemente referidas como formações totêmicas ou Sonhares: uma formação rochosa e mineral (capítulo 2); um conjunto de ossos e fósseis (capítulo 3); um canal estuarino (capítulo 4); uma formação de nevoeiro (capítulo 5); um conjunto de barragens de pedras e recifes marinhos (capítulo 6). Esse modo de organizar a discussão evita uma relação excessivamente fetichizada com figuras, estratégias e discursos cujas unidades aparecem somente na relação entre os modos diferentes de governança geontológica. Isso também me permite estar mais próxima do modo como as manobras de meus colegas Karrabing oferecem elementos para a análise do geontopoder.

O capítulo seguinte começa com um processo de profanação movido contra a OM Manganese por destruir intencionalmente uma parte de Duas Mulheres Sentadas [Two Women Sitting Down], um Sonhar rochoso e mineral. Começo assim para delinear em termos amplos o espaço restrito entre vida natural e vida crítica, sobretudo o Imaginário do Carbono, que une as ciências naturais e críticas por meio dos conceitos homólogos de nascimento, crescimento-reprodução, morte e evento, *conatus/affectus*, finitude. Cada capítulo subsequente triangula as analíticas Karrabing contra uma série

---

44 Wali Wunungmurra, "Journey Goes Full Circle from Bark Petition to Blue Mud Bay". *ABC News*, 3 set. 2008.

de posições teóricas críticas (ontologias orientadas a objetos e realismos especulativos, normatividade, *lógos*, capital informacional) não para escolher uma em detrimento da outra nem para permitir que modos não humanos de existência falem, e sim para demonstrar o espaço restrito de manobra ao qual tanto os Karrabing como esses modos de existência estão confinados – e não para encontrá--los dentro das linguagens críticas que temos à nossa disposição. Todos os capítulos a seguir espelham a relação entre o geontopoder e o liberalismo tardio, mas o capítulo 7 aborda, especificamente, o modo como a administração dos existentes cria e depende da temporalidade dos existentes e, além disso, a maneira pela qual o vínculo com uma forma de eventividade ética e política mitiga uma forma mais crucial do *happening* geográfico, a saber, o acúmulo disperso e vagaroso das soberanias tóxicas. Nesse intervalo, examino a governança da diferença e dos mercados no liberalismo tardio à medida que a natureza autoevidente do Imaginário do Carbono biontológico abala e evidencia violentamente suas fundações geontológicas.

Devido à história da utilização da existência totêmica como um meio de governar "pessoas totêmicas", vou antes fazer um aviso em relação às figuras-objetos que organizam os capítulos a seguir. Raramente, talvez nunca, utilizei o conceito de animismo ou totemismo (*durlg, therrawin*, Sonhar) para tipologizar as analíticas de amigas, amigos e colegas indígenas. Como observa Tim Ingold, um abismo antropológico separa os indígenas australianos dos Inuit norte-americanos, com base em suas "tendências totêmicas e animistas".[45] Indígenas australianos (totemistas), ele diz, enxergam

---

45 Tim Ingold, "Totemism, Animism and the Depiction of Animals", in *The Perception of the Environment*. London: Routledge, 2000. Para um estudo que estilhaça o cercamento usual do animismo na crença cultural, ver Eduardo Kohn, *Como as florestas pensam: Por uma antropologia além do humano*, trad. Jamille Pinheiro Dias. São Paulo: Editora 34, no prelo.

a terra e seus ancestrais como uma fonte prévia de vida, ao passo que os Inuit (animistas) focam nos espíritos individuais como aqueles que perpetuam a vida e a existência. Independentemente de como determinamos a diferença entre eles, é difícil encontrar dois termos mais controversos na história da antropologia do que animismo e totemismo. Esses conceitos foram concebidos e operam dentro de uma geografia (pós-)colonial em que alguns humanos foram representados como incapazes de ordenar as relações causais apropriadas entre objetos e sujeitos, agências e passividades, vida orgânica e inorgânica; portanto, como incapazes de controlar a linguagem e a experiência por meio da razão autor-reflexiva. Em função dessa história em andamento, procuro, no decorrer do meu trabalho, demonstrar o modo de funcionamento dessas ideias-conceitos enquanto mecanismos de controle e disciplina, ainda que eu as diferencie das analíticas da existência de meus colegas indígenas.

Embora eu rejeite a prática de tipologizar mundos da vida indígenas, na colaboração com meus colegas tenho constante dificuldade em encontrar linguagens e práticas para suas analíticas da existência. E isso porque, como tentei mostrar em *Cunning of Recognition* [Astúcia do reconhecimento] e *Empire of Love*, o liberalismo tardio de ocupação é menos um espelho invertido e mais um espelho de parque de diversões – distorcendo mundos da vida no lugar de invertê-los. Existem, de fato, modos de existência que poderiam ser descritos como totêmicos. De fato, muitos de meus amigos e amigas agora utilizam a palavra "totem" como tradução para *durlg* (batjemahl; *therrawin*, emiyengal). E cada um dos capítulos a seguir tem como eixo um modo distinto de existência *durlg* ou *therrawin*: formação rochosa, canal estuarino, nevoeiro, fóssil e recife. Mas faço isso para evidenciar como o liberalismo tardio busca controlar a expressão e a trajetória de suas analíticas da existência – isto é, insiste que eles se adéquem à imagem do Animista, uma forma que se tornou compatível com os Estados e mercados liberais. O propósito dessas

As três figuras da geontologia

extensões e distensões topológicas não é reivindicar o que os existentes *são* para *eles*, mas mostrar como meus amigos, amigas e seus existentes lutam improvisadamente para *manifestar-se* e *perdurar* no liberalismo tardio de ocupação contemporâneo.

É a esse improviso que, em aliança com a natureza alternativa do próprio projeto social, este livro se refere, recusando, no entanto, uma definição. E, apesar disso, quatro princípios vão emergir como uma espécie de manifesto sujo às analíticas Karrabing.

1. Coisas existem por meio de um esforço de atenção mútua. Esse esforço não está na mente, mas na atividade da permanência [*endurance*].
2. As coisas nem nascem nem morrem, embora possam virar as costas umas para as outras e mudar de estado.
3. Ao virar as costas umas para as outras, entidades interrompem o cuidado mútuo. Então a Terra não está morrendo. Mas a Terra pode estar virando as costas a certas formas de existência. De acordo com esse modo de pensar, o Deserto não é aquilo em que a vida inexiste. O Deserto é uma série de entidades que interromperam seus cuidados aos tipos de entidades que os humanos são e, portanto, transformaram humanos em outros modos de existência: osso, múmia, cinza, solo.
4. Devemos desdramatizar a vida humana ao passo que nos responsabilizamos equitativamente pelo que estamos fazendo. Essa desdramatização e essa responsabilização simultâneas podem permitir uma abertura a novas perguntas. Em vez de Vida e Não Vida, indagaremos a respeito de quais formações estamos mantendo ou extinguindo?

UMA NOTA FINAL: Por que réquiem? O título do livro e sua organização pretendem indicar certo tom afetivo, mas também certo argumento teórico. Existiu e continua existindo uma variedade de arranjos de existência alternativos à atual forma tardia liberal de governar existentes. Mas, quer elas sejam adotadas ou não, o tipo de mudança necessário para evitar o que muitos acreditam ser consequência da expansão humana contemporânea movida a carbono – ou o atropelamento de todas as outras formas de existência pelo capitalismo liberal tardio – terá de ser tão significativo que aquilo que somos hoje não será mais possível. Isso, claro, nunca é o que o liberalismo tardio diz. Ele diz que podemos mudar e ser os mesmos e as mesmas ou, melhor dizendo, mais ainda do que já somos. Por isso um réquiem: nem desesperançado nem esperançoso. Enfurecido, talvez, mas nunca resignado. É factual, mas também calculado para produzir algum afeto. Meu amigo, o poeta Thomas Sleigh, sugeriu o termo para essa intersecção de afetos: um réquiem.

As três figuras da geontologia

2.

As pedras podem morrer?

Morte e vida no Imaginário do Carbono

A rata e a *bandicoot*

No extremo norte da Austrália, a Autoridade de Proteção de Áreas Aborígenes [Aboriginal Areas Protection Authority] moveu uma ação judicial corajosa por profanação contra a OM Manganese Ltd, subsidiária da OM Holding, por destruir deliberadamente um local sagrado indígena, Duas Mulheres Sentadas, na mina de manganês Bootu Creek.[1] A ação se parecia com um duelo clássico entre Davi e Golias, uma agência estatal com recursos precários contra uma corporação internacional gigante. A requerente, a Autoridade de Proteção de Áreas Aborígenes, foi criada em 1978 como dispositivo da Lei de Locais Sagrados do Território do Norte [Northern Territory Sacred Sites Act], no contexto de uma reconsideração mais ampla da cultura indígena em relação à lei nacional com o intuito de preservar e proteger locais sagrados. Mesmo que a ideia inicial fosse progressista, uma série de emendas legislativas e governos hostis afunilaram e precarizaram sua missão. Apesar disso, sob a liderança de Benedict Scambary, pela primeira vez em sua história a Autoridade de Prote-

---

1   *Aboriginal Areas Protection Authority v OM (Manganese) Ltd*, 2 ago. 2013.

ção de Áreas Aborígenes processou uma grande corporação – e em 2013 venceu. Scambary sabia o que estava em jogo. Sua dissertação havia demonstrado que a parceria, muito aplaudida, entre empresas de mineração e comunidades indígenas tendia significativamente para o enriquecimento a longo prazo das empresas; e para dinheiro rapidamente gasto, a curto prazo, para as pessoas indígenas.[2]

A ação judicial focalizava uma questão mais específica: a empresa de mineração pretendia danificar Duas Mulheres Sentadas? Ou, mais especificamente, ela deveria saber que, ao agir como agiu, a consequência seria aquele dano? A juíza, Sue Oliver, notou: "Não há dúvida de que o elemento geológico no centro de todas essas denúncias é um local sagrado". Tampouco houve tentativas de refutar os pareceres indígenas sobre a formação rochosa. Oliver citou um laudo antropológico de 1982, segundo o qual Duas Mulheres Sentadas é composta por "duas ancestrais femininas, uma *bandicoot* e uma rata. A *bandicoot* teve dois filhotes, ao passo que a rata teve tantos que a *bandicoot* tentou tirar uma de suas crias, dando início a uma briga. Os afloramentos de manganês dessa área, entre eles um que compõe o Local Sagrado em questão, representam o sangue dessas ancestrais". Era atrás do sangue de Duas Mulheres Sentadas que a OM Manganese estava atrás, escavando cada vez mais perto de suas bordas. O manganês é o quarto metal mais utilizado por tonelada na manufatura global, atrás apenas do ferro, do alumínio e do cobre, além de ser um componente crucial de muitas matérias-primas, desde a produção de ferro de alta qualidade até medicamentos. A mineração na Austrália é responsável por entre 9% e 11% da produção global.[3] (No começo do fim da expansão mineradora

---

2 Benedict Scambary, *My Country, Mine Country Indigenous People, Mining and Development Contestation in Remote Australia*. Canberra: Australian National University Press, 2013.

3 Para as porcentagens de contribuição australiana no comércio global de minérios, ver Australian Mines Atlas: australianminesatlas.gov.au.

As pedras podem morrer?

em 2012, os recursos econômicos demonstrados [EDR – *economic demonstrated resources*] apontaram que "o minério de manganês caiu em 5% para 187 milhões de toneladas, principalmente por causa de uma queda no EDR em Groote Eylandt e Bootu Creek. Os recursos minerados em outras áreas da Austrália, no entanto, estavam sendo extraídos a uma taxa parecida ou maior".)[4] O momento escolhido para a ação judicial, portanto, era interessante. Em 2013, na Austrália, a indústria mineradora ainda estava sendo celebrada por amortecer os piores impactos do colapso financeiro global de 2008. E uma série de governos conservadores de estados, territórios e da federação ainda encorajava a expansão da mineração sobre terras indígenas e não indígenas, sobretudo porque a expansão inicial de uma mina demandava força de trabalho bem remunerada para o período de construção. O pico do *boom* minerador estava por arrefecer-se quando a OM Manganese destruiu Duas Mulheres Sentadas.

Visto que tanto o laudo antropológico quanto a sentença legal consideram Duas Mulheres Sentadas uma formação geológica *representada por* uma narrativa humana, talvez não seja necessário dizer que os atos da empresa mineradora não foram julgados como homicídio culposo, tentativa de homicídio ou assassinato, mas como "profanação", de acordo com a lei de responsabilidade criminal. A ação judicial discutiu a intencionalidade da OM Manganese ao destruir as características do local pelo comprometimento de suas fundações. A OM Manganese perdeu a ação e se tornou o primeiro caso em que a destruição de um local sagrado foi julgada pela lei australiana.[5] Mas é improvável que a influência de empresas mine-

---

4 O nível de recursos paramarginais permaneceu estável em 23,1 milhão de toneladas, e a quantidade de recursos submarginais também permaneceu inalterada em 167 milhões de toneladas. Recursos inferidos aumentaram em 3,6% para 342 milhões de toneladas de acordo com o anúncio de recursos inferidos no depósito de contato na Austrália Ocidental.

5 De acordo como a Autoridade de Proteção de Áreas Aborígenes, "sob o NT *Sacred Sites Act* de 1989, os guardiães do local não eram elegíveis a indenizações e o valor das

radoras e de outras indústrias extrativistas sobre políticas governamentais seja reduzida significativamente por esse contratempo jurídico. A multa em si foi relativamente baixa (AU$ 150 mil), e os guardiães indígenas do local não receberam nada do dinheiro.[6] É muito mais provável que as instâncias interessadas no desmantelamento de Duas Mulheres Sentadas ataquem os fundamentos das ações jurídicas no lugar de modificar fundamentalmente suas práticas. De fato, logo depois do êxito jurídico, o governo conservador do Território do Norte modificou o estatuto da Autoridade de Proteção de Áreas Aborígenes, revogando seu conselho independente e dissolvendo-o em outro gabinete. Na Austrália Ocidental, o governo propôs uma legislação que restringiria o sentido de *sagrado* para "destinado a uso religioso, e não um local sujeito a histórias, músicas ou crenças mitológicas". Além disso, a condenação para danos a um local indígena seria uma indenização de AU$ 100 mil, mais doze meses de prisão, ao passo que para locais não indígenas seria de AU$ 1 milhão, mais dois anos de prisão.[7]

Não surpreende, então, dada a quantia em jogo, que muitos indivíduos e grupos indígenas, além de seus apoiadores não indígenas, tenham não só assinado contratos com mineradoras como também defendido ativamente a mineração em terras indígenas como modo de promover seu bem-estar.[8] E por que não? Pessoas beneficiadas

---

multas iria diretamente ao governo do Território do Norte". Michaela Gray, "Mining Company Fined for Desecrating Aboriginal Sacred Site in NT". *The Australian Times*, 2 ago. 2013.

6   Ver Benedict Scambary, "Profit over Protection: The Bootu Creek Sacred Site Desecration Case". Aiatsis Seminar Series 2: Culture in Crisis? Canberra, 19 ago. 2013.

7   Tod Jones, "Separate but Unequal: The Sad Fate of Aboriginal Heritage in Western Australia". *The Conversation*, 6 dez. 2015.

8   David Trigger, da antropologia aplicada, é provavelmente o antropólogo que mais defende a mineração em terras indígenas. Ver David Trigger et al., "Aboriginal Engagement and Agreement-making with a Rapidly Developing Resource Industry: Coal Seam Gas Development in Australia". *The Extractive Industries and Society*, v. 1, n. 2, 2014.

As pedras podem morrer?

pelo capital de fato enriquecem, pelo menos no curto prazo. E, como governos consecutivos têm reduzido o auxílio a pessoas e comunidades indígenas, a mineração se torna uma das poucas alternativas que grupos com posse demarcada sobre sua terra natal possuem para mantê-la, mesmo que de modo muito precário – de fato, muitos argumentam que a redução do auxílio estatal propositadamente impele grupos indígenas a permitirem a entrada da mineração em suas terras.[9] Mas a oposição convicta entre alguns povos indígenas e o capital extrativista também não surpreende. Lang Hancock, já falecido, fundador de uma das maiores empresas mineradoras no mundo, a Hancock Prospecting Pty Ltd, sediada na Austrália, era franco em relação à sua oposição aos direitos indígenas à terra. "A questão dos direitos aborígenes à terra e coisas dessa natureza não deveriam existir." E sua filha e herdeira, Gina Rinehart, CEO da Hancock Prospecting – a pessoa mais rica da Austrália e, a certa altura, a 37ª pessoa mais rica do mundo – resiste enfaticamente a qualquer reivindicação aborígene que possa bloquear sua iniciativa de extrair minerais onde quer que ela os encontre, além de se opor a qualquer tributação sobre o carbono e a mineração. De modo a promover sua causa, Rinehart adquiriu parte substancial das ações da rede de televisão Ten Network e da empresa de mídia Fairfax Media. A presença pública de Rinehart se tornou tão significativa que, em maio de 2012, a então primeira ministra Julia Gillard precisou lembrar ao Conselho de Minas da Austrália: "Vocês não são donos dos minerais. Eu não sou dona dos minerais. Os governos apenas vendem a vocês

---

9 O trabalho de Jon Altman é especialmente importante nesse aspecto. Ver, p. ex., "Indigenous Policy: Canberra Consensus on a Neoliberal Project of Improvement", in Chris Miller e Lionel Orchard (orgs.), *Australian Public Policy: Progressive Ideas in the Neoliberal Ascendency*. Bristol: Policy Press, 2014; "Indigenous Rights, Mining Corporations and the Australian State", in Suzana Sawyer e Edmund Terence Gomez (orgs.), *The Politics of Resource Extraction: Indigenous Peoples, Multinational Corporations, Multilateral Institutions and the State*. London: Palgrave Macmillan, 2012.

o direito de minerar os recursos, um recurso cuja guarda é confiada a nós por um povo soberano".

Vamos evitar confusões. O povo soberano a quem Gillard se refere não é o povo indígena que testemunhou a favor da existência de Duas Mulheres Sentadas e de seu território circundante, tampouco são os outros grupos indígenas que dão testemunho dessas outras existências em todo o território australiano. E Duas Mulheres Sentadas não foi nem a primeira nem a última formação destruída pela sanha voraz do enriquecimento mineral. De fato, a demanda feita a indígenas – de que acomodem suas analíticas da existência a uma forma de crença e de dever cultural perante locais totêmicos (crença e dever que são absurdos do ponto de vista do geontopoder e de sua figura do Deserto) – constitui uma tática antiga e relevante por meio da qual o liberalismo tardio de ocupação tenta dissolver as analíticas indígenas no geontopoder. Vejam, por exemplo, esta cena que descrevi há quase vinte anos.

Numa tarde quente e abafada em novembro de 1989, parte significativa da comunidade aborígene Belyuen estava reunida na costa da Península Cox, de frente ao Darwin Harbour, para participar dos últimos dias do pleito por terras Kenbi [Kenbi Land Claim]. Algumas de nós – eu, Marjorie Bil Bil, Ruby Yarrowin, Agnes Lippo e Ann Timber – nos afastamos da correria dos microfones, dos blocos de notas e da importunação inquisidora de membros do governo, tanto dos que estavam a nosso favor como daqueles contra nós. As outras quatro mulheres tinham entre 38 e 70 anos (eu tinha 27) e vinham de diferentes Sonhares (totêmicos). Nós ficamos escutando a descrição feita por Betty Billawag ao comissário de terras sobre como um importante local de Sonhar nas proximidades, Pedra do Homem Velho [Old Man Rock], escutava e sentia o cheiro do suor das pessoas aborígenes quando elas passavam caçando, coletando, acampando ou simplesmente perambulando. Ela enfatizou a importância dessa interação humana-Sonhar/ambiental para a saúde e a produtividade

As pedras podem morrer?

das áreas rurais. Em dado momento, Marjorie Bil Bil me encarou e disse: "Ele não acredita, não é, Beth?". E eu respondi: "Não, acho que *não*, não ele, não realmente. Ele não acha que ela está mentindo. Mas ele simplesmente não acredita, por ele mesmo, que Pedra do Homem Velho possua capacidades auditivas.[10]

A incapacidade demonstrada pelo comissário de terras e pelos advogados para acreditar é precisamente o que possibilitou que eles desfrutassem da "diferença autêntica", sem que isso ocasionasse modificações fundamentais na metafísica da lei – a experiência de uma forma de diferença que foi despida da possibilidade de ameaçar a hierarquia da governança no liberalismo tardio. No coração dessa experiência, aquilo que a faz operar são os pressupostos do geontopoder. Ao passo que defensores humanos de direitos animais perturbam vagarosamente o consenso em torno daquilo que conta como uma pessoa juridicamente reconhecível e o neoanimismo expande a Vida a todas as entidades e agenciamentos, a Não Vida permanece vedada hermeticamente, oposta à Vida no contexto do capital extrativista e de seus aliados estatais.[11] A apreciação dessa cena, portanto, classifica a segurança daqueles que transformam as analíticas indígenas sobre a existência contemporânea em crenças culturais tradicionais sobre sujeitos e objetos, para depois avaliar

---

10 Elizabeth A. Povinelli, "Do Rocks Listen? The Cultural Politics of Apprehending Australian Aboriginal Labor". *American Anthropologist*, v. 97, n. 3, 1995.

11 Ao mesmo tempo que o capital é louvado como aquele que enxerga o vitalismo de tudo que existe a partir da perspectiva do lucro, indústrias animais e de mineração definem enfaticamente o direito concedido pelo Estado de utilizar esse vitalismo de acordo com nada além de seu lucro. Veja, por exemplo, a Aliança Nacional de Interesse Animal [National Animal Interest Alliance] e o Conselho de Intercâmbio Legislativo Americano [American Legislative Exchange Council], *lobbies* poderosos que apoiaram emendas legislativas do governo federal estadunidense, transformando, em 2006, a Lei de Proteção a Empreendimentos com Animais [Animal Enterprise Protection Act] na Lei Antiterrorismo a Empreendimentos com Animais [Animal Enterprise Terrorism Act].

a veracidade dessas crenças não a partir da veracidade potencial da análise, mas em conformidade aproximada com um modo pretérito mais-que-perfeito, anterior ao colonialismo de ocupação. De fato, a solicitação de histórias totêmicas, como aquelas observadas em Duas Mulheres Sentadas e Pedra do Homem Velho, não pretende desafiar as geontologias dominantes das quais o capital depende, mas implementar um modo estatal de organizar tipos de humanos que são "acionistas" do geontopoder. As rochas separam, dividem e avaliam diferentes humanos com base em como, ou se, eles estabelecem diferenças entre Vida e Não Vida. Rochas são meios para grupos colonizados ganharem acesso a alguns dos bens que lhes foram expropriados – ou para acederem a uma fatia do capital que será gerado a partir delas. Por exemplo, exige-se que a OM Manganese pague *royalties* (uma quantia fixa em dólares para cada tonelada seca transportada) aos donos originários das terras esgarçadas pelas suas minas – os grupos Kunapa/Kurtinja/Mangirriji, Jalajirrpa, Yapa Yapa e Pirrtangu.[12]

E assim podemos enxergar o elo entre o geontopoder, a governança da diferença e dos mercados e a figura do Animista. Na Austrália, ao menos, grupos indígenas ganham direito a indenizações fixas ao participar de audiências fundiárias, durante as quais declaram acreditar que elementos específicos da paisagem, tais como Pedra do Homem Velho e Duas Mulheres Sentadas, são sencientes, além de – cabe ressaltar – afirmarem que, como descendentes humanos desses locais todavia sencientes, eles são obrigados a agir de acordo com essa crença.[13] Insistir ferozmente na capacidade auditiva das rochas cria uma diferença do tipo agradável porque ela não

---

12 Macquarie Equities Research, "OM Holdings", fev. 2010.

13 Commonwealth of Australia, *Warumungu Land Claim: Report by the Aboriginal Land Commissioner to the Minister for Aboriginal Affairs and to the Administrator of the Northern Territory*. Report n. 31. Canberra: Australian Government Publishing Service, 1991.

As pedras podem morrer?

abala (ou não abalou) a crença daqueles que estão na posição de avaliar essas declarações, ou do público majoritariamente colonizador que acompanha as audiências, de que rochas não possuem percepção, intenção nem metas; de que são não vida (*geos*) em vez de vida (*zoé* ou *bíos*). Os direitos concedidos aos grupos indígenas pelo Estado não incluem o direito de transformar sua perspectiva em norma, mas de afixar uma pequena válvula nos gasodutos muito maiores das abordagens geontológicas realizadas pelo liberalismo tardio. É pouco surpreendente, portanto, que nos quase dez anos que separam o pleito pelas terras Kenbi da ação judicial contra a OM Manganese tenha havido pouca restrição à mineração na Austrália.[14] A atividade foi apenas "racionalizada".[15] Tudo isso nos traz de volta ao povo soberano mencionado por Gillard.

O povo soberano do geontopoder são os que aderem à separação fundamental entre Vida e Não Vida, com todas as implicações éticas dessa separação sobre a intencionalidade e a vulnerabilidade. Em outras palavras, soberana é a divisão entre Vida e Não Vida como pedra de toque fundamental da governança da diferença e dos mercados. Quando povos indígenas concordam em participar como voz Animista na ordem governamental do povo, são incluídos como parte desse povo soberano. Quando não, são ostracizados. Mas e Duas Mulheres Sentadas? Possui posição de *sujeito* político diante do público, da lei e do mercado? Não são também sujeitos políticos os não mortos e os nunca vivos, além dos humanos e das outras formas de trabalho vivo e capital – corporações, mineiros, políticos, guardiães indígenas, espécies de plantas e animais protegidos? Seria possível afirmar que Duas Mulheres Sentadas e outros

---

14 Ver "The World Bank Group in Extractive Industries: 2012 Annual Review". Washington: World Bank Group.

15 Ver J. Altman, "Indigenous Rights, Mining Corporations and the Australian State", op. cit.; e Tess Lea, "'From Little Things, Big Things Grow: The Unfurling of Wild Policy". *e-flux*, n. 58, 2014.

existentes como ela devem importar tanto quanto ou ainda mais que a forma humana de existência? Ou, improvisando a partir de Fredric Jameson, é mais fácil conceber o fim do capitalismo do que a subjetividade intencional de Duas Mulheres Sentadas e Pedra do Homem Velho?[16] Se a resposta for negativa, com qual fundamento concedemos ou negamos a formações geológicas como Duas Mulheres Sentadas uma posição igualitária diante da lei? O sangue de manganês de Duas Mulheres Sentadas é tão eticamente sobrecarregado quanto o dispêndio vital do trabalhador humano que o extrai? A habilidade que esses trabalhadores da mineração têm de decompor Duas Mulheres Sentadas não evidencia sua vulnerabilidade e precariedade? É mais importante preservar Duas Mulheres Sentadas em seu lugar do que manter o estilo de vida e bem-estar esperado hoje por grande parte dos Australianos? O que pensar sobre pessoas indígenas que desejam matricular suas crianças em escolas particulares e veem em locais como Duas Mulheres Sentadas capital em potencial? De qual perspectiva, ou da perspectiva de quem, devemos formular essas questões e responder a elas – cultural, econômica, ecológica, literária?

A disputa em torno do significado e da importância dos danos causados a Duas Mulheres Sentadas constitui um exemplo perfeito para explicar o número crescente de geólogos e especialistas climáticos que estão convocando com urgência novos diálogos entre as ciências naturais, as ciências sociais, as filosofias, as humanidades e as artes. A governança da Vida e da Não Vida não é mais, dizem, meramente uma questão de diferenças humanas nem da diferença entre humanos e animais não humanos, mas agora é também uma questão de todo o agenciamento entre Vida e Não Vida. Se o intuito é responder a tais questões e, ao respondê-las, alterar a trajetória da crise de um planeta superexplorado e sobrecarregado, sugere-se

---

16 Fredric Jameson, "A cidade do futuro", trad. Mauricio Miranda dos Santos Oliveira. *Libertas*, v. 10, n. 1, jan.-jun. 2010.

As pedras podem morrer?

reabrir os canais de comunicação entre as ciências naturais, as humanidades críticas e as ciências sociais. Essa perspectiva multidisciplinar é fundamental para a compreensão do estatuto que lugares como Duas Mulheres Sentadas e Pedra do Homem Velho devem ter na governança da diferença e dos mercados no liberalismo tardio. Sem dúvida, um novo letramento interdisciplinar é a nossa única esperança para encontrar um modo de concatenar nosso arranjo atual de vida com a continuidade da vida humana e planetária enquanto tal. Cientistas, filósofos, antropólogos, políticos, teóricos da política, historiadores, escritores e artistas devem unir seus saberes, desenvolver um grau de letramento mútuo e realizar a polinização cruzada de suas linhagens interrompidas. É possível vislumbrar o caráter urgente dessa discussão na sombra projetada pelo maquinário mastodôntico que escava avidamente as fundações da *bandicoot* e da rata. No ocaso colossal desses comedores gigantes de terra, é difícil não se deixar seduzir pela figura do Deserto e não imaginar que o Antropoceno, a era geológica dos Seres Humanos, será a última era dos humanos e a primeira fase da transformação da Terra em Marte, planeta certa vez vibrante e vivo, mas que agora é uma esfera morta suspensa no céu noturno. Ao concatenar a diferença entre as ciências naturais, as humanidades críticas e as ciências sociais, talvez possamos decidir se faz sentido dizer que a OM Manganese assassinou Duas Mulheres Sentadas ou se o "o local" foi (apenas) profanado. Dito de outro modo, a reflexão interdisciplinar honesta, detida, mas certeira, é a única maneira de encontrarmos o fundamento correto para decidir sobre o que aconteceu em Duas Mulheres Sentadas – e se devemos nos referir à formação geológica como "*that*", "*it*" ou "*they*" (um pronome demonstrativo, a terceira não pessoa ou a terceira pessoa para dois sujeitos femininos).

Mas e se olhássemos para essa conversa entre as ciências naturais, as humanidades críticas e as ciências sociais de outra forma? E se perguntássemos não pelas diferenças epistemológicas que foram surgindo com a separação e a especialização entre as ciências naturais da vida e as ciências críticas, mas pelas semelhanças que se mantiveram em suas estruturas no decorrer desse processo, ou pelas *atitudes, ansiedades* e *desejos* direcionados ao vivo e ao inerte? Quais acordos velados foram assinados muito antes de que as ciências naturais e críticas tomassem caminhos distintos? Nos próximos capítulos discuto como as analíticas da existência dos meus colegas indígenas são apreendidas em ambientes teóricos, sociais e capitalistas específicos. Aqui começo a delinear os elementos-chave da dobradiça proposicional que junta as ciências naturais e sociais, além de produzir diferenças entre elas. Eu chamo essa dobradiça de Imaginário do Carbono. O Imaginário do Carbono é o espaço homólogo que se produz quando os conceitos de nascimento, crescimento-reprodução e morte são laminados sobre os conceitos de evento, *conatus/affectus* e finitude. Como notei no capítulo introdutório deste livro, o Imaginário do Carbono é o imaginário central da figura do Deserto. Ele busca, reitera e dramatiza o intervalo entre a Vida e aquilo que é concebido como sendo anterior à Vida ou desprovido dela. E, embora seguramente central ao Deserto, o Imaginário do Carbono subsidia tentativas conceituais e pragmáticas muito mais abrangentes para superá-lo – como a extensão Animista de vitalismos a todos os existentes e agenciamentos.

Estou claramente adaptando o conceito de "proposição-dobradiça" de Ludwig Wittgenstein, que argumentou que as dobradiças funcionam como eixos em torno dos quais gira todo um aparato de saberes práticos e propositivos, em oposição a conjuntos de proposições sobre o estado do mundo.[17] Em outras palavras, proposições-dobradiças não constituem enunciados verdadeiros. São proposições não propositivas, um tipo de enunciado do qual não se pode

---

17 Ludwig Wittgenstein, *Da certeza*, trad. Maria Elisa Costa. Lisboa: Edições 70, 1990, § 341-43, p. 99. Ver também Duncan Prítchard, "Wittgenstein's *On Certainty* and Contemporary Anti-Scepticism", in Danièle Moyal-Sharrock e William H. Brenner (orgs.), *Readings of Wittgenstein's On Certainty*. London: Palgrave Macmillan, 2005.

As pedras podem morrer?

realmente duvidar; caso exista dúvida, a dúvida indica que a pessoa que enuncia está fazendo algo diferente de formular um enunciado verdadeiro – ela está sendo provocativa ou lunática ou expressando sua diferença cultural. Para Wittgenstein, ou se permanece no âmbito axial de um mundo em dobradiça ou pode acontecer uma conversão a outro eixo. No tipo de conversão proposta por Wittgenstein, não há mera reposição no espaço estabelecido por uma proposição axial, mas movimento de um espaço para outro, de um tipo de física para outro, de uma metafísica para outra.[18] Porém, tanto a dobradiça quanto o eixo parecem, enquanto metáforas, articulações imaginárias excessivamente suaves. A imagem da cicatriz seria, provavelmente, uma imagem melhor da produtividade espacial homóloga entre vida natural e vida crítica e da natureza do Imaginário do Carbono.[19] O imaginário do Carbono seria, então, a região latejante da cicatriz entre a Vida e a Não Vida – uma dor que exige que prestemos atenção a uma cicatriz que por muito tempo permaneceu anestesiada e dormente, mas jamais imperceptível.

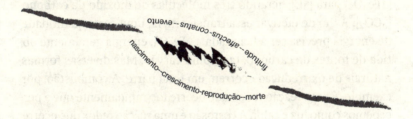

Figura 2.1 Uma homologia cicatricial

---

18 Ver, p. ex., L. Wittgenstein, *Da certeza*, op. cit., § 92, p. 39.
19 Embora o aparato conceitual implicado nessa imagem venha do pragmatismo, ver também Jacques Derrida, "O teatro da crueldade e o fechamento da representação", in *A escritura e a diferença*, trad. Maria Beatriz Marques Nizza da Silva, Pedro Leite Lopes e Pérola de Carvalho. São Paulo: Perspectiva, 2019.

Vida natural

A distinção entre Vida e Não Vida é, obviamente, fundamental à separação das geociências e das biociências, da geoquímica e da bioquímica, da geologia e da biologia. Essa distinção se constitui a partir de uma série de avanços em experimentos técnicos e é mediada por vocabulários altamente especializados. Por exemplo, uma definição-padrão bioquímica para a vida é "a compartimentação física em relação ao meio e à auto-organização de reações redox autocontidas".[20] Redox é a abreviação para uma série de oxirreduções em que elétrons são transferidos entre espécies químicas. Para explicar a quem não tem familiaridade com a química contemporânea, a oxidação ocorre quando um elemento perde um ou mais elétrons de oxigênio; a redução é quando ocorre o contrário. As reações redox denominam processos por meio dos quais elétrons são transferidos simultaneamente. Tomemos como exemplo a produção de ferro puro na seguinte reação redox: $3C + [2Fe_2O_3] \rightarrow [4Fe] + [3CO_2]$. Para produzir ferro puro, um elétron de oxigênio é transferido do óxido de ferro $[2Fe_2O_3]$ para $[3C]$, gerando três moléculas de dióxido de carbono $[3CO_2]$. A fim de efetivar essa transferência, uma certa quantidade de energia precisa ser adicionada a $2Fe_2O_3$, energia geralmente obtida de fontes de carbono, tais como carvão. Mas diversas formas naturais de oxirredução ocorrem em toda parte. A combustão, por exemplo, é uma reação redox que ocorre tão rapidamente que a percebemos como luz e calor. A corrosão é uma reação redox que ocorre tão vagarosamente que a percebemos como ferrugem e umidade.

Mas as reações redox não constituem em si o fundamento da distinção entre biologia e geologia. Em realidade, a diferença entre

---

20 William Martin e Michael J. Russell, "On the Origin of Cells: A Hypothesis for the Evolutionary Transition from Abiotic Geochemistry to Chemoautotrophic Prokaryotes, and from Prokaryotes to Nucleated Cells". *Philosophical Transactions: Biological Sciences*, v. 358, n. 1429, 2003.

a reação redox biológica e a reação redox geológica é que a primeira é considerada como sendo relativamente auto-organizada, auto--orientada e autocontida, ao passo que reações redox geológicas não o são. Como foi sugerido por Karen Barad em outros contextos, reações redox biológicas dependem de conceber certas existências como capazes de um *bootstrapping* performativo – uma soberania molecularmente auto-orientada.[21] Esse poder performativo está situado na função metabólica da célula.[22] E o metabolismo é o espectro completo dos processos químicos e mecânicos que todo organismo (toda vida) utiliza para crescer, se reproduzir e manter sua integridade. Ele é constituído pelos processos bioquímicos que emergem a partir de um certo tipo de substância intencional, sendo direcionados a produzi-la e mantê-la – isto é, de uma substância orientada por objetivos em todos os níveis e cuja finalidade, ou objetivo, é a manutenção e a reprodução de uma versão de si mesma. É esse imaginário de performatividade metabólica soberana que separa as reações redox biológicas das redox geológicas.

O conceito de função metabólica, em outras palavras, permite que consideremos toda e qualquer parte do ser vivo como detentora de seu próprio objetivo rigoroso e contido e, ainda assim, partícipe do propósito mais geral de um ser vivo. O objetivo de uma enzima catalisadora, por exemplo, é transferir elétrons e ser capaz de fazê-lo continuamente. Que a enzima tenha outra intenção além dessa (contribuir para o objetivo maior de produzir e reproduzir o organismo) importa pouco para o seu funcionamento de agente causal eficiente. Geralmente se considera que o objetivo final de toda e qualquer parte de um organismo é a forma de vida mais complexa e indepen-

---

21 Ver Karen Barad, "Posthumanist Performativity: Toward an Understanding of How Matter Comes to Matter". *Signs: Journal of Women in Cultural and Society*, v. 28, n. 3, 2003.

22 Rogier Braakman e Eric Smith, "The Compositional and Evolutionary Logic of Metabolism". *Physical Biology*, v. 10, 2013.

dente ao qual ela dá apoio (como o corpo individual ou a espécie). Mas definir a vida como atividade autodirecionada funciona melhor quando os processos bioquímicos são vistos pela perspectiva da chamada última membrana do organismo. A última membrana da célula animal é considerada usualmente como seu envoltório lipídico, uma membrana que se conecta e se separa de seu ambiente. A última membrana de um indivíduo humano é geralmente pensada e vivenciada como pele. A última membrana da espécie humana se situa em suas convergências e regulações reprodutivas. É somente do ponto de vista desses diferentes tipos de pele que podemos reivindicar uma causa maior ou final – a produção e a reprodução desse tipo específico de existente com pele. Essa perspectiva epidérmica oferece um substrato para pensar e vivenciar os fatos e as éticas do nascimento e da morte, além de permitir avaliar a vida bem vivida e a boa morte. Isso é exemplificado pelo fato de que se diz que as células, as menores unidades da vida, vivenciam o "nascimento", ao metabolizarem nutrientes externos a si, e sofrem a morte. E, se "sofrer" parece um verbo exagerado aqui, pode ser útil saber que biólogos dão à morte celular uma inflexão ética. Costuma-se dizer que células têm uma morte adequada ou inadequada – em uma boa morte, uma morte organizada, a célula se autodestrói; em uma morte desorganizada, ela incha, vaza, explode – a isso os biólogos nomeiam, respectivamente, apoptose, uma forma programada de morte celular, e necrose, uma forma desorganizada e involuntária de morte celular. Nosso vocabulário para mudanças em formações rochosas e minerais como Duas Mulheres Sentadas e Pedra do Homem Velho possui um imaginário de evento muito diferente, um imaginário de acreção, de xistosidade, de falhas sísmicas, daquilo que é residual – são forças externas que causam mudanças, e não objetivos e intenções autoativadas ou auto-orientadas que podem vir a falhar.

No entanto, hoje em dia, quanto mais pressionamos a pele da vida, mais instável ela parece ser no que concerne à manutenção de um conceito de Vida distinto de Não Vida, que dirá no que concerne

As pedras podem morrer?

à existência de qualquer forma de vida em particular. Vou tomar como exemplo as reações bioquímicas que permitem que biólogos compreendam as distinções e interdependências dos processos metabólicos nas mais variadas categorias da vida, a saber, as duas principais oxirreduções biológicas: a fotossíntese das plantas e a respiração animal. A fotossíntese utiliza energia solar (luz) para converter água e dióxido de carbono, sua fonte de carbono, em glicose ($C_6H_{12}O_6$), sua fonte de energia interna. A equação química é $6CO_2 + 6H_2O$ + energia (luz) $\rightarrow C_6H_{12}O_6 + 6O_2$. A glicose é armazenada nas plantas e disponibilizada para o crescimento e a reprodução conforme as enzimas removem seu hidrogênio. As formas de vida animal fazem uso de compósitos orgânicos – plantas, por exemplo – como fontes de carbono e utilizam reações redox como fontes de energia. Suas células consomem compósitos orgânicos que contêm carbono armazenado e processado, $C_6H_{12}O_6 + 6O_2$, e depois expelem $6CO_2 + 6H_2O$ por meio de uma série de reações redox ocorridas na respiração. O ChemWiki online (produzido pela Universidade da Califórnia em Davis) proporciona um exemplo simples para o papel que reações redox cumprem na função metabólica. Quando tomamos nossos refrigerantes em grandes goles ou em pequenos sorvos, o corpo converte a forma original do açúcar, o dissacarídeo sacarose, em glicose. Em seguida, reações de catálise enzimática transferem elétrons da glicose para o oxigênio molecular, oxidando a molécula de carbono para produzir dióxido de carbono (nossa exalação) e reduzindo O_2 a H_2O, ou à umidade do hálito que exalamos.[23] A respiração é, de fato, uma das propriedades principais dos seres vivos – a "respiração", em humanos, é um modo de trazer oxigênio para dentro do sistema e expelir dióxido de carbono, um modo de incorporação e exclusão que indica uma sobredade [*aboutness*] auto-orientada, quando não uma consciência.

---

23 Ver Tim Soderberg, "The Importance of Redox Reactions in Metabolism". *Chemistry LibreTexts*, 3 jun. 2019.

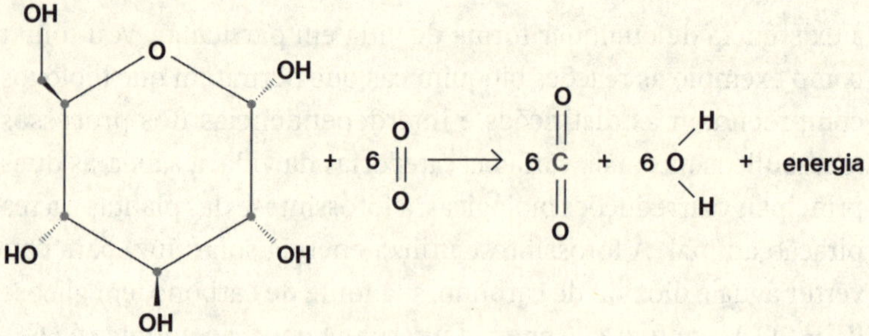

$$+ \; 6 \; \overset{\displaystyle O}{\underset{\displaystyle O}{\|}} \; \longrightarrow \; 6 \; \overset{\displaystyle O}{\underset{\displaystyle O}{C}} \; + \; 6 \; O{\overset{H}{\underset{H}{}}} \; + \; \text{energia}$$

Figura 2.2 A fórmula da Coca-Cola

Mas essa mesma lata de Coca-Cola, sob a pressão da consciência climática antropogênica, torna-se sintoma e diagnóstico de um agenciamento mais amplo de existentes que está alterando irremediavelmente a integridade da Vida e o modo como produzimos uma boa vida. Quando escrevi acima que, "quanto mais pressionamos a pele da vida, mais instável ela parece ser no que concerne à manutenção de um conceito de Vida distinto de Não Vida, que dirá no que concerne à existência de qualquer forma de vida em particular", eu deveria ter perguntado primeiro: "O que está fazendo com que as ciências naturais coloquem cada vez mais pressão sobre a pele da vida, despedaçando, no processo, essa frágil membrana?". A resposta nos leva aos entrelaçamentos cada vez mais inevitáveis de Vida e Não Vida no capitalismo contemporâneo. Permaneçamos com a nossa lata de Coca-Cola. Na política, há tempos a esquerda e a direita disputam entre si para moldar e transformar a maneira como o capitalismo industrial extrai valor do trabalho humano. Mas vastas redes de Vida *e* Não Vida são criadas e mobilizadas em nome da criação das latas de Coca-Cola que tomamos diariamente. As plantas produzem açúcares para alguns produtos da Coca-Cola, mas bactérias geneticamente modificadas produzem a doçura de outros. O aspartame, principal "adoçante artificial" em refrigerantes, é um produto biológico – ele é feito a partir do acúmulo e do processa-

As pedras podem morrer?

mento de aminoácidos produzidos em bactérias geneticamente modificadas. A maior parte dos estudos examina o efeito do aspartame sobre a saúde dos humanos ou de outras formas de vida conforme ele se concentra no ambiente. Mas Duas Mulheres Sentadas podem avaliar seus efeitos por uma perspectiva diferente: as quantidades de carvão, aço e cobre necessárias para construir as fábricas globais que produzem a lata e o aspartame. E essas fábricas distribuídas globalmente devoram aquíferos, deixando as comunidades locais mortas de sede conforme criam resíduos que são devolvidos, por uma via ou outra, ao meio ambiente.[24]

Esse público mais amplo, que respira, ingere líquidos e transpira, é deixado de fora do estudo online de química, mas se revela, cada dia mais, como um fator inevitável da vida global à medida que cada aspecto da produção e do consumo de base industrial pode ser conectado ao ciclo planetário do carbono. Comer, beber, respirar: essas atividades proporcionam lampejos virtuais dos Vírus que operam nas divisões técnicas da Vida e da Não Vida. As mesmas técnicas que permitem às ciências naturais distinguir entre categorias de vida realizadas demonstram não apenas os entrelaçamentos interdependentes entre Vida e Não Vida mas também a irrelevância de sua separação. Animais e minerais, plantas e animais, fotoautotróficos e quimioheterotróficos são êxtimos [*extimates*] – são externos uns aos outros somente na medida em que a escala de nossa percepção está confinada à pele, a um conjunto de cercamentos epidérmicos. Os pulmões humanos, no entanto, são lembretes constantes de que essa separação é imaginária. Onde fica o corpo humano quando visto a partir do pulmão? Esse agenciamento biótico maciço que os pulmões conhecem intimamente – incluindo plantas verdes, bactérias fotossintéticas, bactérias púrpuras não sulfurosas, bactérias de hidrogênio, de enxofre e de ferro, animais e micróbios – é agora

---

24 Bishnupriya Ghosh, "Looking through Coca-Cola: Global Icons and the Popular". *Public Culture*, v. 22, n. 2, 2010.

considerado produtor do metabolismo do ciclo planetário do carbono, que pode estar às vésperas de uma reorganização maciça em função da ação humana. De fato, a mudança de escala implícita no estudo da mudança climática antropogênica é o que permite a biólogos conectarem a menor unidade de vida e morte à vida e morte planetária (o ciclo planetário do carbono). E essa mudança de escala permite que o pensamento sobre a extinção ultrapasse a lógica da espécie (extinção de espécies) rumo à lógica planetária (extinção planetária). É pouco espantoso, então, que estejamos escutando uma mudança política em nossos discursos políticos, do *lógos* a πνεῦμα τοῦ στόματος[25] e da demanda "me escute" para a declaração "não consigo respirar".[26]

Dada a natureza de Möbius da geoquímica e da bioquímica, é previsível que algumas ciências naturais estejam buscando perfurar a clara separação entre bioquímica e geoquímica, biologia e geologia, com os conceitos da biogeoquímica, geomorfologia e física. Bioquímicos e geoquímicos tiveram de confrontar há muito tempo o fato de que, se uma coisa viva, para ser "viva", deve ser estruturalmente e funcionalmente compartimentalizada em relação ao seu meio, nada pode permanecer vivo se estiver hermeticamente separado de seu meio. Em vez de focar, então, na diferença entre Vida e Não Vida, muitos daqueles envolvidos nas ciências naturais estão repensando "o vínculo entre a geoquímica da Terra e a bioquímica da vida".[27] Como evidência disso, muitos geólogos pensam já há algum

---

25 "[...] o sopro de sua boca [...]", Segunda Epístola aos Tessalonicenses I, 8, *Novo testamento*. [N.T.]

26 Timothy Choy recentemente explorou os conceitos de respiração, substância e política em *Ecologies of Comparison: An Ethnography of Endangerment in Hong Kong*. Durham: Duke University Press, 2011.

27 Rogier Braakman argumenta que o centro do processo metabólico, a fixação de carbono, oferece um elo entre ambos. Ver R. Braakman e E. Smith, "The Compositional and Evolutionary Logic of Metabolism", op. cit. Outros, como Bass e Hoffman, consideram fontes hidrotermais submarinas como laboratórios geológicos naturais

tempo que, embora as rochas não possam morrer em sentido estrito e definitivamente não possam ser assassinadas, elas certamente vêm a existir. De fato, as origens das rochas são a base de sua classificação. Rochas ígneas são compostas por uma gama estreita de minerais cristalinos formados a partir das entranhas derretidas do planeta. Muitas rochas, no entanto, são sedimentares: elas são formadas conforme a água se movimenta no entorno de peças compósitas de material ígneo erodido, de animais e matéria vegetal carbonatada, além de partículas silicosas de microfauna marinha, restando à gravidade consolidar tudo vagarosamente. Outros estudiosos têm se concentrado nas relações metabólicas e simbióticas muito mais estranhas entre substâncias geológicas e biológicas. Muitas bactérias prosperam em ambientes sem oxigênio porque respiram rocha (*geos*) em vez de oxigênio.[28] E as bactérias podem muito bem estar na origem de algumas formações rochosas e minerais que são agora essenciais e também potencialmente tóxicas para outras formas de vida. Por exemplo, o manganês, material extraído pela OM Holding perto de Duas Mulheres Sentadas, é uma rocha sedimentar encontrada em formas mais puras ou mais contaminadas, mas tipicamente misturada com outras rochas, protorrochas e detritos de rocha. Alguns geoquímicos acreditam que o manganês é subproduto de um organismo vivo específico, a bactéria *Roseobacter* sp. Azwk-3b.[29] Mas, se

---

contemporâneos que podem oferecer as vias geológicas e químicas necessárias para a transformação de formas abióticas em formas bióticas, de protocélulas a comunidades de protocélulas a "organismos vivos livres". Ver John A. Baross e Sarah E. Hoffman, "Submarine Hydrothermal Vents and Associated Gradient Environments as Sites for the Origins and Evolution of Life". *Origins of Life and Evolution of Biospheres*, v. 15, n. 4, 1985. Ver também universe-review.ca/F11-monocell.htm.

28 Mohamed El-Nagger et al., "Electrical Transport along Bacterial Nanowires from *Shewanella oneidensis* MR-1". *Proceedings of the National Academy of Sciences of the United States of America*, v. 107, n. 42, 19 out. 2010.

29 Por exemplo, Deric R. Learman et al. analisam a habilidade que espécies comuns de bactérias marinhas – *Roseobacter* sp. Azwk-3b – para oxidar manganês na presença inibidores químicos e biológicos (a *Roseobacter* oxida o manganês ao

essa bactéria (uma forma de vida) é responsável pela formação de certos tipos de manganês (uma forma de não vida), o manganês é, por sua vez, um "elemento tóxico essencial" à vida orgânica; ele é essencial às plantas para a fotossíntese e a todos os organismos que processam oxigênio elementar, como humanos, *além de* ser tóxico a ambos os grupos se absorvido em grandes concentrações.

Aquilo que se juntou, no entanto, pode ser separado quando recursos suficientes estão disponíveis. Rochas e minerais formados ao longo de éons de compressão podem ser transformados em outras formas. Afinal, o objetivo de extrair minérios em Duas Mulheres Sentadas era o de transformá-la em outra forma de existência para que se pudesse gerar riquezas via comércio de *commodities*. Os ricos depósitos do sangue de manganês de Duas Mulheres Sentadas são convertidos em formas mais puras de manganês, por sua vez combinadas com outros minérios para formar aço pela intervenção do carvão, uma rocha sedimentar orgânica formada principalmente por detritos vegetais. Quando a pirolusita (MnO_2) – abundante na Austrália – e a rodocrosita ($MnCO_3$) são processadas pela queima de carvão para virarem aço manganês, são liberados poeiras e vapores que podem ser absorvidos em grande quantidade, e com mais facilidade, por diferentes formas de vida, desequilibrando toxicamente seus processos moleculares e celulares. Em 2009, por exemplo, o jornal *The Guardian* reportou que 1,3 mil crianças chinesas sofriam de envenenamento severo por chumbo como resultado de exposição aos vapores e poeiras de uma planta de fundição de manganês, minério que muito provavelmente vinha da Austrália.[30]

---

produzir um reagente redox forte, um superóxido). Tudo isso explica o raciocínio fisiológico por trás do funcionamento da oxidação enzimática e elucida quais são os microorganismos responsáveis. Ver D. R. Learman et al., "Formation of Manganese Oxides by Bacterially Generated Superoxide". *Natural Geoscience*, v. 4, 2014.

30 Jonathan Watts, "1,300 Chinese Children Near Smelter Suffer Lead Poisoning". *The Guardian*, 20 ago. 2009.

As pedras podem morrer?

E aqui percebemos, mais uma vez, que a perspectiva e a escala pelas quais examinamos a relação entre Vida e Não Vida criam *e* fragilizam as distinções entre Vida e Não Vida. Vida e Não Vida respiram. E, se a Não Vida deu origem à Vida, o modo atual da Vida pode estar retribuindo o favor.

Os novos rumos das ciências naturais ainda não fraturaram completamente, porém, o drama da Vida e a abjeção da Não Vida. Em realidade, as próprias ciências que parecem estar desconstruindo as divisões entre Vida e Não Vida de modo mais dramático – a ciência climática, por exemplo – também dependem em alguma medida do drama e do mistério da Vida. Conforme a Terra (Gaia) se torna uma biosfera em sua totalidade, a questão sobre como este planeta vivo e vibrante emergiu da vasta extensão da Não Vida se intensifica. Como algo emergiu do nada? O um do zero? Gaia destituída de vida é uma tragédia, a conclusão dramática final do drama da vida e morte na Terra. Em outras palavras, a mudança de escala – da extinção das espécies para a extinção planetária – depende da dramatização da diferença entre Vida e Não Vida. Efetivamente, a extinção como uma forma de morte em massa é algo que somente a Vida pode vivenciar. Somente a vida possui intenção e potência auto-orientadas e, portanto, somente a Vida pode falhar, morrer e deixar de ser. Somente a Vida têm o potencial de ser ou produzir algo que ainda não existe – uma forma mais desenvolvida de si mesma, uma reprodução de si mesma, uma ausência de si mesma. Isso parece tão autoevidente quanto a gravidade. Deixemos de lado o ponto de vista segundo o qual o dinamismo da Vida é uma repetição tediosa – ciclo infinito de nascimento e morte. Vamos nos concentrar no fato de que a Não Vida é afeto sem intenção e é afetada sem a intenção atuante de afetar. Vamos nos concentrar na Não Vida como inerte, independentemente da força com que ela se propale através do espaço ou morro abaixo. Se nos concentrarmos nas qualidades opostas da Vida e da Não Vida, poderemos ponderar o milagre do metabolismo e de seu *bootstrapping*. Poderemos dramatizar esse espantoso algo (Vida) que surgiu do nada (Não Vida). Quais condições de sopa primordial conduziram ao primeiro processo celular? Em que condições geoquímicas, na ausência de um Deus determinante, se deu a ruptura da Não Vida para a emergência da Vida? Se nos concentrarmos na diferença entre Vida e Não Vida, não será preciso imaginar que talvez o milagre não tenha sido a Vida, a emergência de uma coisa com novas formas e agências em potencial, mas a Não Vida, uma forma de existência que tinha o potencial não apenas de estar destituída de vida mas também de produzir aquilo que é sua negação, a Vida? A Não Vida tem o poder de se auto-organizar ou não, de virar Vida ou não.[31] Nesse caso, o grau zero da intenção é a fonte de toda intenção. O inerte é a verdade da vida, não o seu horror.

Estamos rodando em círculos. As ciências naturais agora estão dando voltas cada vez mais rapidamente em torno de uma compreensão ainda mais profunda sobre como a Não Vida extrudiu a Vida e como a Vida absorve e extrude a Não Vida. Quando uma vida biológica carrega uma quantidade excessiva de não vida dentro de si, ela coloca em risco sua integridade estrutural e funcional (*i.e.*, envenenamento por manganês). E, quando a vida biológica se extrude no seu meio, ela corre o risco de alterar radicalmente o meio do qual depende para ingerir seu sustento. Mas isso é verdade também para entidades não biológicas. As rochas se extrudem em seus meios, modificando padrões de vento e deixando depósitos de solos, e elas ingerem a vida que modifica seus marcadores geoquímicos. Um livro didático de "biogeoquímica", por exemplo, observa a re-

---

31 Em outras palavras, o Imaginário do Carbono se constitui a partir do problema de um tipo específico de evento: a ruptura da Não Vida para a Vida reitera o problema de como uma coisa surge do nada e retorna ao nada; como o um (1) emerge do zero (0) e retorna a ele. Autoemergência, intencionalidade e o retorno potencial à Não Vida – o nascimento, o crescimento e a morte – oferecem uma pele alentadora em torno de certos existentes e os separam de outros. De fato, o conceito de vida é a pele que vivenciamos como nossa.

lação dinâmica entre bioquímica e geoquímica, argumentando que "a influência da vida" sobre a maior parte das características da superfície terrestre torna o estudo da bioquímica necessário a qualquer estudo de geoquímica e vice-versa. "De fato, muitas das características da Terra são hospitaleiras à vida hoje por causa da atual abundância de vida neste planeta... água líquida, clima e uma atmosfera rica em nitrogênio existem ao menos parcialmente em função da existência de vida".[32] Uma vez existente, a vida produz as condições em que pode prosperar. Mas notem como, novamente, a distinção entre Vida e Não Vida reemerge mesmo quando somos convidados a compreender sua relação simbiótica. A Vida configura o meio da Não Vida, mas sua diferença é absolutamente identificável.

Engula, faça digestão, expire e depois suspenda o fora que entra e o dentro que sai. Essas excisões se tornam cada mais difíceis conforme o ciclo do carbono, em que formas de existência se produzem a si mesmas como atmosfera, é interrompido pelo consumo de carbono necessário para produzir e expandir uma forma de existência: o liberalismo tardio. Mas as oscilações que arrebatam a Vida e a Não Vida não têm ainda, ao que parece, abalado profundamente o domínio do geontopoder liberal tardio. O tribunal que considerou a profanação de Duas Mulheres Sentadas não considerou o que o local sagrado desejava ou pretendia enquanto matéria viva ou vital. Não pareceu haver interesse em relação ao seu desejo de permanecer no lugar, cometer suicídio como uma demonstração política ou sofrer transformações para que australianos colonizadores pudessem acumular mais capital a partir de terras indígenas. Simplesmente se presumiu que a Não Vida é incapaz de planejar, desejar ou sondar. Simplesmente se presumiu que homens e mulheres indígenas possuíam crenças culturais no lugar de uma analítica investigativa sobre sua existência.

---

[32] Ver, p. ex., William H. Schlesinger e Emily S. Bernhardt, *Biogeochemistry: An Analysis of Global Change*. Waltham: Academic Press, 2013.

Vida crítica

A retórica em torno da mudança climática antropogênica e dos mercados capitalistas sugere que será trabalhoso unir as ciências naturais e críticas em uma moldura mutuamente inteligível. Mas será? Já se atingiu um consenso silencioso que esteja além ou debaixo dos diferentes discursos e métodos, ou espraiado entre eles? Vamos tomar como exemplo um âmbito da teoria política que, em sua aparência, opõe claramente as ciências naturais (bioquímica e geoquímica) aos pressupostos epistemológicos e às abordagens metodológicas e poderia ser útil a Duas Mulheres Sentadas e Pedra do Homem Velho: as teorias críticas da potencialidade e do vitalismo. Se há uma homologia cicatricial entre os conceitos biológicos de nascimento, crescimento, reprodução e morte e os conceitos filosóficos críticos de evento, *conatus/affectus* e finitude, é a partir dos conceitos de potencialidade e vitalismo que podemos começar a vislumbrá-la.

Há um autor antigo cuja escrita oferece um ponto propício para começarmos a considerar a homologia cicatricial entre a vida natural contemporânea e a vida política crítica; seu nome é Aristóteles, e o texto é *De anima* [A alma].[33] Em *De anima*, Aristóteles argumenta que tanto substâncias biológicas *como* substâncias não biológicas constituem formas autorreflexivas – coisas dotadas com a característica soberana de isto-aqui-dade [*thishereness*]. Mas, se todas as coisas são soberanas, nem todas as coisas soberanas são iguais. Dentro da ordem soberana da substância se encontra uma

---

33 Assim, Aristóteles observa que a alma é a primeira atualidade de um corpo natural que potencialmente possui a vida; Aristóteles, *De anima*, trad. Maria Cecília Gomes dos Reis. São Paulo: Editora 34, 2006, livro II, capítulo 1. Para alguns debates contemporâneos na filosofia, ver James G. Lennox e Robert Bolton, Being, *Nature, and Life in Aristotle: Essays in Honor of Allan Gotthelf*. Cambridge: Cambridge University Press, 2010.

divisão crucial entre aquelas coisas que estão saturadas de atualidade quando vêm a existir (Não Vida, coisas inanimadas) e aquelas coisas que são definidas no nascimento pela sua potencialidade dinâmica interna (Vida, coisas animadas). A fonte da potencialidade dinâmica da vida – e, portanto, a chave para a distinção entre substâncias soberanas – é a alma. As discussões jurídicas em torno de Duas Mulheres Sentadas tornam evidente essa distinção aristotélica. Segundo ela, tanto Duas Mulheres Sentadas quanto qualquer par de mulheres humanas olhando para elas são coisas. Mas somente as duas mulheres "de fato" têm alma; as Duas Mulheres Sentadas não. Mulheres "de fato" são definidas pela potencialidade dinâmica que percorre seus corpos. Nada do que percorre Duas Mulheres Sentadas é mobilizado ou atualizado por ela mesma. Para Aristóteles, Duas Mulheres Sentadas é, e sempre será, uma atualidade saturada sem alma. As coisas com alma, ele diz, não fazem mais do que acionar suas potencialidades com um botão de liga/desliga. Por exemplo, humanos possuem a capacidade do pensamento, mas ativam essa capacidade de maneira intermitente. Como resultado disso, Aristóteles deve introduzir uma divisão no âmbito da potencialidade dinâmica, de um lado o atual (energia, ἐνέργεια), de outro a atualização (ἐντελέχεια). (Um comentário à parte: você pode estar se perguntando por que entidades plenamente atualizadas como rochas, metais, gás e heroína não são consideradas como as formas mais complexas na hierarquia metafísica aristotélica. Afinal, elas cruzam a linha de chegada antes do que as coisas com alma, realizando uma atualização saturada completa, ao passo que nós ainda estamos aqui batalhando. Uma resposta possível é que o drama da batalha é mais importante do que seu próprio fim.) Para Aristóteles, trata-se de um fato triste, mas verdadeiro: a maior parte dos humanos gasta sua vida trabalhando para ser atual em vez de realmente atingir a atualização completa e verdadeira. Mas essas lacunas lhe concedem uma régua ética com a qual ele pode ordenar e medir a hierarquia entre os seres. A verdade da existência humana pode ser medida pelo tanto que as pessoas, da perspectiva de sua finalidade, conseguem atualizar de seu potencial. Se Aristóteles fosse chamado para testemunhar no caso da OM Manganese, ele provavelmente diria que a rocha não possui a medida correta. Embora rochas sejam isto-aqui-coisas [*thisherethings*], elas não são coisas vivas com lacunas internas e possibilidades, a condição e a medida para a ética. Elas estão saturadas de atualidade não ética. A consequência é que elas podem nos matar acidentalmente. Podemos destruir suas formas ou reformá-las para nossos próprios fins, acumulando, por exemplo,

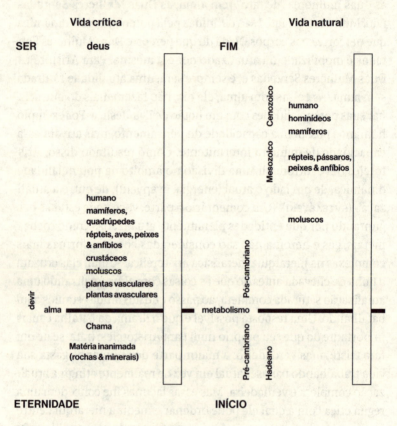

Figura 2.3 Vida natural e vida crítica

As pedras podem morrer?

capital por meio da mineração de terras indígenas. Mas elas não morrem e tampouco podem nos matar intencionalmente. E nós não podemos matá-las exceto por uma extensão metafórica – visto que não é possível tomar a alma que elas já não possuíam.

Um bioquímico contemporâneo talvez concorde com Aristóteles: Duas Mulheres Sentadas existe enquanto isto-aqui-dade soberana, assim como os trabalhadores da mineração que escavaram suas laterais, mas somente até que algo mais poderoso a desaloje ou a decomponha. Mas esse mesmo bioquímico provavelmente discordaria do modo como Aristóteles distinguia as coisas vivas das não vivas: pela presença ou ausência de alma. O filósofo Michael Frede deu uma resposta animadora para esse ceticismo bioquímico. Frede propõe que a discordância entre categorias biológicas e aristotélicas resulta menos do abismo de explicação causal que separa a ciência biológica moderna da metafísica aristotélica e mais de uma questão simples de terminologia. Para Frede, a alma é a coisa-conceito que "essencialmente distingue um corpo vivo de um corpo inanimado".[34] Em outras palavras, a alma é a compreensão antiga do metabolismo à base de carbono, na medida em que este proporciona a vitalidade interna (potencialidade) que define

---

34 Ver Michael Frede, "On Aristotle's Conception of the Soul", in Martha C. Nussbaum e Amélie Oksenberg Rorty (orgs.), *Essays on Aristotle's De Anima*. Oxford: Oxford University Press, 1995. Poderíamos dizer que processos metabólicos transformam autossoberania (objetos geoquímicos e bioquímicos) em soberania dinâmica (bioquímica): um tipo de isto-aqui-dade/aquilo-ali-dade [*thishereness/thatthereness*] que é comum a existentes biológicos e geológicos na emergência de potencialidades dinâmicas resultantes da atualidade saturada que distingue existentes biológicos e geológicos. Uma tradução similar é possível entre o metabolismo à base de carbono e a compreensão aristotélica da distinção das coisas autossoberanas, definidas pela ênfase dada *à fonte interna* do ser dinâmico como base da distinção entre Vida e Não Vida. Para Aristóteles, pode-se dizer que as rochas são uma classe, antes que uma qualidade, e que perseveram em sua existência. Mas elas não são coisas vivas, pois não possuem uma potencialidade interna dinâmica.

a Vida como absolutamente separada da Não Vida.[35] A perspectiva de Frede sobre a relação entre Aristóteles e a biologia contemporânea não é a única, certamente. E minha intenção, ao evocar Aristóteles, não é traçar uma linha ininterrupta de pensamento que percorra toda a história da metafísica para chegar às ciências naturais e às humanidades críticas contemporâneas. Essa breve lembrança da metafísica aristotélica não pretende oferecer um pano de fundo ao conjunto de questões que continua a assombrar a teoria crítica quando seu foco se orienta à governança da Vida e da Não Vida (exemplificada nos casos de Duas Mulheres Sentadas e Pedra do Homem Velho). Dito de outro modo, essas questões sempre apontam para a homologia cicatricial entre a vida natural e a vida política crítica, tornando restrito o espaço para novos modos de existência prática e analítica (a análise como uma prática da existência).

Vou começar, então, com uma pergunta simples. Será que o conceito de potencialidade circunscreve Duas Mulheres Sentadas e Pedra do Homem Velho exclusivamente a uma forma de existência que pode ser utilizada e explorada por humanos em uma batalha para determinar quem vai sobreviver e quem não – em uma batalha que determina quais *vidas humanas* importam? Essa é uma questão crucial que perpassa grande parte do meu livro. Mas, para desemaranhar a resposta a essa pergunta, tão enovelada nas táticas do geontopoder, eu preciso começar pelo estatuto de Duas Mulheres Sentadas e Pedra do Homem Velho nas duas áreas da teoria contemporânea que parecem mais apropriadas para prestar algum apoio: o debate entre as teorias da potencialidade que estão trabalhando dentro do campo mais amplo do biopoder, por um lado, e a emergência da biofilosofia e do neovitalismo, por outro. Em relação ao primeiro campo, a referência contemporânea óbvia é Giorgio Agamben, que, no decurso de sua longa carreira, explo-

---

35 Aristóteles, *De anima*, op. cit.

As pedras podem morrer?

rou cuidadosamente os trabalhos de Aristóteles e de Heidegger, de modo a reconsiderar os fundamentos e as dinâmicas da biopolítica foucaultiana.[36] É bastante conhecida a recuperação realizada por Agamben da distinção grega entre *zoé* e *bíos* para demonstrar o funcionamento do biopoder contemporâneo.[37] Em vez de começar pelo termo ausente em sua teoria, o *geos*, vamos pensar primeiro a distinção dentro do *bíos* que separa a potencialidade humana de todas as outras formas de potencialidade. Agamben toma a divisão aristotélica entre as coisas soberanas saturadas de atualidade e as coisas soberanas dotadas de potencialidade dinâmica para criar outra cisão. Em oposição a outras formas de vida, humanos possuem duas formas de potencialidade: a *potencialidade genérica* identificada por Aristóteles, uma forma de potencialidade que é exaurida quando atualizada; e a *potencialidade existente*, isto é, a capacidade de *não* fazer aquilo para o que se tem capacidade e de *não* ser aquilo que já se é. Como prova disso, se as coisas vivas, na obra de Aristóteles, são avaliadas eticamente no momento de sua morte com base no quanto de seu potencial foi atualizado, Heidegger ancorava o mesmo julgamento não no fato da morte enquanto tal, mas no conceito da finitude como incitadora de uma posição ativa diante da vida – a decisão por tornar-se autêntico. O *Dasein* transforma uma potencialidade negativa existente ("humanos, como todas as coisas vivas, vão morrer") ao tornar-se, ativamente, um sujeito que pensa a partir da própria perspectiva ("o que eu terei sido?"; "qual posição vou assumir diante do desdo-

---

36 O retorno de Agamben a Aristóteles é evidente, como é também sua reconsideração da ontologia heideggeriana – que, por sua vez, era um retorno a Aristóteles. G. Agamben, *O Aberto: O homem e o animal*, trad. Pedro Mendes. Rio de Janeiro: Civilização Brasileira, 2013.

37 Ver, por exemplo, Walter A. Brogan, *Heidegger and Aristotle: The Twofoldness of Being*. Albany: State University of New York Press, 2005; e Catriona Hanley, *Being and God in Aristotle and Heidegger: The Role of Method in Thinking the Infinite*. Washington: Rowman and Littlefield, 2000.

bramento daquilo que sou e estou me tornando?").[38] Essa forma negativa de potencialidade distingue de modo absoluto a vida humana de todas as outras formas de vida, mesmo quando a vida é definida como aquilo que possui o potencial de ser – ou de não ser – sua potencialidade. A finitude envolve o Dasein como uma *pele* e permite que ele se encontre e se diferencie de outras formas de Vida, oferecendo o dinamismo político e ético da comunidade que vem. Qualquer outro animal, ou forma de vida, que deseje entrar no Aberto de Heidegger ou de Agamben deve se conformar a esse modo de potencialidade duplicada.[39] Não está claro como as Duas Mulheres Sentadas fariam isso. A rata e a *bandicoot* parecem ter falhado não apenas em chegar ao fim da corrida: seria mais apropriado dizer que nunca se permitiu que elas sequer chegassem à linha de partida.[40] Diante de Duas Mulheres Sentadas, a pretensão ontológica pela representação geral dos seres revela um enviesamento biológico.

Agamben certamente não é nossa única fonte para abordagens críticas relativas à potencialidade e à política, bem como à sua cap-

---

38 Scott M. Campbell sugeriu, por exemplo, que Heidegger não rompeu com seu interesse inicial pela vida (*Leben*), depois reconceitualizada em sua relação com o Ser (*Dasein*). Ver Scott M. Campbell, *Early Heidegger's Philosophy of Life: Facticity, Being, and Language*. New York: Fordham University Press, 2012. Similarmente, Krzysztof Ziarek, em "A Vulnerable World: Heidegger on Humans and Finitude". *SubStance*, v. 42, n. 3, 2013, explora a reconceitualização da noção heideggeriana de vida e *Dasein* em *Ser e Tempo*.

39 De acordo com Ziarek, quando Heidegger escreveu "A coisa", os riscos de recusar a compreensão do ser dentro da delimitação do humano autocontido estavam evidentes. Heidegger "direciona atenção a uma vulnerabilidade muito mais arraigada das coisas e do mundo que aquela suscitada pela possibilidade da aniquilação nuclear ou, como talvez disséssemos hoje, da ameaça da mudança climática global ou da possibilidade do esgotamento completo de recursos"; K. Ziarek, "A Vulnerable World", op. cit., p. 176.

40 Agamben não é o único a acreditar que esse interesse na facticidade da vida seja uma característica fundamental do *Dasein*. Ver S. M. Campbell, *Early Heidegger's Philosophy of Life*, op. cit.

As pedras podem morrer?

tura ética e política, de Duas Mulheres Sentadas e Pedra do Homem Velho. Tomemos como exemplo a crítica à abordagem agambeniana realizada por Roberto Esposito. Como sugere seu aluno Timothy Campbell, Esposito oferece uma maneira de "pensar a vida para além da mera *zoé* e *bíos*".[41] A vida que pode ser encontrada quando nos deslocamos para além da biopolítica negativa de Agamben é um intervalo puro, positivo e pulsante entre o que é e o que não é, passando daquilo que é para aquilo que poderia ser. Por exemplo, no capítulo "Biopoder e biopotência", Esposito lembra seu leitor de que, para Nietzche, "a espécie humana não nos foi dada de uma vez para sempre, mas é suscetível, para o bem e para o mal, de ser plasmada em formas".[42] Humanos são sempre uma "forma de vida" que apresenta em sua origem somente o intervalo entre si mesmos e suas origens. O humano, portanto, não está nele mesmo; seu corpo também está em um corpo a corpo consigo e com outros. Como consequência disso, não se preserva a vida por meio da eliminação de conflitos. Nem se sobrevive meramente pela preservação e expansão da própria forma. A vontade de potência busca uma expansão, mas tal potência não busca expandir uma forma particular tanto quanto expandir o intervalo entre essa forma particular e suas formas passadas e vindouras. "Identificar-se com a própria superação significa, para a vida, já não estar *em si* – projetar-se sempre mais além de si mesma".[43] "A vida não cai no abismo: é, antes, o abismo no qual se arrisca ela própria a cair. Não num dado momento, mas desde o princípio – desde o momento que aquele abismo não é mais do que o afastamento que subtrai a origem a qualquer consistência identitária."[44] Portanto, ao centro do humano, em sua essência, está

---

41 Timothy Campbell, *Improper Life: Technology and Biopolitics from Heidegger to Agamben*. Minneapolis: University of Minnesota Press, 2011, p. 66.

42 R. Esposito, *Bios*, op. cit., p. 124; trad. modif.

43 Ibid., pp. 129-30; trad. modif.

44 Ibid., p. 131; trad. modif.

o diferinte, o mais-além. Para Esposito, o ser humano "não é um ser enquanto tal, mas um devir que tem dentro de si tanto o rastro de um passado diferente como a prefiguração de um futuro inédito".[45] A potência (*potenza*) da potencialidade é a positividade dentro do biopoder, dentro da Vida.

Vida. Humanos. Como as teorias contemporâneas do biopoder e da potencialidade podem ajudar Duas Mulheres Sentadas? Poderia a Não Vida encontrar uma rachadura por onde sua escala maciça e granulada infiltrasse a Vida crítica com a mesma certeza que já infiltrou os pulmões, a água e o ar dos humanos críticos a ela? Pensar a Vida como algo que não está em-si, mas sempre além--de-si, parece nos devolver ao desvendamento do significado da diferença relevante entre Vida e Não Vida em algumas das subdisciplinas das ciências naturais. Mais uma vez, o pulmão parece ser o órgão mais apropriado à era das mudanças climáticas antropogênicas, pois indica a abertura de todos os seres ao entorno. Muitas vertentes da teoria crítica contemporânea estão de acordo com isso. Talvez os trabalhos mais conhecidos, potentes e perspicazes nesse âmbito sejam aqueles realizados por Eugene Thacker e Jane Bennett. Thacker, por exemplo, tem insistido de modo firme e conciso contra o imaginário epidérmico do "corpo político" e suas implicações imunológicas.[46] Para Tacker, o ordenamento imbricado de partes e totalidades de corpos cria condições para a resposta imunológica médico-política – a criação de uma exterioridade do corpo e o ataque defensivo contra qualquer parte ou coisa externa vista como ameaça a sua própria funcionalidade. Para se contrapor à fundação hostil do corpo político, Thacker sugere uma nova biofilosofia. Ele começa limpando o campo, propondo que as ontologias

---

45 Ibid., p. 155; trad. modif.
46 Eugene Thacker, "Necrologies; Or, The Death of the Body Politic", in Patricia Ticineto Clough e Craig Willse (orgs.), *Beyond Biopolitics: Essays on the Governance of Life and Death*. Durham: Duke University Press, 2011.

As pedras podem morrer?

ocidentais podem ser ordenadas pelos modos como narram a auto-
-organização do ser – uma auto-organização que tem "um aspecto
centrípeto e um aspecto centrífugo". Pode-se dizer que ele percebe,
então, algo muito parecido com o que estou chamando de natureza
biontológica da ontologia ocidental, com o objetivo de fundar uma
nova biontologia.

> O aspecto centrípeto divide, ordena e inter-relaciona espécies e ti-
> pos; o aspecto centrífugo administra fronteiras e posiciona os vivos
> contra os não vivos, possibilitando a instrumentalidade e a reserva
> disponível. O aspecto centrípeto é metabólico, no sentido de que ele
> processa, filtra e se diferencia internamente; é a destruição e a pro-
> dução de biomoléculas, a organização dos órgãos, a gênese das espé-
> cies e das raças. O aspecto centrífugo é imunológico, ele administra
> fronteiras, trocas, passagens; ele é a distinção si-outro, o organismo
> trocando com o ambiente, experimentando seu *meio*, o corpo indi-
> vidual convivendo com outros corpos.

Thacker argumenta que, se quisermos interromper a resposta imunológica constante do corpo político e substituí-la por novas formas vitais de existência, a biofilosofia deve abandonar "o conceito
da 'vida em si' que está permanentemente aprisionada entre os
polos da natureza e cultura, biologia e tecnologia, humano e máquina" e desenvolver "conceitos que formem redes e sejam sempre
transversais".[47] Sistemas climáticos, ciclos de carbono e sistemas
computacionais de roteamento emergem como objetos ontológicos exemplares quando o foco da ontologia do ser auto-organizado
é deslocado da busca pela essência para o desejo por eventos; das
fronteiras epidérmicas acentuadas para bordas abertas e pouco níti-
das; de corpos simples localizados para padrões globais complexos.

---

47 Eugene Thacker, "Biophilosophy for the 21st Century". *1000 Days of Theory*, in
CTheory, 9 jun. 2005.

O conceito de "hiperobjetos", de Timothy Morton, parece ser relevante aqui.[48]

Esse movimento que se afasta das entidades epidermicamente cercadas, auto-orientadas e auto-organizadas, ao mesmo tempo que se aproxima dos horizontes de evento dos agenciamentos, caracteriza o modelo pós-biopolítico de Bennett. Em vez de focalizar os processos da Vida em sua diferença em relação à Não Vida, tal modelo se fundamenta sobre conceitos como actantes, afetos e eventos. Como observa Bennett, actantes são definidos pela capacidade de se intrometer no percurso de outros actantes – a clássica pedra no caminho; o gatilho bioquímico que altera a expressão genética típica de uma sequência de DNA; a ideia que surge quando alguém acende a luz – mesmo que a relação êxtima entre agências, actantes e materialidades transforme a diferenciação entre actantes, entre um actante e outro, em uma incumbência de tolo. Como Bennett diz, e já foi mencionado anteriormente, mesmo nas ciências naturais o corpo encerrado e auto-organizado é, na melhor das hipóteses, uma ficção. Nossa "carne está povoada e constituída por bandos de estrangeiros [...] as bactérias do microbioma humano possuem, coletivamente, ao menos 100 vezes mais genes que os aproximadamente 20 mil do genoma humano... Antes, somos *uma vasta gama de corpos*, muitos tipos de corpos em um conjunto imbricado de microbiomas",[49] mas não apenas corpos biológicos. E são outras agências, distribuídas equitativamente, como "a fiação e os transformadores e dedos que regulam os regulamentos computacionais", que sustentam nosso corpo. Por onde olhamos, enxergamos a dança de "um bando de vitalidades", desde a fiação de *touchpads* e de sistemas de resfriamento ao zumbido de usinas nucleares e redes

---

48 Timothy Morton, *Hyperobjects: Philosophy and Ecology After the End of the World*. Minneapolis: University of Minnesota Press, 2013.

49 Jane Bennett, *Vibrant Matter: A Political Ecology of Things*. Durham: Duke University Press, 2010, pp. 112-13; itálicos do original.

elétricas, ao calor tremeluzente e fétido de turfeiras e aterros sanitários, entre tantas outras coisas.[50]

> A tarefa passa a ser a identificação dos contornos do bando e dos tipos de relações obtidas entre seus elementos [...] tal compreensão da agência não nega a existência daquele empuxo chamado intencionalidade, mas a considera menos determinante para os resultados. São afrouxados os elos entre a eficácia e o sujeito moral, aproximando mais a eficácia da ideia de fazer diferença, um poder que demanda uma resposta.[51]

Um envolvimento profundo e criativo com a ideia deleuziana de agenciamento e evento é central ao trabalho tanto de Thacker quanto de Bennett. Essa gravitação em direção a Deleuze e seu parceiro de longa data, Félix Guattari, é pouco surpreendente. Eles não apenas demandam que vislumbremos o potencial para a atualização, a desatualização e a reatualização nos mais diversos arranjos da existência, eles o fazem por meio de uma linguagem que se apropria de metáforas mais geológicas, ecológicas e geométricas que biológicas e parecem, portanto, oferecer à teoria crítica uma alternativa para o cárcere da biontologia. Além disso, ao fundamentar a ontologia na multiplicidade unívoca, Deleuze parece liberar a teoria crítica do drama do zero e do um e da questão em torno da emergência do Ser a partir do Nada. E, no entanto, o que podemos dizer a respeito dessa obsessão com o evento? Não estamos transformando o agenciamento em um fenômeno discreto? Como é bem sabido, Deleuze e Guattari propuseram três modos de pensamento em que a eventividade ocorre: *a filosofia*, que produz conceitos, ou *multiplicidades*, que *não* interpretam o mundo das essências e aparências, e sim conectam intensidades existentes no plano da imanência a novas

---

50 Ibid., p. 32.
51 Id.

atualidades; a *arte*, que produz intensificações afetivas do conceito, criando, como escrevem Deleuze e Guattari em *O que é a filosofia?*, "um bloco de sensações, isto é, um composto de perceptos e afetos"; e a *ciência*, que produz as matrizes funcionais que reparam e reformulam nosso quadro referencial.[52] Em *Lógica do sentido*, por exemplo, o evento é um conceito geométrico diferencial que demanda a interrupção da oposição singular/universal e avança a compreensão do singular como aquilo que é oposto ao ordinário. Tomemos o quadrado. As linhas do quadrado são compostas de muitos pontos, todos os quais podem ser considerados ordinários. O evento é aquilo que ocorre nas arestas, a singularidade da transição, o diferencial, entre a direcionalidade de uma linha em relação à outra. O espaço é um evento desse tipo, mesmo quando os eventos são compreendidos geograficamente. A Batalha de Waterloo, por exemplo, foi uma multiplicidade de trocas e intensidades entre formas de corporificação destituídas de bordas autoevidentes. O conceito não interpreta nem representa o que já está lá, mas realiza sua configuração – ele é *retórico* no sentido do nexo entre a configuração conceitual e a configuração material. E, quando finalmente chegamos a *Mil platôs*, o próprio sentido é transformado em um ator menor no plano da experimentação geológica. O artista ensaia uma intensificação do afeto. O cientista testa uma matriz. A filosofia inventa um conceito. Mas em todos esses modos de pensamento reside um desejo radical, não militante e desafortunado; o pulso do devir constante; uma intensidade não intencional que explora uma multidão de modos, atributos e conexões, além de produzir novas territorializações.

Por um lado, tais modelos ecológicos, geológicos e geométricos da virtualidade, da potencialidade e da eventividade parecem sinalizar caminhos para além do Imaginário do Carbono: a região cicatricial é lacerada e suturada a outras partes bastante inapropriadas. Mas,

---

52 G. Deleuze e F. Guattari, *O que é a filosofia?*, op. cit., p. 172.

como uma transição ao próximo capítulo, gostaria de apontar uma tensão que espero aprofundar com o avançar do livro: a estranha homologia penumbral que começa a se formar quando a biofilosofia contemporânea e a matéria vibrante se voltam ao evento, quando incorporam o *conatus* e o *affectus* dos agenciamentos e quando se envolvem com o fascínio infame de Deleuze pela monstruosidade.[53] Thacker e Bennett concordam com Deleuze que o ponto não é encontrar a essência de uma coisa (ou "da" coisa), mas sondar a existência possível de outra coisa.[54] E, assim, eles concordam com uma questão vital da crítica imanente: não meramente aquilo que ativa um evento, mas o tipo de evento que pode perturbar, decisivamente, a organização vigente do *atual*.[55] Vista dessa perspectiva, a verdade é um tipo particular de evento, um evento que perturba a territorialização vigente dos existentes, como a territorialização de Duas Mulheres Sentadas, feita de acordo com os conceitos regulatórios da Não Vida (*geos*) e da Vida (*bíos* e *zoé*). Em outras palavras, a verdade se mede não por uma consistência ou lógica proposicional, mas por meio de seu vínculo com uma interrupção monstruosa, um deslo-

---

53 Deleuze fez uma diferenciação crucial entre eventos puros e suas encarnações impuras. Ver G. Deleuze, *Diferença e repetição*, trad. Luiz Orlandi e Roberto Machado. Rio de Janeiro: Paz e Terra, 2018. Ver também Paul Patton, "Future Politics", in Paul Patton e John Protevi (orgs.), *Between Deleuze and Derrida*. London: Bloomsbury, 2003

54 Essa virada – transversal – é o evento que pode tornar-se fato depois que ele tiver esculpido/ ensaiado/ tecido/ figurado um mundo em que o que era inicialmente ininteligível tornou-se simplesmente disponível.

55 A palavra "atual", utilizada aqui em seu sentido filosófico, diz respeito não exclusivamente a um marcador temporal, mas a um indicador de efetivação que se relaciona à potencialidade, para Aristóteles, e à virtualidade, para Deleuze. Trata-se, portanto, de uma forma de conceber a realidade de modo a não excluir aquilo que se encontra no campo da potencialidade ou da virtualidade. Com o avanço das mídias digitais sobre nossa vida, a ideia de que o virtual é também real, podendo, inclusive, atualizar-se, torna-se cada vez mais palpável. Para evitar confusões, quando "atual" se referir ao conceito filosófico, utilizaremos o itálico. [N.T.]

camento sísmico. Deleuze apostava que, quanto mais monstruosa a entidade emergente, mais eventiva e, portanto, mais "verdadeira" (mais ela atravessa transversalmente a realidade dada). Um lema político deleuziano poderia ser: "Liberte-se do domínio do dispositivo do sentido – o significado e o significante, o *lógos* e a *phoné*, o corpo-com-órgãos. Transforme o sentido-significado em criação de eventos". Para Foucault e Michel Serres, a palavra de ordem pode ser: "Exercite seu ruído".[56] Mas todos esses teóricos também reconheceram que o evento é uma proposição perigosa. Quanto mais eventivo, mais improvável que o evento sobreviva ao seu "nascimento". Se a transversalidade da liberdade enquanto existência em potencial é uma prática de devir diferentemente, quanto mais livre o devir, mais alto é o risco fenomenológico do ser emergente. Dito de outro modo, quanto mais puro o evento, mais existencial o risco. Para Deleuze, certamente, o evento puro era irrealizável, mas, talvez de modo mais relevante e revelador, geralmente nem mesmo os eventos impuros sobrevivem.[57]

A questão que assombra este livro – e continuará a assombrar a política e a teoria nas próximas décadas – diz respeito ao modo como nossa obsessão com a política do evento e a vibração do agenciamento reitera, em vez de desafiar, o discurso e a estratégia do geontopoder. A que distância estamos do lugar cicatricial situado entre os conceitos biológicos de nascimento, crescimento/reprodução e morte e os conceitos filosóficos de evento, *conatus/affectus* e finitude? Desejamos o devir virtual e incessante porque ele nos permite escapar ao que é pior que a morte e a finitude: a inércia absoluta? E, se pudermos dizer que sim, estamos simultaneamente estendendo as qualidades e dinâmicas de uma das formas que acre-

---

56 Ver, por exemplo, Michel Serres, *Variações sobre o corpo*, trad. Edgard de Assis Carvalho e Mariza Perassi Bosco. Rio de Janeiro: Bertrand Brasil, 2004.

57 G. Deleuze e F. Guattari, *Mil platôs: Capitalismo e esquizofrenia*, v. 1-5, trad. Aurélio Guerra Neto et al. São Paulo: Editora 34, 1995-97.

As pedras podem morrer?

ditamos que a existência tome (Vida) às qualidades e dinâmicas de todas as formas de existência? Quando fazemos isso, estamos negando a outras formas (a não Vida não Não Vida) a habilidade de nos indefinir, redefinir e definir? O Animista diz: a Vida não precisa mais encarar seus terrores – o sem-vida, o inerte e o vazio da existência – porque podemos simplesmente recusar o reconhecimento de qualquer forma de existência diferente da nossa. Podemos simplesmente estender tais atributos que algumas regiões da existência humana definem como as qualidades mais preciosas da vida (nascimento, devir, atualização) a todas as formas de existência, a toda a existência em si. Podemos saturar o Ser com qualidades familiares e reconfortantes. Não precisamos encarar a tarefa mais árdua descrita por Luce Irigaray como o deslocamento entre ser o outro do mesmo para se tornar (ser) o outro do outro.[58]

E é assim com Duas Mulheres Sentadas e com quem as apoia e a outras como elas: o evento do devir pode ter sido um modo de reivindicar que Duas Mulheres Sentadas não morre, não foi morta nem profanada. O que ela fez foi virar as costas ao mundo e à forma como ele está sendo organizado: pela sua transformação em algo que vai potencialmente extingui-lo e ao modo como nele existimos. Essa reivindicação não foi feita em um tribunal de justiça. Além disso, se tivesse sido feita, é pouco provável que fosse juridicamente metabolizada pelo tribunal. No entanto, conforme as fundações do geontopoder continuam ruindo, tais reivindicações podem vir a ser feitas e ganhar tração.

---

58 Luce Irigaray, *Speculum of the Other Woman*, trad. Gillian C. Gill. Ithaca: Cornell University Press, 1985. Paris: Éditions de Minuit, 1974.

3.

Os fósseis e os ossos

Eram meados da década de 1980. Betty Bilawag, com um pouco mais de sessenta anos, pareceu perceber imediatamente. Ela e Gracie Binbin, então com cinquenta e tantos anos, estavam cuidando de uma fogueira na praia, em um acampamento diurno bastante movimentado. Eu não tinha muito mais que vinte anos e havia acabado de chegar de uma longa caminhada por um pontal rochoso. Estávamos no auge de uma maré-rei [*king tide*], que no Top End do Território do Norte faz o nível da maré variar entre sete e nove metros, tornando os recifes e os bancos de areia, geralmente submersos, acessíveis a pé. Estávamos todas devidamente cansadas após passar a manhã catando inhame. Mas, depois de um copo de chá forte, decidi seguir a maré vazante na direção leste do pontal para coletar um almoço de caramujos marinhos (*mingming* etc.) que se escondem sob pedras e de caranguejos de mangue (*rungurungurr*) que se refugiam nos recifes. Bilawag e Binbin celebraram minha iniciativa; a caminhada seria longa e escorregadia, e cada passo em falso expunha os pés às lâminas afiadas das inúmeras ostras que cresciam sobre os recifes – uma ameaça que havia deixado cicatrizes comprobatórias em todas nós. Quando a maré virou de *karrabing* (maré baixa) e começou a encher em direção a *karrakal* (maré alta), eu também me virei e comecei a subir pelo lado oeste. Quando marés-reis viram, é preciso movimentar-se com rapidez. Crocodilos, arraias e tubarões povoam a costa. Portanto, tudo o que eu havia feito na ida teria de ser feito com mais agilidade na volta. Tudo o que eu via precisava ser processado em maior velocidade se eu desejasse me manter na forma que ocupava até então.

Quando voltei, Bilawag e Binbin tinha terminado de cozinhar os inhames, um pouco de *corned beef* e arroz, nossa dieta predileta na época. Conforme me aproximei, vi Bilawag me estudar do modo como as pessoas faziam então – e algumas ainda fazem –, tentando decidir se era adequado iniciar uma conversa sobre a manifestação de existentes locais. "Manifestação" me parece uma tradução adequada para o que normalmente é descrito, em língua crioula, como "mostrar-se" e, em emiyengal, como *awa-gami-mari-ntheni* – uma emergência intencional: quando algo não apenas aparece diante de outra coisa ou pessoa mas também se divulga como um comentário sobre a coordenação, a orientação e o dever de existentes locais, realizando demandas às pessoas para que respondam ativa e adequadamente. A tarefa fundamental do pensamento humano – e, portanto, a tarefa fundamental do treino de humanos na atividade do pensamento – era aprender a discernir uma manifestação de uma aparição; aprender a avaliar o que essas manifestações indicavam sobre o arranjo atual da existência e aprender o modo apropriado de ação diante da compreensão repentina de que aquilo que é não é o que pensávamos que fosse. Poderíamos distinguir entre essas duas formas de representação gráfica material como sendo *in sutu* em vez de *in situ*; respectivamente, uma perspectiva que enfatiza a sutura dada ou variável na criação de diversos modos de existência e outra que ressalta os diversos modos de existência em uma situação. Como devemos conceber as manifestações que alteram a compreensão do que é *in sutu* para não prestarmos atenção simplesmente aos elementos que compõem um agenciamento dado (a raiz do verbo *gumen*, manifestar, *versus gaden*, ver)? Como x se relaciona com y? O que era x? Diante dessa manifestação, x era "x"? E por que se manifestou para isto em vez de para aquilo e aqui em vez de ali? Na maior parte do tempo, a maior parte das coisas no mundo seriam encontradas com a expectativa irrefletida de que fossem espécimes de tipos bastante conhecidos. A filosofia ocidental pode interpretar essa atitude como uma instância daquilo que está à mão (*Zuhandenheit*). Um inhame era um inhame. Não era experimentando tipicamente como "manifestação de um espécime do tipo 'inhame'". Apesar disso, as pessoas aprendiam no convívio com outras que elas deveriam estar sempre disponíveis para a dimensão indicativa da existência – estar superatentas, mas não de modo paranoico –, para algo que era ou um espécime em uma relação inesperada com seu tipo (fora de lugar, tempo ou forma típica) ou um espécime sem tipo, uma alguma-coisa potencial (*iyentha*) sem uma que-coisa [*whatthing*] (*endjina*; *amuwa*). Um mundo presente cuja manifestação não havíamos percebido enquanto mundo composto por entidades e relações muito mais ricas e diferencialmente relacionais do que havíamos pensado, ou poderíamos pensar, na manifestação *guman* imediata – ele de repente se torna presente, mas de modo desconhecido e demandante. Esses espécimes cintilam na fronteira entre alguma coisa e alguma outra coisa – entre ser algo e ser nada ou parte de alguma outra coisa que, com a compreensão adequada, dissolveria sua singularidade em uma qualidade reconhecida: uma "é a mesma coisa, aquilo ali".

A tarefa do pensamento humano diante de uma manifestação não era compreender as coisas em si mesmas, mas compreender como suas variações em certas localizações indicavam novas formações – a alteração de algum(ns) modo(s) de existência regional(is) que importava(m). E o propósito de entender as tendências, predileções e orientações de dada parte, dentro de dada formação, era manter essa parte orientada à formação para que ela pudesse ter continuidade. Se a intenção era que a perspectiva alterasse sua formação, o importante era atrair, seduzir e "fisgar" uma parte daquele mundo para que ele se reorientasse em sua direção, para que cuidasse de você. Como alternativa, o mundo, como uma presença

Os fósseis e os ossos

in sutu, poderia virar as costas ao seu tipo de existência e, como resultado, você viraria outro tipo de existência. Você se torna não o que você não é, mas o que você é em um arranjo diferente de existência.

A resposta ao que pode significar uma mudança repentina e inesperada no arranjo de existência dependia do quanto uma pessoa sabia das coisas, do lugar, das outras coisas no lugar, de outros lugares etc. Uma manifestação pode indicar o andamento de uma orientação mútua de existências (pessoa, ostra, pedra, vento, maré) em um lugar, uma orientação rejeitada ou uma desorientação mútua. Mas em todos os casos *uma manifestação era compreendida como sinal daquilo que demandava ser atendido.* Humanos precisavam aprender os modos de atender a tais manifestações e eram avaliados em sua habilidade de oferecer intepretações coerentes a respeito delas. Os humanos não são todos iguais em suas habilidades interpretativas, assim como nem todos os caranguejos sabem se esconder de predadores humanos – e certas formas outras de existência, certos pássaros, são melhores parceiros interpretativos que outros. A razão de essas habilidades serem crucias era evidente. Na medida em que humanos atendem às manifestações, eles podem tomar parte no andamento das composições e divulgações materiais dessas manifestações. Quando perguntada se um inhame de aparência estranha significa alguma coisa, uma mulher mais velha se inclina para olhar um buraco de inhame em uma roça de inhame muito conhecida: "Não, nada disso", é seu comentário em relação ao formato e tamanho do inhame recém-desenterrado. "Inhame cresce assim quando pedra encontra água." Um homem mais velho coordena a estranha aparição do inhame e os membros da família por meio de um Sonhar de inhame: "Talvez haja algo errado com fulana de tal porque ela tem aquele Sonhar de inhame".[1]

---

1 Ver Elizabeth A. Povinelli, "'Might Be Something': The Language of Indeterminacy in Australian Aboriginal Land Use". *Man*, v. 28, n. 4, 1993.

Humanos, no entanto, certamente não são a única nem a mais importante existência envolvida nessas práticas de materializar atenção. Binbin e Bilawag sabiam que outras formas de existência também as avaliavam constantemente – o peso de nossos pés sobre a lama fina e escorregadia que esconde as bordas afiadas das ostras é evidência suficiente disso.[2] A lama, a ostra e o peso do meu corpo se interpretam dinamicamente de modo a produzir um efeito específico. Os colegas ameríndios de Eduardo Viveiros de Castro apontam algo similar quando descrevem a cognição humana como uma subcategoria da categoria mais ampla do predador e da caça, compreendendo, portanto, o eu humano como relação com outros humanos não humanos.[3] Contudo, a categoria de avaliadores predatórios também inclui os australianos não indígenas que estavam constantemente aferindo se as crenças e as práticas de Binbin e Bilawag eram tradicionais o bastante ou modernas o bastante. É pouco surpreendente, então, que essas *algumas-coisas* (espécime) sem uma *que-coisa* (tipo) representassem sinais estimulantes, quando não angustiantes, por causa daquilo que indicavam.

Em parte, essas mulheres tentavam treinar outras pessoas a diferenciar manifestações (*guman*) de aparições (*gaden*) para que o máximo possível de humanos pudesse participar da interpretação das composições e divulgações de localidade, vital à manutenção de suas maneiras de existência. O pressuposto era de que elas viviam em um mundo de envolvimentos e coconstituições múltiplas – as quais poderiam ser rearranjadas em benefício ou em detrimento de cada parte –, e não em um mudo imutável, tal qual imaginado pela noção de sujeito indígena tradicional (o Animista ou Totemista). A informação, portanto, precisava ser recolhida em

---

2   Eduardo Viveiros de Castro, *Metafísicas canibais: Elementos para uma antropologia pós-estrutural*. São Paulo: Ubu Editora/ n-1 edições, 2018.
3   Id. Ver também Eduardo Kohn, *Como as florestas pensam: Por uma antropologia além do humano*, trad. Jamille Pinheiro Dias. São Paulo: Editora 34, no prelo.

diversos locais e compartilhada com outras e outros mais capazes na interpretação do andamento da coordenação das localidades. As capacidades diferenciais de pessoas para perceber um padrão nessas aberturas e nódulos instaurava, no coração da aquisição e da avaliação do conhecimento, certa competividade explícita. E foi nesse dia particular que Bilawag me perguntou: "Você está procurando alguma coisa, *ngembin* [sobrinha]?". Eu respondi: "Pode ser". Pausa. Silêncio. Todo mundo que a conhecia sabia que Bilawag, junto de Ruby Yilgni Yarrowin e Agnes Abi Lippo, era uma brilhante analista de entidades, com vasto conhecimento da região e uma habilidade analítica ágil para compor padrões imanentes de relações em múltiplos níveis. Ela era extremamente exigente, além de profundamente gentil e paciente. Perto dela, a vontade sempre era de ser mais capaz. "Vá em frente", ela disse. "Pode ser, por esse lado, *le* [por ali] desse ponto, como uma pequena caverna", continuei. Pausa. Cubro minha aposta. "Mas pode não ser nada, mas ainda assim alguma coisa, talvez." "Continue", Bilawag disse, ainda sem entregar nada, embora Binbin esboçasse um sorriso – e então, encorajada, eu disse algo como: "Ele estava *gamenawerra demina*, mas *mong, nyerwin*, pedra-única, *demina*, sim, costelas, mas pedra e *dukduk*, e *kanthikaiya*, penduradas como meia caverna". "*Yu, ngembein, yu!*", respondeu Bilawag e, virando-se para Binbin, falou: "Não disse? Ele ainda está lá e, se essa menina for lá, ela vai encontrar ele; ele vai se mostrar *le* para *mebela*". Para mim ela disse que elas estavam me observando, me viram parar, me aproximar e depois me retirar do local quando a maré começou a subir.

Bilawag e Binbin então explicaram o lugar – elas mesmas o haviam descoberto de modo similar quando eram mais novas e lhes foi contado o que elas agora me diziam: que se tratava de um *durlgmö* (em batjemahl, *durlg*, monstro marinho; *mö*, osso), um *therrawenmö* (a mesma coisa em emiyengal), aquilo que pessoas brancas (*perragut*) chamavam de fóssil de monstro marinho (um plesiossauro), o Sonhar do esposo falecido e dos filhos e filhas de Binbin. Nós três sabíamos que o *durlg* era o Sonhar patrilinear do esposo de Binbin, John Bianamu, e, portanto, de seus filhos e filhas. Seu sonhar patrilinear, no entanto, estava localizado na costa da Baía Anson, a uns duzentos quilômetros sentido sudoeste em relação ao lugar em que estávamos sentadas. Como parte do plano de controlar os movimentos de povos indígenas e assegurar controle sobre suas terras, Binbin, Bianamu e Bilawag haviam sido transferidas ao Delissaville Settlement (agora Belyuen) pelo Estado colonial de ocupação no fim dos anos 1930, quando ainda eram crianças, junto com outros membros de sua família. A região de água salina em que o *durlg* de John Bianamu descansava agora se encontrava praticamente despovoada. Para Binbin e Bilawag a manifestação desse *durlgmö* era sinal de que o deslocamento forçado de Binbin e de seus parentes de suas terras ao sul estava agora se transformando em um estado de pertencimento às novas terras. Por não visitarem o final do pontal rochoso havia muitos anos, porque a maré nunca era a certa nas ocasiões em que estiveram lá, Bilawag e Binbin andavam se perguntando se ele ainda se encontrava ali ou se havia se mudado, e o que cada evento poderia indicar. Quando me observaram virar ao fim do pontal, começar o caminho de volta e realizar uma pausa, elas se perguntaram se o *durlgmö* ainda se lembrava delas, se pensava nelas e se demonstraria esse pensamento mostrando-se para mim. Elas sabiam que se manifestar era um modo de demonstrar cuidado, de reunir e de assegurar o *in sutu*. Mas, como fazia anos que não iam lá, elas não podiam pressupor esse índice materializado de cuidado. O *durlgmö* pode ter se enterrado como declaração de ira e ciúmes – ciúmes dos cuidados que as mulheres haviam destinado a outros lugares e coisas. Essas declarações de negligência – declaração compreendida como expressão por meio de uma alteração material – criam, frequentemente, desertos, trechos áridos e ausências para sinalizar que uma forma de existência virou suas costas àquilo que trazia dentro de si, àquilo de que dependia, mas de que descuidou. Para evitar os efeitos maléficos do ciúme, era preciso demonstrar cuidado por

Os fósseis e os ossos

meio do esforço de visitas, comentários e interpretações a respeito do desejo das coisas. Era preciso protegê-las do desvario e da distensão. Por isso, Bilawag disse para eu não contar a outras pessoas brancas sobre o local dos ossos, pois elas certamente viriam escavá-los para colocá-los em caixotes e levá-los embora. E, enquanto continuávamos tarde adentro, outros se juntaram, e muitos comentaram que o *durlgmö* certamente estava contente de escutar nossa atenção direcionada tão singularmente em sua direção; ao não esquecer dele, nós o mantínhamos junto de nós no aqui e agora.

Os ossos de *durlg* não são os únicos "fósseis" a se manifestar dentro da área e no seu entorno. Algumas décadas depois, eu estava em Brisbane com algumas das sobrinhas, sobrinhos, netos e netas de Binbin e Bilawag que fazem parte do Coletivo de Cinema Karrabing [Karrabing Film Collective]. Estávamos exibindo *When the Dogs Talked* [Quando os cachorros falavam] na Gertrude Contemporary, em Melbourne, e no Instituto de Arte Moderna [Institute of Modern Art] de Brisbane como parte de uma série de conversas públicas sobre o filme e o coletivo. Uma nota publicitária descreve o filme assim: "*When the Dogs Talked* conta a história de uma família indígena estendida que está em busca de um parente desaparecido com o intuito de salvar a habitação governamental em que vivem. No entanto, eles ficam perdidos na vegetação e, enquanto os pais discutem se devem tentar salvar a habitação ou terminar um projeto audiovisual sobre sua paisagem ancestral, as crianças tentam compreender o sentido do Sonhar em sua vida contemporânea". *Dogs* apresenta ao espectador declarações conflitantes a respeito da verdade sobre a origem de uma série de poços de pedra que estão localizados em um pequeno morro nas terras de alguns membros do Karrabing. Teriam sido criados pelos grandes Cachorros que andavam, falavam e tinham dedos como os humanos? Ou pela erosão? Talvez invasores tenham realizado as perfurações com equipamentos específicos. Será que ensinar sobre esses buracos para os filhos e filhas justificava atrasar os aluguéis da habitação governamental?

Figuras 3.1 a 3.9
When the Dogs Talked: uma sequência

3.1 Para que serve o Sonhar de Cachorro?

Os fósseis e os ossos

3.2 Sonhar? É para as terras de Robyn, sua mãe.
3.3 Isso foi depois dos dinossauros ou antes?

3.4 Cameron, o que você acha que fez este buraco aqui?
3.5 O dingo esfregando gravetos com suas patinhas?

Os fósseis e os ossos

3.6 Deve ter sido uma máquina que fez o buraco.
3.7 Deve ter sido um fantasma.

3.8 Sim, quem fez foi o dingo – dizemos *moiyin*.
3.9 Como? Não faz o menor sentido.

Os fósseis e os ossos

Após finalizar a exibição e a sessão de perguntas, decidimos tomar o barco até a Galeria de Arte Moderna de Queensland [Queensland Gallery of Modern Art] para absorver a coleção de arte indígena, o espaço de performance do artista indígena Richard Bell e a exposição de fósseis. Dentro dela um dos filhos de Binbin e dois de seus netos viram fósseis de *durlg*, mais especificamente de dois tipos de *durlg*. Reconhecemos um deles, um plesiossauro, mas não o outro, um pliossauro. Depois as pessoas encontraram várias espécies de amonites e começaram prontamente a deliberar se eram "primas" dos fósseis que às vezes surgem aos montes perto de certos riachos que frequentamos. Todos esses fósseis suscitaram questões sobre quem conhecia a caverna de costela *durlgmö* e sobre a relação possível entre as amonites e a *airrarra* contemporânea (uma espécie de caracol de mangue). E suscitaram curiosidade acerca de como a linha do tempo do museu sobrepunha-se a uma das questões centrais do filme. Como pergunta uma das crianças à avó: "O Sonhar do Cachorro foi antes ou depois dos dinossauros?".

E não são apenas os fósseis que se manifestam e, ao se manifestar, indicam alguma coisa sobre o estado das coisas na forma e na organização atual dos existentes. Tudo, desde emus de quatro patas a cacimbas, a pântanos contaminados por substâncias químicas, a restos humanos, pode sinalizar a necessidade de atender a algum aspecto da coordenação da existência. Muitos anos depois do meu primeiro encontro com a caverna, eu estava colocando em dia a conversa com alguns dos Karrabing após alguns meses de ausência. Eles queriam muito que eu viajasse em direção ao sul; haviam encontrado ossos humanos dentro de um pequeno mangue. Não era a primeira vez que restos humanos eram encontrados naquele trecho da costa. Mas, sendo pouco usual, perguntou-se sobre a causa da emersão dos ossos. Por qual motivo? Erosão do litoral devido às mudanças climáticas? Ancestrais se mostrando? Uma demonstração do desejo de ser enterrado de acordo com princípios cristãos? Na semana seguinte, rumamos em direção ao sul, para o mangue. Lá estavam os ossos: um fêmur e o topo do crânio de uma criança. Fizemos o que considerávamos correto, o que seus pais teriam dito para fazermos, calculamos todos os significados possíveis para a manifestação dos ossos e fomos embora. Mais uma vez, concordou-se que outras pessoas brancas não deveriam saber sobre os ossos até que se tivesse certeza de sua vontade – dos indígenas e dos ossos. Pessoas brancas os removeriam rapidamente e estariam anestesiadas demais para sentir a sobredade [*aboutness*], a direcionalidade [*towardness*] e a desejosidade [*wantness*] não humanas. No lugar disso, elas prontamente os isolariam, atrapalhando a coordenação, a orientação e o dever de existentes responsáveis por criar o *in sutu*. A ameaça de uma dupla alienação – no sentido da lei de propriedade e das conexões afetivas dos existentes.

Um fóssil, um osso, um conjunto de pessoas vivas, agora recém-falecidas: para meus velhos amigos e amigas, tudo isso existe no mesmo tempo e no mesmo espaço da mutualidade material significante. Meus amigos e amigas claramente pensam e agem como se existissem riscos nos modos como se dá atenção a coisas humanas e não humanas, não apenas a vestígios fantasmagóricos (aquelas coisas que possuíam vida e agora estão despidas dela) ou a si mesmos e si mesmas como receptáculos de vestígios fantasmagóricos (portadores e portadoras de conhecimento tradicional mais ou menos corrompido) mas também no modo como se dá atenção ao envolvimento mútuo de todas as coisas no arranjo imanente da existência. E se importam com "declarações de verdade": interpretações melhores ou piores acerca do estado de coisas em relação a outros estados de coisas. Nesse momento ninguém está a sós.

Uma materialidade indiferente

A relação entre os modos humanos de conhecimento e as coisas que eles conhecem – sujeitos e objetos ou humanos vivos, fósseis e ossos – recentemente ressurgiu na teoria crítica e na filosofia como uma problemática central. Muitas denominações têm surgido diante da proliferação repentina de escolas organizadas em torno destas questões: neomaterialismo, materialismo especulativo, realismo especulativo, ontologia orientada a objetos. A cada novo rótulo, novas genealogias são instauradas, hostilidades são perpetuadas, continuidades são defendidas e então abandonadas.[4] Mas em todos esses esforços diversos reside um interesse por aquilo que humanos podem dizer, e devem dizer, sobre o mundo das coisas – incluindo humanos como objetos, como coisas que podem ser pensadas e conhecidas. Pode parecer surpreendente a alguns que a academia esteja às voltas com um debate teórico furioso, visto que a prestigiosa revista acadêmica *Critical Inquiry* praticamente anunciou o fim da teoria em 2003. Refletindo sobre o tom da conferência, W. J. T. Mitchell e Wang Ning observaram: "Reunida durante a invasão estadunidense ao Iraque em abril de 2003, a conferência de Chicago esteve assombrada pelas questões em torno da aparente impotência da teoria e da crítica diante do desvario e da ignorância promovidas pelo fanatismo, pelo egoísmo e pela soberba. Em 2003, a teoria crítica parecia estar em desvantagem diante de uma forma superior de teoria ideológica, atrelada ao poder militar dos Estados Unidos, ao senso missioneiro de cruzada na ilegítima 'Guerra ao Terror' e à cumplicidade da grande imprensa, que arrastou para a guerra uma população relutante".[5] Apenas quatros anos depois, uma conferência denominada "Speculative Realism" [Realismo Especulativo] foi organizada na Universidade Goldsmiths, onde surgiu

---

4   Ver, p. ex., Diana Coole e Samantha Frost (orgs.), *New Materialisms: Ontology, Agency, and Politics.* Durham: Duke University Press, 2010; e Rick Dolphijn e Iris van der Tuin, *New Materialism: Interviews & Cartographies.* Ann Arbor: Open Humanities Press, 2012.
5   W. J. T. Mitchell e Wang Ning, "Ends of Theory: The Beijing Symposium on Critical Inquiry". *Critical Inquiry*, v. 31, n. 2, 2005.

um novo movimento crítico que impactou significativamente as artes e as humanidades.

A questão "por que essa teoria, ou essa filosofia, e por que aparentemente de forma tão abrupta?" pode ser respondida com facilidade. O neomaterialismo, o realismo especulativo e a ontologia orientada a objetos inseriram o problema das coisas em si e do isto-em-si [*it-itself*] em uma criatura crítica à mercê de sua própria impotência exausta sob o capital e a guerra, asseverando que essa impotência era efeito do modo como a teoria crítica tratava objetos e coisas. Em outras palavras, além de essas novas escolas terem proposto uma nova questão, tal questão tinha como alvo a jugular das espécies teóricas dominantes anteriores, agora exauridas. De fato, questões como "até que ponto é possível *conhecer* a realidade?" e "serão as coisas em si *diretamente* acessíveis aos humanos?" são em grande parte direcionadas à teoria crítica "pós-moderna".[6] Ou talvez fosse melhor dizer que se trata de *certa caracterização* da assim chamada teoria pós-moderna, caracterizada como uma descaracterização. Timothy Morton exemplifica o tom que certa neo-ontologia emprega ao discutir a teoria crítica quando ele afirma que a pós-modernidade foi "uma estranha área de trânsito fora da história na qual personagens, tecnologias e ideias de época perambulam em um estado ameno de confusão semiextasiante", em última instância, nada além de "uma nova versão do projeto histórico (branco, ocidental, masculino)".[7] Morton não reivindica "não haver metalinguagem", apenas afirma que ele e colegas realizaram um projeto que havia sido iniciado por seus fundadores, os quais não o compreendiam plenamente.

Se é possível dizer que um fio conecta as diversas escolas de realismo especulativo (ou materialismo especulativo), esse fio seria

---

6   Graham Harman, "The Road to Objects". *Continent*, v. 1, n. 3, 2011.

7   Timothy Morton, *Hyperobjects: Philosophy and Ecology after the End of the World*. Minneapolis: University of Minnesota Press, 2013.

a aversão comum à influência kantiana sobre a metafísica e a teoria crítica. O correlacionismo kantiano é objeto de implicância de especulativistas, e a derrota do correlacionismo constitui seu propósito comum. Steven Shaviro observa que, "para se livrar do correlacionismo", muitos tentaram "eliminar todo o pensamento [humano] referente ao objeto, de modo a permitir que o objeto simplesmente seja por si mesmo e em si mesmo".[8] Novamente, não existe realmente uma escola unificada de realismo especulativo – e a diferença entre elas pode parecer importante ou irrelevante, a depender da perspectiva. Por exemplo, Jordy Rosenberg perguntou por que "iterações atuais" da virada ontológica, que poderiam fazer muitas coisas, "escolhem dirigir-se, frequente e agressivamente, à oclusão das dinâmicas da relação social", com uma subsequente "dessutura de objetos em relação ao mundo social, um afrouxamento do *socius* em relação ao tempo histórico, acelerando rumo ao cataclisma absoluto".[9] Pergunta ele: por que, em vez do passado ancestral, não focamos no presente ancestral como dinâmica do colonialismo de ocupação? A pergunta é particularmente pertinente para Binbin, Bilawag, seus filhos e filhas, netos e netas, já que ser ancestral *do modo correto* é crucial para a existência delas no liberalismo tardio – esse é um dos temas principais de *When the Dogs Talked*. Similarmente, Sara Ahmed perguntou sobre o modo como o retorno à possibilidade de distinguir coisas "tipo-isto" ["*it-like*"] pode nos devolver à necessidade, e não à contingência das formações sexuais, raciais e de gênero contemporâneas.[10] Haveria uma ânsia por encontrar novas formas de essência, apesar do que dizem seus teóri-

---

8 Steven Shaviro, "Non-Phenomenological Thought". *Speculations*, v. 5, 2014, p. 50.

9 J. Rosenberg, "The Molecularization of Sexuality: On Some Primitives of the Present". *Theory & Event*, v. 17, n. 2, 2014.

10 Sara Ahmed, "Orientations Matter", in Diana Coole e Samantha Frost (orgs.), *New Materialisms: Ontology, Agency, and Politics*. Durham: Duke University Press, 2010.

cos e teóricas, que negam tal abordagem? E isso levaria ao estabelecimento de novas normas disciplinadoras e de disciplinas corporais, uma das quais pode ser o corpo racializado do Animista/Totemista?

Quentin Meillassoux, um dos fundadores do realismo especulativo, seria o primeiro a garantir a Ahmed que não há nenhuma nova normatividade em seu trabalho. Sua abordagem propõe uma contingência radical no centro da verdade, e não uma norma específica. Para Meillassoux: "Cada mundo é sem razão e, portanto, é capaz de realmente tornar-se diferinte sem razão". A compreensão de Meillassoux a respeito da contingência da realidade não é nem probabilística nem estocástica, ambas as quais pressuporiam uma totalidade de fatos contra a qual cálculos estatísticos poderiam ser realizados, argumenta. Em vez disso, ele defende uma contingência absoluta onde qualquer coisa pode acontecer – a realidade pode mudar, a qualquer momento, *sem razão alguma*. É exatamente essa contingência radical e sem lei que os humanos podem *conhecer*, e que podem conhecer sem romper com o princípio da não contradição, o que torna, portanto, o conhecimento humano capaz de compreender a natureza absoluta da realidade. Essa forma de fundamentar a habilidade humana, como tendo conhecimento absoluto da realidade *sem* estabelecer uma nova mirada totalitária sobre o conteúdo dessa realidade, é uma das formas pelas quais Meillassoux distinguiria seu trabalho de outras formas de absolutismo.

As preocupações de Ahmed e Rosenberg não estão, no entanto, desprovidas de mérito. Como muitos outros na nova virada ontológica, Meillassoux toma como alvo aquilo que ele chama de correlacionismo, mas que também pode ser chamado de construtivismo, relativismo e multiculturalismo. Todos são apóstatas da verdade concebida como declaração da necessidade absoluta. Se o correlacionismo de Kant é objeto de implicância de especulativistas e se sua derrota constitui um propósito comum, a maneira como Meillassoux parafraseia a questão conecta o correlacionismo forte e a metafísica subjetivista pós-kantianos à ascensão de relativismos

Os fósseis e os ossos

multiculturalistas. Desde Kant, ele afirma, acreditamos que "Temos sempre acesso apenas às correlações entre o pensar e o ser, nunca a um dos termos considerado em sua especificidade individual".[11] Para Meillassoux existem duas formas de correlacionismo: um correlacionismo forte e uma metafísica subjetivista que circula no pensamento filosófico e na discussão política. O correlacionismo forte argumenta que humanos não podem conhecer o em-si-mesmo porque ele está sempre mediado (é resultado de uma correlação); a metafísica subjetivista transforma tudo em subjetividade humana, de tal modo que nada – nem objeto, nem evento, nem o ser, nem a lei – escapa das garras do modo humano de conhecer o mundo. A metafísica subjetivista não discorda que o pensar e o ser são correlativos; eles simplesmente alçam a correlação ao *status* da coisa em si. Como resultado, toda exterioridade é "essencialmente relativa: relativa a uma consciência, uma língua, um *Dasein*".[12] O que as coisas são é o modo como eu as apreendo subjetivamente (*i.e.*, é correlacional), e minha subjetividade é um efeito de como as coisas foram correlacionadas. O que Meillassoux vê de errado tanto no correlacionismo forte quanto na metafísica subjetivista (e, portanto, no construtivismo, no relativismo e no multiculturalismo) é que ambos interditam o conhecimento absoluto do em-si-mesmo, da exterioridade, da necessidade e da realidade e suas coisas, embora por motivos opostos.

Mas, se Meillassoux pretende ser pós-kantiano, ou alguém que, como ele observa, não tenta retroceder no tempo histórico intelectual, mas, em vez disso, o absorve e transcende, então o realismo especulativo precisará navegar pelos bancos de areia que existem entre o totalitarismo e o multiculturalismo de tal modo a desvelar

---

11 Quentin Meillassoux, *After Finitude: An Essay of the Necessity of Contingency* [2005], trad. Ray Brassier. London: Bloomsbury, 2009, p. 5.
12 Ray Brassier et al., "Speculative Realism", in Robin Mackay (org.), *Collapse*, v. III. Falmouth: Urbanomic, 2007.

"uma necessidade absoluta que não reinstaura nenhuma forma de entidade absolutamente necessária".[13] Por quê? Porque Meillassoux sabe que qualquer imposição de uma entidade absolutamente necessária ou qualquer conteúdo necessário ao absoluto parecerá para todo mundo, ou talvez para pessoas demais, como uma forma de totalitarismo. Ele deve, portanto, encontrar uma forma de *pensar* o absoluto sem *instaurar* uma entidade absoluta. Tudo depende dessa diferença.[14] E é a matemática – ou, precisamos ter algum cuidado aqui, *uma teoria* matemática (a teoria dos conjuntos de Zermelo-Fraenkel) – que salva o dia ao descrever o "grande fora" [*grand dehors*] em termos absolutos e necessários *sem impor sobre nós uma entidade absoluta e necessária*.[15] Sem essa teoria matemática historicamente situada, Meillassoux não pode argumentar convincentemente a favor de uma realidade absoluta e necessária baseada na contingência absoluta. Nesse sentido, a teoria matemática subtendida deve ser apresentada como um meio transparente e imune

---

13 Q. Meillassoux, *After Finitude*, op. cit., p. 34.

14 E torna necessário declarar: "Todos esses aspectos do objeto que podem ser formulados em termos matemáticos podem ser concebidos significativamente como propriedades do objeto em si mesmo". A matemática que permite a Meillassoux pensar a contingência radical – e compreender, portanto, a natureza absoluta da realidade – é uma teoria matemática historicamente recente e governada pela lei, a saber a teoria de conjuntos de Zermelo-Fraenkel. Q. Meillassoux, *After Finitude*, op. cit., p. 17. Para uma crítica, ver Slavoj Žižek, "Correlationism and its Discontents", in *Less Than Nothing: Hegel and the Shadow of Dialectical Materialism*. London: Verso, 2013.

15 A história da teoria dos conjuntos é absolutamente irrelevante; e deve sê-lo, para que a contingência radical seja o fundamento da verdade. Meillassoux empresta essa estratégia de seu mentor, Alain Badiou, que, por sua vez, tentou contrariar a crítica de que a teoria dos conjuntos é historicamente relativa no sentido de que possui uma geografia e é disciplinarmente relativa, pelo fato de ser simplesmente composta por muitas abordagens teóricas de conjunto dentro de uma disciplina que não está necessariamente unificada em torno da teoria dos conjuntos. Ver Daniel V. Smith, "Mathematics and the Theory of Multiplicities: Badiou and Deleuze Revisited". *The Southern Journal of Philosophy*, v. 41, n. 3, 2003.

a distorções, uma forma de pensamento humano que oferece conhecimento sobre uma realidade absoluta (para todas as coisas e pessoas) sem se tornar ela mesma uma entidade absoluta que se esconde por trás da realidade ou que impõe o conteúdo necessário sobre aquela realidade.

A tática de tomar uma teoria matemática como provedora de declarações de absoluta necessidade tem sido criticada sem descanso – em relação a Meillassoux e seu mentor, Alain Badiou.[16] E essas críticas têm se movimentado com maior ou menor profundidade pela estratégia filosófica e matemática de seu raciocínio. Mas muitos leitores e leitoras, independentemente de seus pontos de vista críticos ou filosóficos, consideram que a defesa realizada por Meillassoux, de que uma forma historicamente e socialmente situada (a teoria dos conjuntos de Zermelo-Fraenkel) se constitui como evidência da capacidade *humana* de pensar o absoluto sem instalar uma entidade ou forma absoluta, é, se não convincente, ao menos formidável. Mas por que Binbin e Bilawag, o *durlgmö* e os cachorros de *When the Dogs Talked* deveriam todos prestar atenção ao argumento de que um pensamento específico e particular, escrito por pessoas específicas e particulares, dá margem para pensar o absoluto para todas as pessoas? Como uma resposta possível, vamos começar pelo lance de abertura de *Após a finitude: Ensaio sobre a necessidade da contingência*, de Meillassoux. Ali ele dá início ao que sabe que será um percurso difícil e complexo pela filosofia e pela matemática, tentando persuadir seus leitores e leitoras de que, mesmo antes de iniciado o percurso, eles e elas já sabem que o conhecimento absoluto pode ser libertado da armadilha correlacional. Para fazer isso, ele mesmo constrói uma armadilha. Os dentes da armadilha são as "declarações ancestrais" e os "arquefósseis". Declarações ancestrais se referem a qualquer realidade anterior à emergência da espécie

---

16 Ibid.

humana ou de qualquer outra forma de vida na Terra. Arquefósseis incluem todos os materiais que indicam a existência dessa realidade ou de um evento anterior.[17] Em termos filosóficos, arquefósseis são vestígios do ser antes da dadidade [*givenness*]; declarações ancestrais são declarações do ser antes de ser-dado (para) os humanos e a vida – existir fora ou antes ou depois da dadidade ou do pensamento (humano). Declarações ancestrais podem certamente incluir todas as declarações indicativas de existências muito posteriores ao desaparecimento dos seres humanos, como as dos arqueólogos do futuro imaginados por *The Last Pictures* [As últimas fotografias], de Trevor Paglen, em que o artista criou um arquivo visual da vida humana contemporânea para um satélite que permanecerá na órbita da Terra muito depois da partida dos humanos, ou *E-Waste*, de Katherine Behar.[18]

Justin Clemens aponta um problema na fundamentação da independência do grande fora no fóssil. Clemens celebra o desejo de Meillassoux de afirmar que há um "ser contingente independente de nós" e que "esse ser contingente não tem por que ser de natureza subjetiva". Mas, ele pergunta, o que acontece com o argumento quando se coloca em primeiro plano a práxis tecnológica que em Meillassoux ocupa o pano de fundo?[19] "Mesmo no famoso exemplo originário que Meillassoux denomina de 'arquefóssil', um remanescente ancestral que a ciência confirma como anterior-a-qualquer-possível-dadidade [...] depende dos resultados gerados por datação radioativa, isto é, uma teoria científica muito rigorosa que precisa

---

17 Q. Meillassoux, *After Finitude*, op. cit., p. 10.
18 Ver Amelia Barikin, "Arche-Fossils and Future Fossils: The Speculative Paleontology of Julian Charrière", in Nicole Schweizer (org.), *Julian Charrière: Future Fossil Spaces*. Milano: Mousse, 2014; e Irina Aristarkhova, "A Feminist Object", in Katherine Behar (org.), *Object-Oriented Feminisms*. Minneapolis: University of Minnesota Press, 2016.
19 Justin Clemens, "Vomit Apocalypse; Or, Quentin Meillassoux's After Finitude". *Parrhesia*, n. 18, 2013.

Os fósseis e os ossos

medir a decomposição de isótopos". O historiador da geologia Martin J. S. Rudwick afirmou algo similar quando descreveu os debates agressivos sobre a temporalidade dos fósseis na Europa pré-revolucionária. Eram os fósseis vestígios de espécies existentes, mas desconhecidas (ou seja, desconhecidas por europeus)? Dada a vasta extensão de terra e oceano que estava fora do guarda-chuva epistemológico da Europa, a presença de criaturas estranhas e novas se oferecia como uma possibilidade e um contra-argumento distintos ao tempo da evolução. A Austrália não tinha fornecido seres estranhos e novos, como marsupiais puladores gigantes e criaturas ovíparas com bicos de pato envoltas em pelo? A certeza que se tinha em relação aos fósseis parecia depender do cercamento colonial do mundo. Para Meillassoux, nenhum desses exemplos da mediação social e técnica do conhecimento humano contesta sua defesa de que *humanos* possuem a capacidade de pensar um tipo específico de coisa – isto é, pensar sobre a natureza absoluta da realidade. Meillassoux não está rejeitando a historicidade da ciência, ele está mais especificamente se movimentando no entorno de uma declaração mínima com respeito às declarações que a ciência – apresentada depois como uma teoria matemática – pode fazer. Se você é um ser humano, então você pode – tem a capacidade de – pensar o absoluto por meio de uma fórmula matemática. Em outras palavras, todo mundo possui a capacidade de alcançar o absoluto por meio daquilo que foi criado por apenas alguns e algumas de nós.

Indígenas australianos estariam cientes dessa retórica, embora durante o período colonial ela tenha se difundido sob o mote da capacidade civilizacional, isto é, da ideia de que todos os seres humanos estavam capacitados à civilização. Talvez, assim, a pergunta mais pertinente não seja sobre o modo de produção desse pensamento, mas sobre os motivos pelos quais Binbin e Bilawag deveriam se importar com essa história, essa capacidade e esse objetivo específicos? Dito de outro modo: que tipo de manifestação é Meillassoux? Suas obsessões, desejos e argumentos são indicativos de quê?

O que ele quer se tornar ao tornar os demais alguma outra coisa? Para ser direta, se Bilawag, Binbin, seus filhos e filhas, netas e netos, o *durlgmö* e os Cachorros que um dia falaram devem atendê-lo, não é porque ele retribui a atenção. É porque ele participa do esfacelamento deles sob os pontos de pressão do geontopoder. Quando Meillassoux pergunta à leitora se não concordamos *todas* que a ciência, no mínimo, profere uma declaração de verdade quando defende que a existência de arquefósseis antecede a existência humana, ele também lembra essa leitora daquilo que ela pode se tornar se responder negativamente. Ela se encontrará "perigosamente próxima aos criacionistas contemporâneos: crentes curiosos que hoje afirmam, em concordância com a leitura 'literal' da Bíblia, que a Terra não tem mais que 6 mil anos e que, se confrontados com as datas muito mais antigas obtidas pela ciência, respondem sem titubear que Deus criou, junto com a Terra, há 6 mil anos, aqueles compostos radioativos que parecem indicar que a Terra é muito mais antiga do que é – para testar a fé do físico".[20] Ou ela se tornará uma primitiva que pensa que as cavernas de fóssil estão se comunicando com ela quando a maré-rei as revela para outra pessoa. É isso que as pessoas se tornam quando elas não conseguem utilizar a divisão da Vida e da Não Vida como uma divisão de dadidade; a elas é atribuída uma temporalidade social.

A aposta de Meillassoux funciona somente se o fóssil nas mãos da leitora for considerado como estando em um lugar e um tempo distintos dessas mãos. Geoquímicos nos dizem que, rigorosamente falando, não está. Dentro do fóssil na mão da leitora está apenas o objeto-evento mais recente em uma série de objetos-eventos. Alguns desses eventos podem ser considerados como mudanças de estado mais dramáticas que outras, por exemplo quando uma coisa como a trilobita se torna um outro tipo de coisa, como uma impres-

---

20 Q. Meillassoux, *After Finitude*, op. cit., p. 18.

Os fósseis e os ossos

são petrificada da trilobita, que então se torna outra coisa, como uma plataforma para algas, em um leito de rio ao norte de Nova York, que as trutas mordiscam. A cada etapa, essa "coisa" é substancialmente recomposta. Sob as mudanças perceptíveis ao olho e tato humanos estão outros tipos de eventos, quase eventos, a decompor e recompor a trilobita. A trilobita, a impressão petrificada e a impressão sobre a areia no leito do rio: tudo está mudando à medida que elas são impressas morfológica, química e atomicamente pela absorção de seu meio, que também muda porque as absorve. De fato, todas essas coisas só são coisas na medida em que são abstraídas de seus entrelaçamentos determinados e depois conectadas como a sequência de contas em um rosário.

Meillassoux não está alheio a isso. Portanto, ele toma o cuidado de dizer que o ponto não é a coisa na mão, mas o arquefóssil como um *vestígio* do ser antes da dadidade – a *sensação* de estar diante da presença de *algo* que *sentimos* existir desde antes de nós e nos trata (portanto) com indiferença. Meillassoux deve saber que a mesma coisa pode ser dita sobre sua própria mão. Em outras palavras, não seria necessário invocar o fóssil para construir seu argumento. Ele poderia, simplesmente, pedir à leitora que abra a mão de modo a sentir o vestígio de algo que existe na mão e antes da mão, antes da leitora, antes daquilo que ele chama de dadidade. E, no entanto, ele não diz isso, porque ele parece intuir que a leitora não será indiferente ao imaginário evocado pelo fóssil – a esse pensamento de estar na presença do indiferente-antes, do indiferente-depois ou do indiferente-além. Meillassoux insiste que nos detenhamos nessa estranha sensação de interesse intenso diante dessa indiferença, para que ela dite o tom de como e se concordamos com o argumento que ele apresentará a seguir. E Meillassoux é arguto o suficiente para mobilizar esse intenso autoenvolvimento com coisas que existiram antes de chegarmos aqui, porque essas são as coisas pelas quais fomos ensinadas a não nos responsabilizarmos, coisas que não podem exigir responsabilidade de nós. O terror existencial evocado, mas depois direcionado por outra possibilidade igualmente aterrorizante – se não permitirmos que existentes humanos sejam uma entidade sobre uma linha temporal de entidades, viraremos criacionistas ou talvez primitivistas, Animistas, bufões irracionais – reforça a exterioridade radical daquilo que tocamos aqui e neste lugar, e em nenhum outro lugar. Bilawag, Binbin e seus filhos e filhas têm precisado atender cuidadosamente a esse terror, dado o papel que ele desempenha na governança do geontopoder.

O onde-quando do fóssil e do osso

Não sei ao certo o que Gracie Binbin e Betty Bilawag teriam dito se, ao retornar à praia, quando conversávamos sobre o *durlgmö*, eu tivesse sugerido o conceito de arquefóssil. O que sei é que seu mundo era profundamente governado pela disciplina da temporalidade social que satura a retórica de Meillassoux. Binbin e Bilawag nasceram no rescaldo da ocupação colonial do norte australiano. Os europeus não tentaram consolidar assentamentos permanentes até meados de 1860, e os acampamentos que eles estabeleceram se mantiveram relativamente pequenos. Em 1901 a população inteira de colonos no norte não chegava a 5 mil pessoas, e os rebanhos de gado eram quase dez vezes maiores que a quantidade de colonos.[21] Mas os impactos desses vetores de pestilência (gado, vírus, europeus, tabaco, ópio, bactérias, álcool) eram muito mais relevantes que seu contingente numérico. Essa história geral se desenvolveu nas vidas específicas de Bilawag e Binbin. As histórias dos primeiros anos de colonização que Binbin e Bilawag contavam eram horríveis, embora elas

---

21 Ver Alan Powell, *A Far Country: A Short History of the Northern Territory*. Darwin: Charles Darwin University Press, 1982; Tess Lea, *Darwin*. Sydney: NewSouth, 2014; E. A. Povinelli, *Labor's Lot: The Power, History, and Culture of Aboriginal Action*. Chicago: University of Chicago Press, 1994.

Os fósseis e os ossos

soubessem envolver o horror em humor para torná-las toleráveis: famílias inteiras mortas pelas epidemias de gripe; a libertação raivosa de Kalanguk (o *durlg* da mosca-varejeira); a polícia e sua onda de matanças; crianças órfãs perambulando a paisagem; o Estado colonial de ocupação incipiente conquistando seu domínio por meio de drogas (tabaco, bebida, açúcar) e cobertores. Desde o começo do século XX até meados da década de 1970, mulheres e homens indígenas sobreviventes foram alocados em missões cristãs, postos pastorais e assentamentos governamentais, ao passo que crianças mestiças eram removidas à força de seus pais. Binbin e Bilawag eram adolescentes quando, junto de outros parentes, foram alocadas em um assentamento governamental, Delissaville, nos anos 1940. Considerava-se que elas e outras pessoas indígenas pertencessem a uma raça da Idade da Pedra, um fóssil do passado que certamente cederia sob a pressão da civilização.

Nesse caldeirão, os parentes de Binbin e Bilawag, de outras mulheres e homens e, depois, Binbin, Bilawag e membras e membros de sua geração lutaram para transformar esses deslocamentos violentos em morada adequada. Para fazer isso, essas pessoas direcionaram seu foco analítico à natureza da relação responsiva entre elas e as terras sobre as quais viajaram e nas quais foram alocadas. Crucial à sua análise não é o mundo indiferente, mas um mundo intensamente interessado. Por intensamente interessado elas queriam dizer que cada região do mundo estava pressionando formas existentes de existência e criando novas – uma forma específica foi o colono europeu que queria espaço e bens que poderiam ser transformados em valor de mercado e que defendia que indígenas eram meros fósseis respirantes atrapalhando o caminho do progresso. Homens e mulheres indígenas não podiam ficar indiferentes a essas novas formas de existência, do mesmo modo que não eram indiferentes a manifestações como o *durlgmö*. Que efeitos essas novas formas de existência – colonos, gado, suínos, influenza, arame farpado – tinham sobre o arranjo dado de seu mundo? E como esses outros modos de existência na paisagem, e a própria paisagem, reagiam a esses novos modos de existência, com suas novas relações? Quais eram as *manifestações* que assinalavam essas perspectivas e quais deveriam ser atendidas? Quando a maré da investida colonial perversa virou-se contra elas, tais perguntas tinham de ser feitas, testadas e respondidas rapidamente.

Na época, três aspectos da manifestação eram especificamente importantes: uma pressuposição sobre os entrelaçamentos de substâncias; uma hipótese sobre a relação entre substâncias entrelaçadas e a manifestação de sinais de pertencimento mútuo; e uma reivindicação sobre a relação entre a verdade e os entrelaçamentos da substância. Vou começar com a pressuposição sobre os entrelaçamentos da substância. Homens e mulheres que viveram as alocações forçadas nos anos 1940 teorizaram que várias substâncias corporais afundam e se tornam o composto a partir do qual outras substâncias crescem, viram alimento e depois retornam. Corpos enterrados ou queimados entram mais uma vez nesse ciclo e reemergem em locais específicos. Tipos variados de atividades produzem tipos variados de substâncias. A caça, o ritual, o nascimento, o enterro e o canto produzem *linguagem, suor, sangue, urina e outras formas de secreção* – sendo que cada atividade possui suas próprias intensidades e intensificações corporificadas e retóricas. Normalmente se utilizam abreviações para indicar essas propriedades e suas ocasiões de produção: normalmente "suor" (*mintherre*) e "linguagem" (*mal*). No entanto, o que se colocou sob pressão analítica durante as graves perturbações do período de colonização foi o efeito que todas essas substâncias tiveram sobre os entrelaçamentos composicionais daquilo que as epistemologias ocidentais separaram em biografia e geografia, cuja intersecção foi pensada como territorialidade.

A hipótese de parte significativa dessa geração era de que a atenção adequada à interpenetração de substâncias e às manifestações resultantes indicaria se os deslocamentos forçados do colonialismo de ocupação estavam sendo reconhecidos e transformados substancialmente pelas diversas manifestações na terra como um novo lugar de pertencimento. Em outras palavras, essas gerações investigaram com afinco o modo como diversas formas de existência respondiam umas às outras conforme as ondas de violência do colonialismo de ocupação as engolfavam. Formas de existência incluíam a reorganização da paisagem, o foco mental e a direcionalidade do desejo. Por exemplo, à medida que as pessoas se movimentavam no mesmo lugar, elas observavam como esses movimentos inscreviam no lugar os novos começos e fins do movimento – caminhos, reentrâncias e barreiras que começaram a demarcar um "isto" e um "aquilo", um "aqui" e um "lá" de modos ligeiramente diferentes – e como a paisagem manifestava sinais de que esses caminhos eram adequados, bons, corretos e bem-vindos. E a prática de movimento habitual habituava a mente. A geração mais antiga insistia nisso por meio do ensino de uma forma de mapeamento mental. Coloque-se mentalmente em um lugar onde você já esteve, mas não está agora. Olhe em volta. Em que direção você está olhando? Em que direção você está se movendo? Recrie esse caminho inteiro no entorno do lugar. Veja a figura criada por você como se por meio de uma lousa mágica gigante. Com o que se parece? Esse padrão se parece com qualquer coisa que possa ser relevante às pessoas que agora habitam a área, como o formato de um lugar e o Sonhar de uma família, um ponto na costa, por exemplo, e o nariz de um Cachorro? Ou, ao usar mais e mais a mesma área, era possível perceber outras coisas que poderiam indicar um ambiente hospitaleiro ou inóspito, por exemplo certas águias que se aglomeravam em certas praias que eram o Sonhar da família que sempre ficava lá? A mente focava em certas manifestações ou na ausência destas ao mesmo tempo que os pés pressionavam contra a lama, dobravam gramíneas e galhos e perseguiam pegadas de porco, *wallaby*[22] e cavalo? A visualização era uma prática do corpo em movimento que, por sua vez,

---

22 Espécie de pequeno marsupial que habita a Oceania, da mesma família do canguru, mas de constituição física menor. [N.E.]

desenhava materialmente a vida mental dos corpos em movimento. O modo como se entrava ou saía de um mangue, de uma planície de maré, de um bosque ou de uma casa: essas ações constituíam afetos sensoriais, rastros cognitivos e reentrâncias materiais abrangentes. Diante desse contexto, ressalta-se a importância da descoberta do *durlgmö* por Gracie Binbin e Betty Bilawag quando eram mulheres mais jovens. Esse *durlgmö* se manifestou para constituir um vínculo entre as terras em que Binbin e seus parentes foram alocados e a terra de onde foram expulsos à força.

E isso nos leva ao terceiro ponto – o modo como essas mulheres e suas famílias estendidas concebiam a relação entre a verdade e o entrelaçamento de substâncias. A verdade não era um conjunto de proposições abstratas, mas um modo de atentividade e comportamento adequado diante das manifestações de um campo de materiais interenvolvidos. Além disso, a evidência da verdade em um novo *in sutu* (*guman*) também se localizava nessa orientação e nesse envolvimento mútuos (cognitivamente, sensorialmente, materialmente). Se era verdade que o contínuo reenvolvimento de substâncias alteraria o *in sutu*, direcionando-o aos humanos que constituía e que o constituíam, então a verdade poderia ser encontrada em certa corresponsividade obrigatória a cada um. Isto é, a orientação mútua de existentes não seria uma função da escolha, mas uma forma de dever mutuamente corporificado. "Não posso evitar pensar em minhas terras. E elas não podem evitar pensar em mim." E, se as pessoas estavam em estado constante de alerta diante dos sinais de uma manifestação na paisagem, também avaliavam constantemente umas às outras enquanto manifestações. O dever corporificado não constituía um evento finalizado, e sim os esforços permanentes de atenção sobre interações frequentemente matizadas entre ações humanas e outros modos de ação. Que coisa que se despertava para outra? *Karratheni garru*? Por que uma formação geológica se desloca? Por que uma nuvem aparece? Por que um riacho tem seu curso impedido por detritos? Por que uma ca-

Os fósseis e os ossos

verna óssea se mostra? Qual a relação entre arranjo territorial e arranjo matrimonial? Uma ação ritual?

Ao mesmo tempo que Gracie Binbin, Betty Bilawag e seus parentes mais velhos analisavam o modo como a terra estava reagindo aos violentos deslocamentos do colonialismo de ocupação, eles mesmos estavam sendo apreendidos pelo Estado colonial de ocupação e pela maioria do público como arquefósseis respirantes e estranhos, objetos fora de lugar e tempo no moderno Estado-nação. Antes de metade do século xx, o público e o Estado colonial de ocupação acreditavam que esses "arquefósseis" seriam lentamente devolvidos ao seu próprio tempo, o tempo anterior à dadidade colonizadora. Mas uma nova estratégia emergiu quando pessoas indígenas se recusaram a cumprir com o que Patrick Wolfe denominou de lógica genocida do colonialismo de ocupação.[23] Às vezes uma data é referenciada como indicativa dessa mudança: a aprovação, em 1976, da Lei dos Direitos Aborígenes à Terra. A nação celebrou essa lei como uma reversão da história de racismo e xenofobia ao reconhecer a posse indígena da terra e oferecer um mecanismo por meio do qual era possível que essa posse fosse adjudicada.[24] No entanto, em vez de

---

23 Patrick Wolfe, "Settler Colonialism and the Elimination of the Native". *Journal of Genocide Research*, v. 8, n. 4, 2006.

24 Optou-se por traduzir "*ownership*" como "posse" em vez de "propriedade", ainda que a legislação australiana seja distinta da brasileira no que diz respeito ao reconhecimento de terras indígenas. No Brasil, as terras pertencem à União e são de posse indígena, em caráter permanente e inalienável, ao passo que na Austrália, em alguns casos, indígenas são concebidos como proprietários das terras em regime comunal. De acordo com a explicação fornecida pela própria autora em comunicação pessoal, no entanto, é preciso atentar-se à diferença entre o sentido jurídico atribuído pelo Estado e o sentido concebido pelos próprios indígenas: "'Traditional *ownership*' é um conceito de Estado, baseado em teorias da Antropologia Social acerca da *ownership* da terra com base em clãs. Segundo diferentes documentos da legislação australiana, aos 'donos aborígenes originários' são garantidos diversos tipos de direito à terra. No caso da Lei dos Direitos Aborígenes à Terra, por exemplo, o Estado reconhece que aos donos aborígenes originários pode ser concedido o título de terra como bem comum

abandonar a fantasia de que pessoas indígenas eram arquefósseis sociais que viviam e respiravam, a lei a mobilizou novamente de maneira insidiosa. De acordo com a Lei dos Direitos Aborígenes à Terra, grupos indígenas no Território do Norte poderiam realizar e ganhar reivindicações à terra se, e somente se, pudessem demonstrar que *mantinham* um tipo específico de imaginário totêmico e que eram, portanto, em algo similares à noção de arquefóssil de Meillassoux, vestígio de um período anterior à violência do colonialismo de ocupação. Como notei no capítulo precedente, a melhor evidência de que um grupo indígena constituía um arquefóssil vivo era sua crença de que formas de Não Vida (Pedra do Homem Velho, Duas Mulheres Sentadas) escutavam humanos ativamente. Mas, independentemente das evidências que um grupo indígena apresentasse para subsidiar suas reivindicações fundiárias, elas deveriam permitir que o Estado as vivenciasse como um vestígio de um tempo anterior ao Estado. Em outras palavras, as evidências tinham de ser apresentadas como um Animismo inanimado, o oximoro de uma paisagem viva congelada no tempo. De 1970 em diante, o Estado australiano e o direito público estiveram bastante interessados nessa vida congelada e muito desinteressados nas analíticas de existentes que eram cruciais a Betty Bilawag e Gracie Binbin. Na verdade, a lei demandava que reivindicações por parte de indígenas encapsulassem os entrelaçamentos de existência que transformaram o deslocamento colonial em pertencimento indígena. Disseram-lhes que contassem à lei somente sobre os arranjos de existência que existiam antes do deslocamento colonial. A lei do reconhecimento – e com isso quero dizer a rede de disciplina burocrática que se estende muito além da legislação fundiária – utilizou o totemismo para operar uma enge-

---

inalienável. Outras leis, no entanto, como a Lei de Titulação Nativa, não sustentam tal direito inalienável. Teóricos indígenas argumentam que '*ownership*' não seria o termo correto, pois, mais do que possuir as terras de seus ancestrais humanos e mais que humanos, os povos indígenas pertencem a essas terras". [N.T.]

Os fósseis e os ossos

nharia reversa da história. Os importantes ganhos sociais e analíticos que permitiram às pessoas sobreviverem ao presente precisavam ser apresentados como uma tola repetição totêmica do passado.

Muitas pessoas indígenas não se guiaram por essa demanda. Certamente não Betty Bilawag e Gracie Binbin. Sua recusa em se apresentarem como Animistas adequadas foi vista em um dos pleitos por terra mais contestados e longos no Território do Norte (o pleito pelas terras Kenbi).[25] O pleito pelas terras Kenbi foi primeiro protocolado em 1979 e julgado em 1989; derrotado, recorreu-se e houve novo julgamento em 1995. (Por causa de sua localização estratégica, uma grande península localizada à frente de Darwin Harbour, o pleito, julgado favoravelmente em 1995, ainda segue em negociação no momento da publicação deste livro.) Ao final do segundo julgamento, três pessoas que vivem em Belyuen foram designadas como as únicas donas originárias de Belyuen e das terras no entorno. A escolha se baseou em seu parentesco, pela mãe, com um homem que supostamente detém um Sonhar de Crocodilo (*dangalaba*) localizado em uma área da terra reivindicada – determinação baseada em uma leitura jurídica da Lei dos Direitos Aborígenes à Terra.

Nas diversas etapas do pleito, Binbin, Bilawag e parentes testemunharam sobre a importância de manifestações como o *durlgmö* no contexto do deslocamento colonial. O *durlgmö* e o olho d'água na comunidade de Belyuen eram evidências de que o deslocamento forçado de suas terras ao sul e a alocação compulsória em Delissaville (renomeado Belyuen em 1976) tinham sido convertidos pela própria terra em uma forma de hospitalidade. Mas consultores antropológicos, incluindo Peter Sutton, argumentaram que a aparição de existentes como o *durlgmö* indicavam a natureza *histórica* da relação de Binbin, Bilawag e seus parentes com a terra, e não sua relação *tradicional* com a terra sob disputa. Para Sutton, relações tradicionais

---

25 Ver E. A. Povinelli, *Cunning of Recognition: Indigenous Alterities and the Making of Australian Multiculturalism*. Durham: Duke University Press, 2002.

precisavam provar vestígios de uma geografia social que antecedessem a dadidade colonizadora.[26] O comissário de terras da disputa jurídica estava de acordo. Ele também entendeu que os territórios tradicionais do clã de Binbin e Bilawag não faziam parte do território em disputa. No entanto, afirmou que, embora somente os três adultos cumprissem os requisitos para "donos originários", os benefícios do fundo de terras deveriam ser escoados para todos os membros e membras da comunidade de Belyuen, visto que todos e todas tinham o *status* de "guardiães originários". Mas, quando a compensação monetária pela perda de algumas áreas de terra na disputa foi distribuída somente entre os três donos originários, a lógica financeira das disputas fundiárias se evidenciou de modo flagrante. As tensões oscilavam ao redor destas questões: O que separava e distinguia os donos originários das terras em disputa de outras pessoas que ali haviam nascido e sido criadas, ou nelas realizavam rituais, senão um fato biológico de pouca consistência? Seria apenas a lógica biológica utilizada por europeus e aliados na conversão da sociabilidade imanente em proprietários administráveis?

É pouco surpreendente que as analíticas da existência apresentadas por Binbin, Bilawag e seus parentes como provas durante a disputa tenham confundido a lei. Esses homens e mulheres indígenas se recusaram a aderir à distribuição dada de papéis sociais no Estado colonial de ocupação. Em vez disso, agiram politicamente, nos termos de Rancière. Recusaram-se a cumprir o papel que lhes havia sido designado. Recusaram-se a operar como objetos imutáveis e orientados ao passado, vestígios de algo anterior à investida selvagem do colonialismo de ocupação. À primeira vista, essa recusa não foi bem-sucedida. Nem eles e elas nem seus filhos e filhas foram reconhecidos como Donos Aborígenes Originários da terra sob disputa. Mas, ao falhar em reescrever a lei estatal, tiveram êxito na predição acurada das transfor-

---

26 Discuto essa demanda pela apresentação de um sujeito pré-histórico imaginário em *Cunning of Recognition*, op. cit., especialmente pp. 50-56.

Os fósseis e os ossos

mações pelas quais seus filhos e filhas estavam passando. Tomemos como exemplo a viagem feita por quatro parentes de Binbin e Bilawag – Trevor Bianamu, Rex Edmunds, Dennis Lane e eu – em meados dos anos 2000 até Anson Bay, próximo ao Sonhar patrilinear *durlg* de Trevor Bianamu. Buscávamos uma fonte de água perene para um eventual posto avançado do Karrabing. Não encontramos uma fonte limpa de água naquela viagem, apenas porcos secos e um pântano infestado de sapos-cururus. Não importa. Tomamos a água do pântano, incluindo todos os parasitas que nele moravam. Depois tomamos pastilhas produzidas por empresas farmacêuticas que os forçaram a sair de nosso corpo. Enquanto atravessávamos a vegetação, Trevor, filho de Gracie Binbin e sobrinho de Betty Bilawag, deparou com um sambaqui. Enquanto ele investigava o montículo com um galho fino de uma das árvores das cercanias, observou que as conchas eram evidências de seus ancestrais, que haviam vivido e se afundado naquela terra, e que ele também estava deixando o lugar mijado e suado, muito embora seu corpo contivesse substâncias diferentes daquelas de seus ancestrais, por exemplo, medicamentos para pressão alta. Hiperobjetos e hipo-objetos; redes e moradas radicalmente locais e translocais; eventos ocupando níveis perceptivos que podíamos e não podíamos perceber – nessa viagem e em outras, Trevor e seus parentes analisam como todos os níveis e aspectos dessas transformações e coenvolvimentos substanciais contribuem para os entrelaçamentos de substâncias que oferecem uma base para manifestações. Cada *alguma coisa* pode ser, se soubermos o suficiente sobre ela, um comentário sobre a coordenação, a orientação e o dever dos existentes locais.

Uma materialidade retraída

Como mencionei acima, se é possível dizer que um fio comum conecta as várias escolas do materialismo especulativo, esse fio é o rechaço comum à influência de Kant na metafísica. Mas muitas diferenças separam as escolas. Se a abordagem de Meillassoux visa demonstrar que humanos podem pensar o absoluto, a solução de Steven Shaviro para contornar a armadilha correlacionista é intervir no modo como podemos pensar o pensamento:

> Precisamos apreender o pensamento de um outro modo; precisamos, como diria Deleuze, de uma nova "imagem do pensamento".[27]

> Precisamos reconhecer que o pensamento não é, afinal, um privilégio unicamente humano. Essa é uma das ideias motrizes por trás do pampsiquismo. Além disso, a pesquisa biológica recente indica que algo muito parecido com o pensamento – uma sensitividade empírica, no mínimo – transcorre em entidades como árvores, bolor limoso e bactérias, ainda que nenhum desses organismos possua um cérebro.[28]

Outras formas de existência podem não pensar como pensam os humanos, isto é, não apreender por meio das formas semióticas da cognição humana (categorias e razão). Mas isso não quer dizer que elas não pensem. Significa que devemos pensar sobre o pensamento de outro modo. Uma abordagem não correlacional do pensamento – obtida no modelo de *interpretante*, de Charles Peirce, ou no conceito de sobredade, de George Molnar – parece existir em todas as coisas.[29] Produzir um modelo de pensamento que inclua o pensamento não humano "significa desenvolver uma noção de pensamento pré-cognitivo (envolvendo 'sentimentos' em vez de julgamentos articulados) e não intencional (não direcionado a um

---

27 Steven Shaviro, "Non-Phenomenological Thought". *Speculations*, 2014, p. 53.
28 Ibid., p. 52.
29 George Molnar, *Powers: A Study in Metaphysics*. New York: Oxford University Press, 2006, p. 72.

Os fósseis e os ossos

objeto com o qual estaria correlacionado)".[30] Nesse ponto Shaviro está de acordo com Graham Harman, fundador da ontologia orientada a objetos. Em vez do desnorteamento diante da contradição filosófica, o *pensamento* sobre como deixar objetos existirem *sem o pensamento humano* transforma, em primeiro lugar, a filosofia em estética.[31] Esse interesse pela estética dos objetos na ontologia orientada a objetos – em contraposição às contingências radicais do realismo especulativo – poderia oferecer mais espaço para o *durlgmö*, Binbin, Bilawag e sua progênie escaparem das armadilhas da governança do arquefóssil? Como um primeiro passo para responder a essa pergunta, vamos olhar mais de perto a ontologia estética de Harman.

Harman distingue sua abordagem daquela do realismo especulativo de Meillassoux pelo modo como cada um aborda duas proposições kantianas: *primeiro*, que o "conhecimento é finito, já que as coisas em si podem ser pensadas, mas nunca conhecidas"; *segundo*, que "a relação humano-mundo (mediada por espaço, tempo e categorias) é filosoficamente privilegiada no que diz respeito a qualquer outra relação; a filosofia é principalmente sobre o acesso humano ao mundo, ou pelo menos deve tomar esse acesso como ponto de partida".[32] Para Harman, a diferença principal entre o realismo especulativo e a ontologia orientada a objetos diz respeito a darem respostas inversas a ambas as proposições. O realismo especulativo discorda da primeira proposição, mas concorda com a segunda; a ontologia orientada a objetos concorda com a primeira, mas discorda da segunda. Se o projeto de Meillassoux é mostrar que podemos *conhecer* a natureza do absoluto, a intenção daqueles que trabalham com a ontologia orientada a objetos, como Graham Harman,

---

30 S. Shaviro, "Non-Phenomenological Thought", op. cit., p. 56.
31 Graham Harman, "On Vicarious Causation", in Robin Mackay (org.), *Collapse*, v. II. Falmouth: Urbanomic, 2007, p. 221.
32 G. Harman, "The Road to Objects", op. cit.

é demonstrar que a filosofia pode *pensar* o objeto sem nunca o conhecer. A filosofia de Harman afirma representar as coisas como elas verdadeiramente são no mundo – as coisas *correspondem* à descrição que ele faz delas, ainda que não possamos conhecer o que elas são. Para Harman, todo objeto é um objeto em um sentido robusto, cada objeto é uma entidade autônoma e independente com sua própria essência singular e independente.[33] Mas todos os objetos, incluindo os sujeitos humanos, distorcem sua essência em relação a outros objetos e a si mesmos. Como resultado, os objetos são retraídos uns dos outros (eles eludem o conhecimento) e são absolutamente irredutíveis às qualidades que manifestam em cada relação específica com outros objetos. As qualidades que eles expressam somente aludem ao que está fundamentalmente eludido. Portanto, enquanto objetos reais são apresentados como absoluta e verdadeiramente existentes, nunca podem ser conhecidos. Mas objetos não eludem outros objetos e aludem a si mesmos no contato distorcente com outros objetos, meramente; eles também seduzem outros objetos.[34] A sedução dos objetos introduz uma dimensão estética à estratégia empregada por Harman para solucionar o correlacionismo kantiano. Como observa Katherine Halsall, "a reflexão estética se aproveita da experiência

---

33 "Objetos reais retraem-se de nosso acesso a eles, de modo plenamente heideggeriano. As metáforas de ocultação, encobrimento, acolhimento, abrigo e proteção são todas relevantes aqui. Os gatos reais continuam a fazer o trabalho deles mesmo enquanto durmo. Esses gatos não são equivalentes a minha concepção deles, e nem mesmo equivalentes a sua *auto*concepção; tampouco se exaurem pelas diversas modificações e perturbações dos objetos que manuseiam ou danificam durante a noite. Os gatos em si existem em um nível mais profundo que seus efeitos sobre qualquer coisa. Objetos reais são não relacionais"; G. Harman, *Prince of Networks: Bruno Latour and Metaphysics*. Melbourne: re.press, 2009, pp. 194-95.

34 De acordo com Harman, a noção de sedução [*allure*] "localiza o efeito emocional transfixiante que com frequência acompanha esse evento para humanos, bem como sugere o termo correlato 'alusão', já que a sedução simplesmente alude ao objeto sem tornar presente sua vida interna"; G. Harman, "On Vicarious Causation", op. cit., p. 215.

estética e oferece a promessa de lampejos de realidade que se encontram *além* da experiência".[35] Segundo Svenja Bromberg, no entanto, tal compreensão do senso e do julgamento estéticos parece, ironicamente, reinicializar certas características do projeto Kantiano a fim de poder operar sua desconexão.[36] Se o especulativismo se define por seu anti-kantianismo, foi justamente Kant quem postulou julgamentos estéticos como um modo de verdade universal que não é subsumida pelo conceito (as categorias) ou pela razão (os silogismos). Assim, julgamos que algo é "belo" não porque se conforma a um conjunto de conceitos e razões – também pode fazê-lo –, mas porque o julgamento resulta de um prazer desinteressado; é propositivo sem um propósito discernível (sem cognição determinada) para nós. Para Kant, o julgamento estético possibilita a experiência de uma forma de verdade (a beleza) libertada de um propósito *nosso*. E este é, essencialmente, o propósito da estética para a ontologia orientada a objetos: possibilitar a nós um sentido-percepção de objetos independente de nossa captura cognitiva.

Quando tento descrever os debates no interior do realismo especulativo e da ontologia orientada a objetos, meus e minhas colegas Karrabing consideram que dizer que coisas não humanas não existem e estabelecem relações entre si da mesma forma que coisas humanas e junto com elas é tão estranho quanto dizer que a orientação primária das coisas, humanas e não humanas, é constituída por um retraimento autônomo e uma indiferença radical. Objetos se manifestam e se retraem; eles possuem sua própria razão, mas não são indiferentes. Objetos possuem autonomia, mas não porque são distintos de outros objetos, e sim por serem compostos por eles. Quando meus e minhas colegas escolhem entre as descrições dessas diversas escolas, tendem a optar pela abordagem de Shaviro, inspirado por Alfred North Whi-

---

35 Francis Halsall, "Art and Guerrilla Metaphysics". *Speculations*, v. v, 2014.
36 Svenja Bromberg, "The Anti-Political Aesthetics of Objects and Worlds Beyond". *Mute*, 25 jul. 2013.

tehead, de que as coisas estão dentro e por meio uma das outras. Mas, evidentemente, esses teóricos não buscam se envolver com meus amigos e amigas – e nem parecem imaginar que devem –, visto que o pensamento filosófico se define como um modo de cogitar que pode gerar pensamentos para todos os seres sem envolver a maioria; e todas as verdades permanecem as mesmas independentemente de onde sejam percebidas. Esse desinteresse importa?

Uma maneira de responder pode ser: sim, porque, se as pessoas pensam que a única maneira de resolver a crise do geontopoder é arregimentar todas as formas pelas quais todos os modos de existência humana entendem a existência, precisamos descobrir onde uma conversa construtiva pode ocorrer. Afinal, todo geontopoder se manifesta primeiramente no liberalismo tardio de ocupação e, portanto, é a partir daí que se pode compreendê-lo. Se isso for verdade, quem meus e minhas colegas querem no recinto: Meillassoux, Harman, Shaviro? Quem Meillassoux e Harman convidariam ao seu colóquio? Em que direção destinariam sua atenção? Que tipos de perguntas lhes importam de tal modo que eles se esforcem para extrair respostas e trazê-las ao mundo e, junto com a resposta, um novo mundo? Em que direção meus e minhas colegas pediriam que voltassem sua atenção – e, portanto, pressionariam as diversas teorias de modo a lhes serem úteis? Esse retraimento e indiferença dos objetos são um mero jogo especulativo daqueles e daquelas que não sentem a natureza intensamente interessada do geontopoder no liberalismo tardio ou não se afetam por ela? Se assim for, essas geografias do pensamento precisam tornar suas declarações convincentes onde o tempo ancestral se faz presente e duradouro, a saber, no liberalismo tardio de ocupação. Vou direcionar minha atenção a um objeto estético concebido no geontopoder de ocupação, o segundo maior projeto fílmico do Coletivo de Cinema Karrabing, *Windjarrameru: The Stealing C*nt$*, de 2014.

Windjarrameru conta a história de um grupo de homens indígenas jovens escondidos em um pântano sob contaminação química depois de serem falsamente acusados de roubar duas caixas de cerveja, enquanto ao redor deles mineradoras estão destruindo e poluindo suas terras. No pântano, eles também encontram um garrafão cheio de um líquido verde brilhante que acreditam ter sido deixado como um presente da terra por seus ancestrais (*nyudj*), que ainda estão na terra. No filme, além dos quatros jovens acusados, pessoas do Karrabing atuam como: dois guardas locais de terra e mar indígenas; três policiais; dois gerentes de nível médio da Corporação Mineradora Windjarra, cujo slogan corporativo é o ligeiramente cafona *"We dig you"*;[37] e homens indígenas locais que aceitam suborno para facilitar detonações ilegais próximas a um local sagrado para poderem quitar suas multas governamentais. O gênero dos filmes Karrabing sempre foi uma questão que nos assombrou, em parte devido à maneira como neles ocorrem a roteirização e a atuação.[38] Os enredos dos filmes são majoritariamente determinados antes do início das filmagens. As histórias surgem a partir das ideias dos membros e membras do coletivo e são, a partir daí, moldadas a um arco narrativo geral por outros membros e membras. Mas os diálogos e as rubricas são improvisados à medida que rodamos. Às vezes o enredo também se modifica. Como resultado, quando me perguntam sobre o gênero de nossos filmes, eu geralmente respondo que se trata de realismo improvisacional ou de realização improvisacional.

A improvisação não se refere meramente a um estilo performativo. Ela também se articula, enquanto estilo artístico, a uma arte da vida. Ela aporta ao registro estético uma mescla de ficção e fato,

---

37 *"Dig"*, em inglês, significa cavar, escavar. Mas informalmente, *dig* também é utilizado no sentido de curtir, gostar. Portanto, "Nós curtimos/escavamos vocês". [N.T.]

38 O júri do Festival Internacional de Cinema de Melbourne observou, por exemplo, em relação a *When the Dogs Talked* (Karrabing, 2014), que recebeu o prêmio Cinema Nova na categoria de melhor curta-metragem de ficção: "ao nos fazer refletir sobre o que pode ser a verdade, esse filme é um excelente exemplo dos desafios que podem ser colocados aos pressupostos subjacentes a nossas noções de ficção".

realidade e realismo e, por meio dessa mistura, uma manifestação da realidade (uma realização). Portanto, a governança da existência e a estética da representação da existência não podem ser desatadas. Tomemos como exemplo a questão simples dos "erros" de continuidade em nossos filmes, as inconsistências de roupas, carros, telefones celulares e até mesmo de personagens entre cenas. O que pode parecer descuido estético são em realidade registros e manifestações estéticos da vida indígena no geontopoder. Às vezes, pessoas que apareciam nas primeiras cenas se encontram presas ou precisam aguardar um telefonema da assistência social, então contornamos isso nas filmagens. Poderíamos inserir imagens extradiegéticas, mas achamos que permitir que inconsistências inevitáveis façam parte do campo visual pode ser mais potente. Outros exemplos focam menos no que é esteticamente manifestado (ou impresso) na superfície da imagem em movimento e mais no que se manifesta no processo da produção estética, como nos elementos e cenas de *Windjarrameru* que descreverei a seguir. Conforme mencionei, dois Karrabing fazem o papel de mineradores corruptos que trabalham para a Corporação Mineradora Windjarra. Ainda que a mineração e suas consequências estejam intimamente ligadas à vida cotidiana dos Karrabing, a Corporação Mineradora Windjarra é produto de sua imaginação coletiva. A paisagem a uns vinte quilômetros de onde filmamos é perfurada por minas antigas, a maioria de estanho: mina Lees, mina Hang Gong, mina Mugs Find, mina Jewellers, mina Mammoth, mina Kettle, mina Bp-2, para mencionar algumas. O filme também cita o caso judicial *Aboriginal Areas Protection Authority v om (Manganese) Ltd*, discutido no capítulo anterior.

No decorrer do filme, existem inúmeras sinalizações ao fundo da ação principal: dois grandes galhos secos com "Parem o veneno" pintado neles; um grande e velho tanque de armazenamento de água com um cartaz indicando "Perigo: radiação"; e uma enorme placa na bifurcação para o pântano, onde se lê: "Perigo: amianto, risco de câncer e doenças pulmonares, apenas pessoas autorizadas, uso obrigatório de respiradores e roupas de proteção". Criamos as primeiras duas placas ("Parem o veneno" e "Área de radiação") e as colocamos perto ou em cima de infraestruturas históricas. O grande tanque de armazenamento de água onde colamos o cartaz "Perigo: radiação" é, segundo acreditamos, resquício de uma ocupação ilegal não indígena na costa. Ele está abandonado entre enormes estruturas de metal e concreto da artilharia Wagait, construída em 1944 para defender a cidade de Darwin dos ataques aéreos japoneses durante a Segunda Guerra Mundial.[39] Alguns parentes trabalharam lá no que ficou conhecido pelo imaginário racial do Estado colonial de ocupação como "Guarda Negra" ["Black Watch"]. Não há conhecimento de nenhuma radiação produzida por humanos nessa área. Não fizemos a placa "Perigo: amianto...". Ela se refere ao complexo e campo Antenna, localizado no extremo noroeste da Península Cox. O complexo foi construído em 1942, logo após a Real Força Aérea Australiana tomar equipamentos estadunidenses. Ele se localizava próximo ao farol Charles Point, construído em 1893, o mais antigo do Território do Norte. Localmente, agora é conhecido por ter sediado uma *plantation* que utilizava trabalho indígena forçado.

A área tóxica atrás da placa "Perigo: amianto..." se tornou objeto de investigação por parte do Parlamento australiano em 2014. O documento do Departamento Federal de Finanças, "Cox Peninsula Remediation Project" [Projeto de remediação da Península Cox], de dezembro de 2014, submetido à Comissão Parlamentar de Obras Públicas, observa que amianto e outras substâncias de extrema toxicidade já existem na área há algum tempo. Cito dois itens:

---

39 Tim Owen e Shelley James, "The History, Archaeology and Material Cultural of 105 Radar Station, Cox Peninsula, Northern Territory". *Australasian Historical Archaeology*, v. 31, 2013.

2. Durante setenta anos, a Commonwealth utilizou 4.750 hectares de terra na Península Cox para propósitos marítimos, de comunicação e de defesa, ocasionando contaminação extensiva ao longo de uma grande área, tanto no solo como abaixo dele. O amianto está espalhado, e pesticidas, metais pesados e bifenilos policlorados (PCBs) têm sido detectados em quantidades acima dos níveis considerados seguros em inúmeros locais da Península Cox. Isso apresenta riscos potenciais à saúde dos frequentadores, bem como de comunidades indígenas locais.

3. Os resíduos presentes nos setores 32, 34 e 41 variam de inertes e estáveis a altamente perigosos e potencialmente móveis. O amianto está espalhado, e pesticidas, metais pesados e bifenilos policlorados (PCBs) têm sido detectados em quantidades acima dos níveis considerados seguros, apresentando riscos potenciais à saúde dos frequentadores, bem como de comunidades indígenas locais.[40]

Os setores 32 e 34 se referem, respectivamente, ao complexo e campo Antenna (onde está a placa "Perigo: amianto...") e a uma estação receptora da Rádio Austrália construída no extremo noroeste da Península Cox por volta de 1944. Às sombras desse relatório, o mundo se revela aos Karrabing como sendo diferencialmente retraído. Se *Windjarrameru* fosse um documentário de denúncia, o filme se dedicaria à situação perturbadora em que homens e mulheres indígenas são contratados para remover contaminantes, ficando expostos a seus danos danosos. Por exemplo, ao passo que personagens no filme trabalham para os Guardas Karrabing, alguns dos Karrabing reais trabalham como guardas Kenbi. De acordo com o Conselho de Terras do Norte [NLC – Northern Land Council], que administra os grupos de guarda indígenas no Top End do Território, "grupos de guarda ofe-

---

40 Departamento de Finanças, "Cox Peninsula Remediation Project".

recem uma estrutura formal para a transferência de conhecimento tradicional entre gerações, bem como um meio para o treinamento e a contratação de jovens aborígenes que vivem em áreas remotas".[41] Materiais de divulgação geralmente sublinham a natureza romântica desses grupos: a beleza estonteante da Austrália profunda, a interação com a flora e a fauna indígenas e a remoção de objetos perigosos, como redes de emalhar. Mas, ao longo dos anos, grupos de guarda têm sido forçados a competir por contratos governamentais focados em limpeza ambiental que são menos convidativos, incluindo a pulverização da espécie invasora agressiva *Mimosa pigra* com herbicidas como Tebuthiuron e Fluroxypyr.[42] Guardas são encorajados a aceitar esses empregos, nos quais devem vestir roupas de proteção que são insuportáveis em condições quentes, úmidas e tropicais. Guardas Kenbi pleitearam uma parcela dos AU$ 32 milhões alocados para a limpeza dos setores 32, 34 e 41. O diretor da Guarda Kenbi, um europeu, alocou um dos guardas Kenbi indígenas para operar as grandes retroescavadeiras. Ele assegurou a esse guarda que haveria equipamento de proteção apropriado. No entanto, o indígena testemunhara a morte de muitos de seus primos que haviam trabalhado com a remoção de mimosa por meio de herbicidas na região. Ao recusar a exposição arriscada, ele foi forçado a escolher entre renunciar ao cargo ou ser demitido. Para ser justa, o diretor do grupo de guarda estava buscando recursos para pagar sua equipe diante de cortes governamentais. Mas não há quem não veja a ironia – as pessoas empregadas no trabalho de remover os campos tóxicos produzidos por outros são aquelas que tiveram de continuar a habitá-los.

---

41 Ver sobre os "Ranger Groups" em Northern Land Council: nlc.org.au/building-the-bush.

42 Caroline Camilleri et al., "Toxicity of the Herbicide Tebuthiuron to Australian Tropical Freshwater Organisms: Towards an Ecological Risk Assessment". *Supervising Scientist Report*, n. 131, 1998. Ver também R. A. van Dam et al., "Ecological Risk Assessment of Tebuthiuron Following Application on Northern Australian Wetlands". *Environment Australia Internal Report*, n. 362, 2001.

Vamos dar um *zoom* no Setor 34, a estação receptora da Rádio Austrália, e em sua relação com a estética e filosofia primeira. Em muitas partes da Península Cox, onde nasceu, se criou e agora vive grande parte dos membros e membras do Karrabing, cercas antigas de arame farpado são encontros ubíquos. Elas são vistas (*gaden*), mas não se encontram como manifestações (*guman*). Uma dessas linhas de cerca se estende em segmentos fragmentados a partir do receptor da Rádio Austrália. Escolhemos essa cerca para uma cena em que a polícia persegue pelo mato os jovens que estão bebendo. Colocamos a placa "Perigo: veneno" nessa cerca. No filme, o jovem guarda Karrabing é capturado na cerca, enquanto os outros jovens correm por baixo dela. Os policiais pensam duas vezes antes de entrar na terra envenenada. "Foram vocês guardas que pintaram a placa?", um dos policiais pergunta ao jovem detido, com implicações claras de que tal ato seria ilegal. "Não", ele responde.

Todos e todas nós já passamos em volta, por cima e por baixo dessa cerca coletando mel selvagem, caçando cangurus e porcos ou buscando frutas doces variadas. Além disso, a estrada que acompanha essa mesma cerca leva a uma praia popular com escarpas estonteantes de coloração múltipla. Escolhemos essa praia para a cena de abertura do filme. Então fez muito sentido rodar a captura dramática do jovem guarda Karrabing nas proximidades. Não entramos na área restrita que parecia se limitar a um trecho menor, cercado, sobre o qual estava colocada uma placa com algo parecido a "Perigo: amianto..." Mas, quando terminamos de rodar a cena, dois policiais não ficcionais nos confrontaram, perguntando se havíamos entrado ilegalmente na área contaminada ou alterado as placas do local. Quando perguntamos onde ficava a área em questão, eles só conseguiram apontar vagamente na direção em que estávamos rodando. De modo a amenizar a situação, apresentamos os verdadeiros policiais à polícia fictícia e brincamos que os incluiríamos em nosso próximo filme. O que de fato fizemos, mas não como atores, e sim com filmagens realizadas discretamente quando esses mesmos poli-

Os fósseis e os ossos

ciais estavam assediando uma família na comunidade de Belyuen. O encontro nos instigou a conferir se a contaminação havia se espalhado mais do que pensávamos. Isso nos levou ao Relatório de Remediação [Remediation Report]. E esse relatório transformou um conjunto de placas legais-mas-ficcionais em um conjunto de placas factuais de-guerrilha-mas-ilegais. Aquilo que pretendíamos produzir como experiência estética transformou a atividade estética em uma analítica da existência.

No entanto, os mapas do Relatório de Remediação e a placa pintada, apoiada contra a cerca quebrada de arame farpado, não apaziguam o desdobramento da existência. Por exemplo, a ABC [Australian Broadcasting Corporation] informou que os poços artesianos ao norte do receptor da Rádio Austrália, desenvolvidos primeiramente por europeus, são testados periodicamente, mas que não havia testagem no sistema aquífero mais amplo utilizado regularmente pelos Karrabing e residentes indígenas em geral da península. Parece haver um alto índice de câncer na área. Mas ninguém compilou ainda os dados estatísticos que seriam necessários para estabelecer a alta incidência de câncer na área; como outras comunidades indígenas no Território do Norte, o acesso a serviços de saúde é limitado, e a expectativa de vida, consideravelmente baixa. Como resultado dos altos índices de infecção, tabagismo e estresse, o câncer é rapidamente atribuído a estilos de vida. E, além disso, em vista do número de minas antigas, de sua paulatina transformação em lagos e lagoas de água doce e de nosso uso delas para a obtenção de peixes frescos e tartarugas, seria difícil estabelecer uma relação causal entre uma toxina e o câncer, em vez de uma mera correlação.

Não surpreende, então, que a manifestação da soberania tóxica tenha se tornado o tema não roteirizado de diversas cenas cruciais de *Windjarrameru*. A primeira cena foi filmada no sétimo dia, dentro do pântano ficcional comprometido quimicamente. Os quatro jovens estão bebendo o líquido verde do garrafão que encontram no pântano contaminado e monitorando a polícia para evitar que ela ataque seu esconderijo. Eu estou ali com Daryl Lane, Kelvin Bigfoot, Reggie Jorrock, Marcus Jorrock, Gavin Bianamu e nossa pequena equipe de filmagem. Lembrei Reggie de se apoiar no emaranhado de raízes e parecer preocupado – como se a polícia pudesse, a qualquer minuto, invadir o esconderijo. Então, sugeri a Kelvin que tranquilizasse Reggie. Kelvin me perguntou: "O que devo dizer?". Eu respondi: "Não sei. O que você diria nessa situação?". Kelvin se dirigiu a seu tio, Daryl, e perguntou: "Tio?". E Daryl respondeu à pergunta implícita: "Você. Você. O que você diria?". Depois de um instante, Kelvin virou para Reggie e disse: "Não se preocupe, RJ. Eles não vão vir aqui. Estamos seguros, tem muita radiação aqui; estamos seguros". E, quando o irmão de Reggie, Marcos, responde "Eu não quero morrer aqui!", Kelvin diz: "Olha, nossos avôs morreram aqui primeiro, podemos morrer aqui depois".

No *set* e depois, assistindo aos copiões e às edições conforme elas surgiam no decorrer dos oito meses seguintes, diversos membros e membras do Karrabing pausaram, riram, balançaram a cabeça, gargalharam, mas em sua maioria concordaram que a afirmação de Kelvin era uma analítica brilhante do *in sutu* cujo caminho deveria ser encontrado pelos Karrabing. Ou, para dizer de outro modo, sua declaração era um diagnóstico, se não um prognóstico, do *in sutu* – se prognóstico, então prognóstico de uma forma de sobrevivência [*survivance*] em que a sobrevivência não cabia exatamente. A soberania indígena sobre o espaço está reemergindo no espaço do pleno abandono estatal e da espoliação total do capital. Os avôs e avós dos jovens haviam de fato morrido ali primeiro, durante o contágio abrasivo do colonialismo de ocupação. Eles e elas reemergiram, então, como *nyudj*. Mas não reemergiram do éter. Reemergiram do mesmo solo sobre o qual estavam sentados Reggie e Kelvin. Portanto, *nyudj* são tão tóxicos quanto os presentes dados aos jovens porque nem os *nyudj* nem os presentes estão ou podem estar em qualquer outro lugar que não nas materialidades reais da terra. Por isso o líquido do garrafão é verde-brilhante, e não roxo-

Os fósseis e os ossos

-escuro. De fato, para Reggie e Kelvin, o líquido brilhante e verde é uma manifestação tão certa como o *durlgmö* era para Binbin e Bilawag. Ele aponta para um novo tipo de *que-coisa* na *aqui-coisa*. Kelvin diz a Reggie que eles possuem soberania sobre o lugar porque o lugar em questão está se transformando em algo que expulsou aqueles que causaram sua forma radioativa. Isso, todo mundo diz, é verdade. Mas ninguém sabe o que resulta dessa verdade – que a soberania indígena emerge com segurança nas áreas corrompidas e corroídas do capitalismo e da governança liberal tardia, que a soberania agora prospera nos locais a que os europeus chegaram, destruíram e agora temem retornar, mas que os Karrabing teimosa e continuamente mantêm. Ninguém consegue antever quais modos de existência podem ser delineados nesse ambiente – os Karrabing inclusos –, nesse pequeno enclave de corrupção.

E, portanto, a verdadeira questão não é meramente, ou até primariamente, como objetos se apartam, eludem e seduzem uns aos outros mas também, e talvez de forma mais importante, quais são as causas para a distribuição diferencial de tipos de entrelaçamentos. Nesse caso, os Karrabing estariam mais interessados no trabalho crítico de Vanessa Agard-Jones, Catherine Fennell, Rob Nixon, Mel Chen, Nicholas Shapiro, Michelle Murphy, entre outros que trabalham nos mundos tornados tóxicos de indígenas americanos, de franco-caribenhos e das metrópoles pobres e majoritariamente negras como Detroit e Nova Orleans.[43] Para os Karrabing, o mundo

---

43 Vanessa Agaard Jones, "Spray". *Somatosphere*, 27 maio 2014; Rob Nixon, *Slow Violence and the Environmentalism of the Poor*. Cambridge: Harvard University Press, 2013; Mel Y. Chen, *Animacies: Biopolitics, Racial Mattering, and Queer Affect*. Durham: Duke University Press, 2012; Nicholas Shapiro, "Illocality: Emergency Housing, Sick Space, and Distributed Architecture", in *Spaces of Uneventful Disaster Tracking Emergency Housing and Domestic Chemical Exposures from New Orleans to National Crises*. Tese (doutorado), Institute for Social and Cultural Anthropology, University of Oxford, 2014; Michelle Murphy, "Distributed Reproduction, Chemical Violence, and Latency". *The Scholar and Feminist Online*, v. 11, n. 3, 2013.

de objetos e sujeitos não é plano. Ele deve ser visto a partir das forças desiguais que redesenham e demandam certas formações como a condição para a durabilidade, a extensão e o domínio de interesse de um objeto. O objetivo não é transformar humanos no centro do mundo de agenciamentos de objetos nem tornar as outras coisas passivas. Em vez disso, o intuito é transformar no mote do jogo as forças que produzem centros e passividades. E uma parcela dessa força é, evidentemente, determinar de quem são os argumentos sobre verdade e persuasão e de quem são as perguntas e obsessões urgentes que ganham o poder de estabelecer a norma: daqueles e daquelas que têm o cuidado de obedecer aos mandatos de não contradição de certa modalidade da razão, daqueles e daquelas que abstraem uma equivalência universal entre objetos na realidade de modo a descentralizar a política humana e suas condições sociais, ou daqueles e daquelas que tentam experimentar a verdade por meio de uma máxima saturação da possibilidade do que *esta coisa aqui* pode indicar sobre o que somos agora diante das forças desiguais de sua constituição?

Os fósseis e os ossos

4.

A normatividade dos corpos d'água

Tudo ou nada

Existe um canal de maré no norte da Austrália onde uma jovem está deitada de barriga para baixo. Chamada de Tjipel na língua da região, ela chegou ao canal quando era uma bela adolescente decidida a se vestir como rapaz, usando indumentária masculina e utensílios de caça, incluindo uma lança com arremessador. Conforme viajava pela costa, ela fez inúmeras coisas, como alvejar um *wallaby*. Mas o cerne de sua história diz respeito ao encontro com um homem velho. Enquanto ela passava entre dois pontos costeiros, um pássaro a avisou da proximidade desse homem. Ela, então, deitou-se de barriga para baixo na areia, procurando esconder as partes do corpo que poderiam revelar sua forma de menina adolescente. O homem, pensando tratar-se de um jovem, insistiu que se levantasse para cozinhar o *wallaby*. Ela tentou afastá-lo, declarando estar doente. Ele, por fim, cansou-se de esperar, partindo com o *wallaby*. Porém, enquanto caminhava na direção oposta, um outro pássaro o avisou de que o jovem era em realidade uma menina adolescente. Ele voltou correndo, e deflagrou-se uma luta. Ele venceu. Ela permanece ali. Mas ela não permanece ali ao lado do canal. Ela é o canal. O encontro de Tjipel com o velho homem constituiu – e constitui – a topografia local. Ela agora divide os dois trechos da costa, marca os limites entre duas línguas e grupos sociais e conecta essa região a outras por toda a costa. Isso, e outras partes da história, foi o que Ruby ensinou a mim e a seus filhos e filhas.

Não seria certo acreditar, no entanto, que no início a terra era um vazio disforme tomada de uma escuridão que recobria a superfície das profundezas e que foi a esse vazio que Tjipel chegou. Tjipel chegou ao seu atual lugar de descanso vinda do oeste, onde também permanece, embora em uma forma distinta. E muitas das pessoas, das coisas e dos animais que ela encontrou em suas viagens continuaram pela costa ou desviaram para o interior, ao sul, cavando olhos d'água, erguendo montanhas, escavando cavernas e avermelhando os pântanos do caminho. Além disso, quando Tjipel chegou ao lugar onde agora se deita, outros seres muito provavelmente já haviam passado por ali – *Wirrigi* (*rock cod* [bacalhau de rocha]), *Mudi* (perca-gigante), *Parein* (possum) etc. Não tenho certeza se Tjipel chegou primeiro e os outros em seguida ou se os outros primeiro e ela depois. Não importa quem chegou em primeiro lugar, ou em segundo, ou em terceiro – pelo menos não importava quando comecei a aprender sobre as aventuras de existências/entidades tais como Tjipel a partir do que contavam Ruby Yilngi, Betty Bilawag, Agnes Lippo e sua geração em meados da década de 1980. Essas mulheres e outros homens mais velhos pediam a Tjipel que resolvesse problemas que não eram nem sobre como um vazio originário veio a ter uma dimensão, nem sobre como algo emergiu do nada, nem sobre como o um (1) escapou das garras do zero (0), nem sobre como começou o começo. O problema tampouco dizia respeito à ordem de chegada das entidades – em primeiro, segundo ou terceiro lugar –, números ordinais não subsumiam a coexistência de entidades múltiplas. Similarmente, o nascimento e a morte de Tjipel não se apresentavam como questões instigantes – as perguntas "onde ela nasceu?" e "onde ela morreu?" nunca estimularam nenhuma discussão exaltada. As perguntas que as pessoas faziam em

A normatividade dos corpos d'água

relação a Tjipel diziam respeito a sua direcionalidade (o curso pelo qual se movia), sua orientação (a determinação de sua posição relativa) e suas conexões (o quanto ela se estendia a outros segmentos das formações geontológicas locais, regionais e transregionais). E, talvez mais importante, elas perguntavam como e por que ela respondia a diferentes pessoas e a diferentes ações humanas de modos variados – oferecendo peixes e caranguejos ou retendo-os. Sua existência era testemunhada em dimensões e atividades indiciais. Se alguém quisesse saber mais sobre Tjipel, recomendava-se que interagisse mais intimamente com ela e seguisse suas coordenadas topológicas em outros lugares. Ali seria possível encontrar outras pessoas, histórias e lugares. E seria possível descobrir não apenas que existiam múltiplas outras formas e versões de Tjipel mas também que dentro de cada uma dessas versões encontravam-se múltiplos modos, qualidades e relações – a depender de qual Tjipel aparecesse, eram encontradas maneiras e capacidades diferentes para dividir, conectar e estender geografias e biografias. E, quanto mais se continuasse a ter um dever ou se trabalhasse a fim de ter um dever para com Tjipel, mais profundo seria o entendimento dos modos possíveis de existência dela, incluindo a maneira como a existência e o estado dela indicavam a própria existência e estado de quem a observava.

Embora nem o nascimento nem a morte dela configurassem uma problemática urgente, o dever da família Yilngi para com a existência contínua de Tjipel o era, e de modo vital. Isso não deveria surpreender. Embora Tjipel nunca se apresentasse como iteração do problema da vida ou da morte, ela exemplificava o modo como arranjos de existência poderiam se alterar radicalmente e, para seus parentes humanos, desastrosamente. Quanto aos parentes humanos, por sua vez, poderiam alterar os próprios arranjos de existência de maneiras desastrosas para Tjipel. Em outras palavras, e de acordo com Yilngi e seu grupo, Tjipel e seus parentes humanos estavam incluídos mutuamente em seus respectivos arranjos. Tjipel estabeleceu uma normatividade estuarina que buscava compelir humanos a cuida-rem dela e a se importarem com ela – atentando-se a suas pernas ao caçar nos mangues, caminhando pelo seu arremessador de lança, pescando em seu canal etc. Se a família de Yilngi aderisse às normas aquosas estabelecidas por Tjipel, Tjipel se voltaria para cuidar da família de Yilngi. Se essa convivência amistosa fosse abalada, Tjipel não morreria, mas viraria as costas a seus parentes humanos. Afinal, ela já havia modificado seu arranjo de existência antes – duas vezes, para ser mais precisa. Primeiro, Tjipel foi uma menina adolescente que se vestiu de rapaz. Depois, ela se tornou um curso de água. Es-sas mudanças morfológicas não a mataram. Muito pelo contrário. Permitiram que ela persistisse em outra forma. Se ela mudasse pela terceira vez, persistiria mais uma vez, mas essa persistência poderia ser inamistosa às formas humanas. Ela ofereceria à família de Yilngi suas vértebras aquosas, secando seus leitos e retirando seus recur-sos. Ela se tornaria o Deserto para a família, mas não como algo que é estéril e inerte, e sim algo que, por meio da remoção ativa das con-dições de existência de quem a negligenciara, resulta na transforma-ção da família em algo distinto também: em minerais mumificados.

Tjipel foi uma das formas de existência que os Karrabing con-sideraram colocar em seu arquivo GIS/GPS. E a tecnologia de arqui-vamento digital parecia ser uma escolha perfeita para tornar esse modo de vida – e, portanto, o arranjo de existência mais amplo que ela representava – instigante para as crianças, filhos/as e netos/as, assim como para o público não indígena. Um/a designer elegante poderia mover os olhos do público do ponto de vista do satélite até o ponto em que o contorno do canal ocupasse a tela inteira. Se o pú-blico soubesse olhar, seria possível ver o contorno aquoso de Tjipel, seus utensílios de caça tornados recifes e outras partes do encontro de Tjipel com o homem velho espalhadas no entorno. A câmera, en-tão, talvez rodasse e aterrissasse de um lado ou outro das pernas de Tjipel, a areia alvíssima soprando sobre os seus ombros. O olho de deus daria lugar às curvas íntimas de suas margens.

A normatividade dos corpos d'água

Vou falar mais sobre esse arquivo GIS/GPS no capítulo 6. Neste, quero retomar o problema ao qual aludi no final do capítulo anterior. Quais são as distribuições dos poderes de existência para que certos arranjos de existência perdurem? Como podem as teorias críticas contemporâneas da normatividade e da plasticidade auxiliar na resposta a essa pergunta? E como podemos perceber melhor os pressupostos geontológicos das teorias da normatividade e da plasticidade se as colocarmos na órbita de Tjipel e de duas outras mulheres, Linda Yarrowin, filha mais nova de Yilngi, e Julia Gillard, ex-primeira-ministra do Partido Trabalhista Australiano? Reparem que a questão não é sobre como as perspectivas de meus/minhas colegas Karrabing, seus pais e mães, avôs e avós podem persistir, mas sobre o tipo de força normativa que Tjipel exerce – bem como Duas Mulheres Sentadas e o *durlgmö* antes dela. O objetivo deste capítulo não é, em outras palavras, mensurar o grau de divergência ou convergência entre minhas/meus colegas contemporâneas/os e suas/seus antecessoras/es, assim como não foi objetivo do capítulo anterior mensurar o grau de divergência entre aqueles homens e mulheres e seus pais e mães. Esse antigo paquímetro antropológico já devia estar trancado em uma gaveta há muito tempo. Tampouco o intuito é representar uma ontologia alternativa. Em vez disso, quero sondar o que acontece quando perguntamos como diversos modos de existência estabelecem ou mantêm sua força normativa em um mundo. Os conceitos de normatividade e plasticidade pressupõem e implicam um modo específico de existência, independentemente de sua extensão, a todas as formas de agenciamentos e entrelaçamentos? Ao atribuir poderes normativos ou plásticos a Tjipel, de que modo estamos expandindo os pressupostos biontológicos da teoria crítica e sufocando, portanto, seu poder de determinar os limites desses pressupostos – e, caso esses pressupostos estejam sufocando Tjipel, com que força pressionam o pescoço de Linda Yarrowin e de suas/seus colegas Karrabing?

Tjipel

Se tivesse ouvidos, talvez Tjipel escutasse atentamente à crítica do filósofo Georges Canguilhem sobre como as ciências biomédicas de meados do século xx definiram os estados normal e patológico da vida. Como se sabe, Canguilhem buscou estabelecer uma abordagem filosoficamente ancorada da vida e que se opunha às explicações positivistas – dominantes àquela altura – de doença, saúde, normal e patológico. Canguilhem rejeitava a ideia de que a normalidade de qualquer organismo em particular poderia ser encontrada em um conjunto de distribuições estatísticas que definiam seu tipo. O que é normal na vida orgânica não se define por quão perto ou distante o indivíduo está da norma estatística de sua espécie: por exemplo, o estado normal da pressão arterial e o nível de colesterol adequado a uma mulher branca de 54 anos ou o pH normal de cursos de água salgada. O que é normal em um organismo, e na vida orgânica, é a capacidade e a motivação intrínsecas para buscar o estabelecimento de normas que permitiriam que seus poderes de existência persistissem e se expandissem. A vida é um empenho criativo (*conatus*) para manter e expressar sua capacidade de estabelecer uma norma (*affectus*), e não a redução de sua existência a conjuntos de dados quantitativos. Em realidade, a verdade da vida e o espectro de sua normalidade não são visíveis no organismo sadio. Elas são reveladas na atividade do organismo adoecido. "A vida procura ganhar da morte, em todos os significados da palavra ganhar e, em primeiro lugar, no significado em que o ganho é aquilo que é adquirido por meio de apostas. A vida aposta contra a entropia crescente."[1] Ao se encontrar perturbado por uma doença, o organismo biológico, em estado de in-disposição [*dis-ease*], luta para se manter ou se restabelecer por meio da manutenção e do reestabelecimento de seu

---

1 G. Canguilhem, *O normal e o patológico*, trad. Maria Thereza Redig de Carvalho Barrocas. Rio de Janeiro: Forense Universitária, 2009, p. 90; trad. modif.

A normatividade dos corpos d'água

meio. E, *ipso facto*, todas as coisas que apostam contra a entropia crescente podem ser entendidas como sendo vida.

Canguilhem era bastante cuidadoso com o que queria dizer por "organismo biológico" e "meio". No ensaio "O vivente e seu meio", por exemplo, Canguilhem desdobra, atentamente, uma genealogia intelectual dos significados e das relações nas ciências físicas e sociais desses termos.[2] Medição, lei, causalidade e objetividade transformam-se nos fundamentos da realidade científica, uma realidade ("o real") que dissolve, "no anonimato do ambiente mecânico, físico e químico, esses centros de organização, adaptação e invenção que são os seres vivos".[3] Essa explicação do meio contamina as explicações positivistas da vida (organismos biológicos) de tal modo que a vida se torna uma média estatística dos vários seres orgânicos. Para Canguilhem, o meio não é nem estático nem homogêneo. "O meio próprio do humano" e de todas as coisas vivas é "o mundo de sua percepção, ou seja, o campo de sua experiência pragmática no qual suas ações, orientadas e reguladas pelos valores imanentes às tendências, recortam objetos qualificados, situam-nos uns em relação aos outros e todos em relação a ele".[4] Como resultado, uma coisa viva não reage a seu meio, ou ambiente; mais do que isso, ela o forma original e criativamente, compreendendo a si mesma como afetada por sua habilidade em mantê-lo. Essa centralização original e criativa é o que a ciência positiva mantém, substituindo "medidas [...] [pelas] apreciações, as leis substituem os hábitos, a causalidade substitui a hierarquia e o objetivo substitui o subjetivo".[5]

A influência da abordagem de Canguilhem do normal e da normatividade sobre o conceito de biopoder de seu aluno Michel Foucault

---

2 Id., "O vivente e seu meio", in *O conhecimento da vida*, trad. Vera Lucia Avellar Ribeiro. Rio de Janeiro: Forense Universitária, 2012.

3 Id., p. 167.

4 Id., p. 166; trad. modif.

5 Ibid.

já está bem fundamentada.[6] Na última década de sua vida, Foucault esboçou duas linhas amplas de investigação que se engajavam com a filosofia de vida de Canguilhem. Por um lado, ele começou a elaborar uma teoria da biopolítica na qual o poder se organizava por meio de uma compreensão estatística da saúde da população. Por outro lado, esboçou uma teoria da crítica que compreendia a crítica como uma posição específica (ética) contra a redução estatística da vida mais do que como uma proposição normativa específica (moral) sobre o conteúdo do que a boa vida é ou poderia ser.[7] Se, para Canguilhem, todas as coisas que apostam contra o inerte e o entrópico são vida, para Foucault tudo que resiste à uniformidade da existência constitui a crítica. A crítica é "a arte da inservidão voluntária, aquela da indocilidade refletida".[8] De algumas maneiras, então, o contraste foucaultiano entre população e povo era análogo ao contraste feito por Canguilhem entre as explicações positivistas da vida e as suas próprias. No entanto, também são significativas as diferenças entre o modo como Canguilhem abordava a vida e o modo como Foucault compreendia a crítica e a biopolítica. Charles T. Wolfe, por exemplo, notou que Canguilhem acreditava que algo que poderia ser chamado de vida existia realmente e que essa coisa, *vida*, dava ânimo ao estabelecimento do conhecimento biomédico e às suas indagações científicas. Foucault reivindicaria algo ligeiramente diferente – a "Vida" não existia antes da emergência da biologia moderna.[9] Isso não significa que, ao apontar o estabelecimento da ciência biológica

---

6 Ver Pierre Macherey, *De Canguilhem à Foucault: La force des normes*. Paris: La Fabrique, 2009.

7 "[...] a crítica é o movimento pelo qual o sujeito se dá o direito de interrogar a verdade sobre seus efeitos de poder e o poder sobre seus discursos de verdade"; M. Foucault, "O que é a crítica? [Crítica e *Aufklärung*]" [1978], trad. Gabriela Lafetá Borges. Espaço Michel Foucault, s/d, p. 5.

8 Id.

9 C. Wolfe, "The Return of Vitalism: Canguilhem and French Biophilosophy in the 1960s". PhilArchive, 2015, pp. 6-7.

A normatividade dos corpos d'água

moderna e seus afetos de governança, Foucault recusasse a ideia de que algumas coisas estão vivas. Ainda assim, o objeto de seus trabalhos divergia significativamente. Canguilhem não intencionava expor a natureza ilusória do objeto das ciências biomédicas, mas sim corrigir a explicação que elas ofereciam acerca desse objeto. Foi parcialmente em razão disso que Canguilhem não estava seguro de que seu dispositivo conceitual pudesse sobreviver à passagem de uma perspectiva biofilosófica para uma perspectiva sociocultural.[10]

Outros/as estudiosos/as se preocupam menos com a distância entre a crítica feita por Canguilhem às ciências biomédicas e a consideração foucaultiana sobre biopolítica e crítica. Em vez disso, tentam entender como uma influência filosófica mais ampla sobre ambos pode ter reduzido o poder do conceito de biopoder. Sebastian Rand, por exemplo, sugeriu que o kantianismo básico de Canguilhem e de Foucault restringiu suas concepções de vida e de biopoder, respectivamente. Ele contrasta noções de normatividade fundamentadas em Kant ao conceito de plasticidade criado por Catherine Malabou a partir de leituras de Hegel.[11] Rando busca mostrar como o encontro virtual de Malabou com Canguilhem avança o conceito de normatividade "para além da posição excessivamente kantiana de Foucault, ao mesmo tempo que evita algumas das armadilhas de outras discussões proeminentes sobre o biopoder e a biopolítica". Grande parte dos argumentos de Rand giram em torno da pergunta sobre o organismo e sua capacidade de receber uma nova forma e um novo conteúdo a partir de seu

---

10 Ver P. Macherey, *De Canguilhem à Foucault*, op. cit.

11 Parte significativa da escrita de Malabou tem se voltado a eventos históricos específicos em que há constância do sujeito-substância e acidentes sensoriais e materiais: Alzheimer, trauma cerebral ocasionado pelas tecnologias da guerra moderna, neurociência e capital. Essas investigações revelam um dispositivo conceitual em torno da plasticidade que parece muito próximo do conceito de normatividade de Canguilhem.

meio (ambiente).[12] Essa habilidade importa a Rand porque oferece um contraste entre a definição de Canguilhem para normatividade – capacidade de seguir e estabelecer normas – e o conceito hegeliano de Malabou para plasticidade – a capacidade de receber, dar e destruir a forma.[13]

Meu objetivo não é conduzir o leitor e a leitora por uma seleta genealogia da normatividade, e sim fornecer conteúdo suficiente para mostrar por que Tjipel pode estar escutando as conversas desses filósofos com certa apreensão, não importa quem vença o debate. Por um lado, Tjipel pode se preocupar com o fato de que grande parte de seu "corpo" não se enquadra na definição de Canguilhem para vida, mantendo a esperança de que o conceito de plasticidade possa se equiparar melhor ao seu poder de receber forma, dar forma e destruir a forma.

Ainda que o organismo de Canguilhem seja capaz de receber conteúdo (isto é, mudanças naturais em seu estado corporal e no ambiente), ele não é capaz de receber uma nova forma – o organismo

---

12 Sebastian Rand primeiro descreve, em Canguilhem, a exclusão da ideia de conteúdo em sua definição de vida, fundamentando a vida orgânica "em torno de uma norma única, original, autorizada e imutável" – a preservação e expansão da sua capacidade de expressão de normas. Com isso, ele problematiza esse tipo de formalismo kantiano abstrato por meio do conceito de ambiente. Como observa Rand, essa definição "puramente formal" da capacidade constituidora de normas dos organismos não pode ser compreendida "como sendo *inteiramente* ilimitada por qualquer conteúdo". E isso se dá porque todos os organismos "operam em ambientes contigentemente variáveis e com anatomias contingentemente variáveis que restringem o espectro de possibilidades que estão abertas ao ambiente, mas que também podem ser modificadas pela atividade do próprio organismo"; S. Rand, "Organism, Normativity, Plasticity: Canguilhem, Kant, Malabou". *Continental Philosophy Review*, v. 44, n. 4, 2011, pp. 346 e 348.

13 Ibid. Malabou orientou Sergio Colussi em sua dissertação *Canguilhem and the Play of Concepts* [Canguilhem e o jogo de conceitos], defendida no Centro de Pesquisa e Filosofia Europeia Moderna [Centre for Research in Modern European Philosophy], da Universidade de Kingston, Londres.

A normatividade dos corpos d'água

se define como aquilo que se manifesta como um estabelecedor de normas extranatural diante de todo e qualquer conteúdo natural recebido. Se concebido como "plástico", no entanto, o organismo não apenas dá forma a um conteúdo mas também pode dar forma a si mesmo e receber forma de um modo que modifica o que ele é: ele se sujeita como estabelecedor de normas diante da possibilidade de transformação de sua normatividade – pelas próprias mãos ou pelas mãos de algo externo a ele.[14]

Por outro lado, Tjipel pode se perguntar se ela se encaixa em outro aspecto da normatividade/plasticidade comum a Canguilhem e a Malabou: a ênfase constante sobre a subjetividade como estrutura-substância sintética e autodeterminante. Para Malabou, esse sujeito é um sujeito de antecipação (*voir venir*) – "uma estrutura antecipatória operando dentro da subjetividade mesma" e por meio da qual o sujeito dá forma a si mesmo.[15] Para Malabou, a figura exemplar da plasticidade é o filósofo grego que podia ser simultaneamente universal *e* individual – o filósofo grego adquiriu do universal seus princípios formativos ao mesmo tempo que conferiu "ao universal uma forma particular quando o *encarnou* ou incorporou".[16] Além disso, de modo crucial, o filósofo grego se abria radicalmente, permitindo que sua forma desse lugar a uma nova forma. Resumidamente, o grego se torna "'*Da-sein*', o 'ser-aí' (*l'être-là*) do Espírito, a tradução do espiritual à materialidade do sentido", pela

---

14 S. Rand, "Organism, Normativity, Plasticity", op. cit., p. 355.

15 Catherine Malabou, *The Future of Hegel: Plasticity, Temporality* [1996], trad. Lisabeth During. London: Routledge, 2005, p. 13. Ver também Ian James, *New French Philosophy*. London: Polity, 2012.

16 C. Malabou, *The Future of Hegel*, op. cit., p. 11. Ver também, da autora, *Ontologia do acidente: Ensaio sobre a plasticidade destrutiva* [2009], trad. Fernando Scheibe. Florianópolis: Cultura e Barbárie, 2014, e *Plasticity at the Dusk of Writing: Dialectic, Destruction, Deconstruction* [2005], trad. Carolyn Shread. New York: Columbia University Press, 2009.

preservação de sua "estrutura sintética específica (autodeterminação)" e pela exposição dessa estrutura a acidentes.[17]

Aqui parecemos estar diante de um tipo de pergunta que não se fazia aparente na discussão sobre Duas Mulheres Sentadas (capítulo 2) e o *durlgmö*, sobre Kelvin Bigfoot e Reggie Jorrock (capítulo 3). De que modo Tjipel está *aquilo-ali* em relação ao modo autoevidente como Duas Mulheres Sentadas e o *durlgmö* pareciam estar *aquilo-ali*? Antes de ter a habilidade de transformar sua forma e conteúdo – plasticidade e normatividade –, um organismo deve ser aquilo que é capaz de se apresentar – ou aquilo que pode ser apresentado – como um eu, um isso, um *isto-aqui* em busca de persistir ou de se expandir, ou como o local de uma antecipação. Se estamos argumentando que *Tjipel* está empenhada em expandir sua capacidade de expressar normas ou que ela possui os poderes necessários para dar forma, receber forma e destruir a forma, onde está a ela (ou o isso) que realiza essas ações? Onde ela começa e onde ela termina? Onde as areias se acumulam para manter seus seios? Ou, descendo a costa, onde as areias se dispersam no mar? Serão as ostras, os peixes, as raízes dos mangues, as sementes e os humanos, que vão e vêm como os ventos e as marés, *karrabing* e *karrakal*, parte dela apesar do quanto se espalham ou viajam? Algumas pessoas podem dizer que Tjipel é um ambiente "contingentemente variável" que pode "restringir a gama de possibilidades" das "anatomias contingentemente variáveis" que se movimentam dentro dela. E essas anatomias contingentemente variáveis podem também modificar a forma de sua natureza enquanto ambiente. Em outras palavras, ela definitivamente não é, de nenhum modo autoevidente, um organismo ou uma estrutura sintética autodeterminante capaz de se encerrar na pele de seu nascimento, capaz de reproduzir uma forma de vida igual a si mesma, capaz de antecipar

---

17 Id., *The Future of Hegel*, op. cit., p. 10.

A normatividade dos corpos d'água

uma nova forma, capaz de morrer ou de destruir. Ela é mais como um pulmão em relação ao corpo. Ela está fora de si tanto quanto – ou até mais do que – dentro.

Um modo simples e direto de abordar tais problemas pode ser encontrado no conceito de agenciamento. Em vez de uma estrutura sintética autodeterminante, podemos dizer que Tjipel é um agenciamento, e é esse agenciamento o substrato de sua agência e de suas capacidades para constituir normas. Como argumentou Jane Bennett, o conceito de agenciamento permite a estudiosos e estudiosas rever a "coisidade ou estabilidade fixa da materialidade" e compreender a eficácia de qualquer agenciamento como dependente "da colaboração, cooperação ou interferência interativa de muitos corpos e forças".[18] Portanto, não é problemático que Tjipel seja algo diferente de uma estrutura sintética autodeterminante, porque é o agenciamento que a compõe que possui força normativa – e é o agenciamento que se empenha em perseverar e expandir. Essa parece uma solução perfeita para Tjipel. Ela pode não ser um organismo, mas aparenta ser um agenciamento (uma condensação e uma congregação) de substâncias vivas e não vivas – aquilo que o termo "ecológico" deveria englobar.

Mas vamos fazer uma pausa aqui. O que o conceito de agenciamento está contrabandeando ao ser mobilizado na resolução do poder de constituição da norma em um mundo pós-sujeito? Quais são as tentações do organismo e do imaginário do carbono que assombram o conceito de agenciamento? Vou nomear três. A primeira tentação é a miragem da referência linguística. Tjipel é o nome próprio que costura os elementos díspares que a compõem. "Tjipel" e *um* "canal estuarino" criam uma compreensão sintética, *a posteriori*, da unidade subjacente a suas múltiplas partes e determinações. Esses nomes oferecem às partes múltiplas um

---

18 J. Bennett, *Vibrant Matter: A Political Ecology of Things*. Durham: Duke University Press, 2010, pp. 20-21.

tipo de pele semiológica. Não custa lembrar que, de acordo com Yilngi, o que torna Tjipel "aqui" e "isto" é o fato de que todas as entidades que a compõem permanecem orientadas mutuamente de modo a produzi-la como uma isto-aqui-dade, uma partida e um destino experienciais – a areia vai e vem de seus bancos, os peixes sobem e descem seu curso de água, as ostras lutam para continuar presas a seu recife. Todas essas entidades mutuamente orientadas se tornam alguma coisa. Elas se tornam Tjipel, de um certo ponto de vista, uma certa postura, uma atenção envolvida e uma obrigação com as intensidades entrelaçadas ali-onde-ela-é-feita. Tjipel, portanto, não se refere a uma coisa; trata-se, contudo, de uma asserção sobre um conjunto das orientações de dever que não possuem uma pele circundante.

Outra tentação correlata é a asserção de intenção e de propósito. Políticos e capitalistas insistiriam que há uma diferença autoevidente entre Linda Yarrowin, filha de Yilngi, e a ex-primeira-ministra australiana Julia Gillard, por um lado, e Tjipel, por outro – Tjipel está sujeita às decisões tomadas por Yarrowin e Gillard, assim como à força com que elas podem transformar essas decisões em norma. Yarrowin e Gillard parecem aptas a decidir como vão agir e o que vão permitir. E, cada vez mais, sujeitos em massa, por exemplo corporações ou mercados, são legalmente providos das qualidades de sujeitos, tais como intenção, escolha e decisão. Muitas/os naturalistas e filósofas/os contestariam essa descrição da política social. Mas muitas/os também hesitariam diante da descrição de Tjipel como uma tomadora de decisões. Argumentariam que ela não pode *decidir* porque não tem uma mente e, assim, não pode estar provida de intenções. A filosofia da intenção, no geral, compreende a intenção como um estado mental; portanto, para ter intenção é preciso possuir um tipo especial de coisa e realizar um tipo especial de coisa com ela. Por exemplo, Elizabeth Anscombe, uma filósofa analítica, argumentou que ter intenção significa ser capaz de explicar ou ter uma explicação de por que, para que e em que direção as ações estão orientadas.[19] Para Anscombe, animais não humanos e plantas não são capazes disso, muito menos as formações geológicas e meteorológicas. Para ter intenção, Tjipel, o *durlgmö*, Duas Mulheres Sentadas e Pedra do Homem Velho precisariam ser capazes de explicar as razões de suas ações e o futuro para o qual cada uma dessas ações constituem um meio para um efeito. Pareceria, então, que Tjipel não se sairia muito melhor que Duas Mulheres Sentadas em um tribunal da legislação liberal tardia. No caso da profanação de Duas Mulheres Sentadas, quando surgiu o tema da intenção responsável, as únicas entidades discutidas foram as humanas.[20] Precisamos, mais uma vez, insistir nessa questão. Seria Tjipel o ambiente em que se dá o desdobramento intencional, proposital, plástico e normativo da vida (os peixes que percorrem as pernas de Tjipel de modo a comer e não serem comidos; as plantas que seguram sua pele lodosa no lugar ao tomar e receber nutrientes do solo e do ar)?

Uma maneira de contornar esses problemas é argumentar que agenciamentos como Tjipel podem ser vibrantes mesmo que não possuam intencionalidade ou propósito. Uma outra maneira é confrontar a afirmação de que qualquer organismo pode ser o lócus de sua própria intenção e propósito. Mesmo a vida biológica parece ser, cada vez mais, nada além de um modo de olhar para uma série de substâncias entrecruzadas e entrelaçadas. As células de animais aquáticos minúsculos utilizam a água no seu entorno para obter nutrientes internos, absorver seus rejeitos e constituir um tipo de pele ao fornecer-lhes um envoltório relativamente inalterado. Animais maiores e multicelulares como humanos criaram um ambiente interno de "fluido extracelular".[21] Humanos respiram e digerem Duas

---

19 G. E. M. Anscombe, *Intention*. Oxford: Blackwell, 1963, pp. 11-15.

20 *Aboriginal Areas Protection Authority v. OM (Manganese) Ltd*, 2 ago. 2013, pp. 33–37.

21 David Sadava et al., *Life: The Science of Biology*. New York: W. H. Freeman, 2012, p. 833.

Mulheres Sentadas; chuvas ácidas caem sobre Tjipel. À medida que as toxinas na chuva ácida se concentram em uma área e se espalham para outras, o formato e o destino dos arranjos se modificam. À medida que esses arranjos absorvem Duas Mulheres Sentadas, eles abrem um conjunto de diferintes particular àquele arranjo, como nota Michel Serres sobre cada construção que constrói em si mesma seu próprio jeito de fazer ruído, de decompor ou de criar moradas parasíticas.[22] No futuro, Tjipel pode ser um depósito de gás natural; e o tipo de humano que se movimenta pelo seu mangue pode não ser reconhecido por nós como humano. Ou seja, não só Tjipel é múltiplas coisas mas o que ela é pode ser multiplicado à medida que cada arranjo a define como um tipo de ser, um tipo de entidade, ou um objeto ou uma coisa (*res*). À medida que Tjipel se torna um novo tipo de existência, também o fazem os humanos que nadam nela – eles se tornam ricos, tóxicos, melancólicos, famintos, maldosos, ansiosos, poderosos. Duas Mulheres Sentadas, Pedra do Homem Velho e Tjipel são declarações geontológicas, meteorontológicas e econtológicas de que nenhuma vida é soberana no sentido de uma compartimentalização e auto-organização estruturais e funcionais absolutas. Podemos, portanto, interpretar a força normativa que elas exercem sobre a Vida e a Não Vida como uma força de-negante: elas se recusam a submeter-se a qualquer diferença fundamental entre Vida e Não Vida.

Isso nos leva à última tentação do conceito de agenciamento, a saber, a tentação de afirmar que, se despida de seus índices linguísticos – e do significado e da referência que estes concedem –, Tjipel desaparece no nada. De certa perspectiva, cada parte de Tjipel, e Tjipel inteira, não é nem uma parte nem um todo, mas uma série de intensidades entrelaçadas cujas localidades são, simultaneamente, o lugar onde Yilngi pisou quando jovem e os lugares longín-

---

22 M. Serres, *The Parasite*. Minneapolis: University of Minnesota Press, 2007.

A normatividade dos corpos d'água

quos pelos quais nunca andou. Às raízes de mangue e às formações de recife nada pode ser oferecido, exceto uma pele frágil e abstrata, porque elas mesmas são partes de outras "coisas" entrelaçadas e interenvolvidas que estão muito distantes de Tjipel e, portanto, Tjipel não é nada fora do jogo da linguagem humana. Tjipel, no entanto, não é uma mera miragem vazia que se projeta a partir de um conjunto de signos linguísticos. Uma vez que a multiplicidade das entidades está mutuamente orientada como um conjunto de substâncias entrelaçadas no sentido discutido no capítulo anterior, esse entrelaçamento exerce uma força localizante. A mutação fluvial de Tjipel estabelece algo como uma norma para o modo como outras entidades dentro dela se portam, florescem e evolvem – sua forma, por exemplo, direciona e possibilita que peixes a percorram, e as alterações de sua salinidade através da maré permitem que mangues específicos mantenham suas pernas no lugar.

Se, portanto, Tjipel é um agenciamento, ela demonstra que o conceito de agenciamento constitui um paradoxo – algo que está *aqui* e é *isto*, mas sem extensão, limite ou soberania evidentes nem uma referência decisiva como aquela imaginada pelo *lógos* biontológico da filosofia e da teoria crítica ocidentais. Ela está *mais ou menos aqui* em oposição a *mais ou menos ali*. Tjipel é um entrecruzamento somente na medida em que ela é um entrecruzamento de entidades orientadas mutuamente – esse era o ponto de Yilngi. Mas, contanto que Tjipel seja o entrecruzamento de um conjunto de forças habituais, ela também exerce uma força de hábito. É por isso que nosso dever para com ela é urgente, imperioso e ético. Não podemos atribuir aos agenciamentos as mesmas qualidades que foram atribuídas a organismos como o eu humano. No entanto, diante da impossibilidade de inseri-la na Vida, permitimos que ela expanda sua capacidade constituidora de normas, a saber, a de que cada localidade é inlocalizável, exceto como foco de atenção habituada. Ela remove a pele da congregação inteira e de cada uma de suas partes. Depois insiste que, se ela deve ser como é, então deve ser constantemente mantida no lugar – outros e outras devem constantemente emprestar a ela suas peles. Além disso, ao tentar decompor suas partes com o intuito de utilizá-la para outros fins, descobrimos que não lhe emprestamos nossa pele. Recebemos nossa pele como uma consequência de fazer parte do arranjo que Tjipel constitui. Afinal, sendo um ser compósito, ela podia, como observou Yilngi, recompor-se, transformando terras nutridoras em um deserto. E, se somos também um compósito – o agenciamento-enquanto-paradoxo, o conteúdo de nossas capacidades internas e a força com a qual podemos expressá-las –, dependemos igualmente de que outros e outras nos emprestem seus órgãos e sua pele para que não mudemos de forma.

Yarrowin e Gillard

Se transferimos nosso foco para Linda Yarrowin (a filha caçula de Yilngi) e Julia Gillard (a ex-primeira-ministra da Austrália), o problema parece ser menos o que Tjipel pode fazer e mais o que essas duas outras mulheres podem fazer por ela. Elas são capazes de estabelecer uma norma que apoiará Tjipel – que a ajudará a durar –, em vez de simplesmente seguirem e expressarem a norma? Quero começar colocando em cena um encontro imaginário entre Yarrowin (membra fundadora do Coletivo de Cinema Karrabing) e Gillard sobre Tjipel – ou mais que imaginário e menos que factual, considerando que Linda e eu já especulamos sobre como seria esse encontro. Digamos que o encontro aconteceu em junho ou novembro de 2011, quando Gillard fazia campanha no Território do Norte em sua difícil, e posteriormente fracassada, corrida pela reeleição. Durante a campanha, Gillard enfrentou grandes debates sobre algumas de suas políticas: por um lado, a mineração de terras indígenas em um cenário de mudanças climáticas e uma recessão global insistente; por outro lado, a continuidade da Resposta a Emergências Nacionais do Território do Norte [NTNER – Northern Territory National Emergency Response] nas vidas e comunidades indígenas. Como ambos os debates estavam profundamente conectados, vou comentar rapidamente a natureza de cada um.

Em 2007, um pânico nacional sexual, centrado na sociabilidade indígena de comunidades rurais e remotas, tomou a nação e deu origem ao NTNER, comumente referido como "a Intervenção". A Intervenção pegava carona em um relatório, *Ampe Akelyernemane Meke Mekarle/ "Little Children Are Sacred"* [Crianças pequenas são sagradas], encomendado pelo governo trabalhista do Território do Norte. A histeria em torno do abuso de crianças em comunidades indígenas rurais e remotas foi nacional e intensa, e pouco importava que não fossem citadas estatísticas para a disfunção sexual ou para as estruturas familiares dos não indígenas. A intenção declarada da Intervenção era normalizar assuntos indígenas por meio da normalização de práticas sexuais e laços familiares supostamente disfuncionais em relação às normas públicas não indígenas, bem como da normalização de práticas trabalhistas e de propriedade sob a baliza das normas dos mercados neoliberais. A própria Intervenção consistia em um conjunto de mudanças legislativas de leis federais pertinentes a posse indígena da terra, programas de assistência social e processos judiciais, além da reavaliação amplamente pública sobre o sentido e o valor da autodeterminação indígena.[23]

O pacote de AU$ 587 milhões entrou em vigor com a aprovação da Lei de Resposta a Emergências Nacionais do Território do Norte 2007 [Northern Territory National Emergency Response Act 2007] pelo Parlamento australiano. Suas nove medidas são descritas a seguir:

---

23 Rex Wild e Patricia Anderson, *Ampe Akelyernemane Meke Mekarle/ "Little Children Are Sacred"*. Report of the NT Board of Inquiry into the Protection of Aboriginal Children from Sexual Abuse. Darwin: Northern Territory Government, 2007.

- Destacamento de forças policiais adicionais nas comunidades afetadas.
- Novas restrições sobre o álcool e a kava.
- Filtros contra pornografia em computadores financiados com fundos públicos.
- Aquisição compulsória de povoados sob a titulação da Lei de Titulação Nativa [Native Title Act], de 1993, por meio de arrendamentos de cinco anos com compensações bem menos do que justas. (O número de assentamento envolvidos permanece incerto.)
- Financiamento da Commonwealth para a provisão de serviços comunitários.
- Remoção do direito consuetudinário e das considerações de práticas culturais em petições de fiança e em sentenças de processos penais.
- Suspensão do sistema de autorizações que controlam o acesso a comunidades aborígenes.
- Retenção de uma parte dos auxílios financeiros de beneficiários de comunidades designadas e de todo o auxílio daqueles considerados negligentes com suas crianças.
- Abolição dos Projetos de Empregabilidade e Desenvolvimento Comunitário [Community Development Employment Projects].[24]

Sob uma retórica que legitimava a perversão sexual e a disfunção social indígenas, o governo federal diminuiu significativamente os financiamentos para a infraestrutura de comunidades indígenas rurais e remotas; pressionou por soluções mercadológicas para o bem-estar indígena, aumentou a presença policial nas comunidades remotas e nos acampamentos urbanos e tomou controle da

---

24 A Intervenção se transformou em um evento cultural, motivando a criação de um verbete na Wikipédia para a National Emergency Response Act.

A normatividade dos corpos d'água

infraestrutura comunitária.[25] Em vez de otimizar a assistência aos indígenas, Tess Lea argumentou que a Intervenção era apenas mais uma instância da "política selvagem", o "desenrolar feral dos gânglios burocráticos" nos mundos indígenas.[26] Quinze meses após o anúncio desse fluxo de dinheiro, uma das principais inciativas, o Programa Estratégico de Moradia e Infraestrutura Indígena [Strategic Indigenous Housing and Infrastructure Program], estava "implodindo devido às sucessivas revelações de gasto excessivo, com acusações de desvio de verbas para honorários de consultorias, feudos burocráticos insuflados e valores de construção maquiados na planta".[27] Enquanto isso, seguindo uma estratégia iniciada nos anos 1990, o governo do Território do Norte desviava grandes somas dos fundos federais destinados a comunidades indígenas rurais e remotas para a arrecadação geral e, especialmente, para a modernização e a expansão da força policial.[28] Essa expansão da força policial, por sua vez, permitia buscas em domicílios indígenas de áreas rurais, geralmente conduzidas sem mandado nem razão específica, de acordo com as "medidas especiais" da legislação. Mulheres e homens indígenas encontraram maneiras de subverter o sistema. BasicsCards, cartões de benefícios assistenciais utilizados para reter recursos para alimentação e itens domésticos, eram trocados na economia informal. Os *smartphones* tornavam irrelevante o controle estatal sobre as permissões de visualização.

Nesse contexto, como Linda Yarrowin descreveria Tjipel para Gillard? Ela poderia descrever o curso de água como um Sonhar

---

25 Gillard também se encontrou com Barack Obama em Darwin, garantindo a ampliação da presença e do auxílio militar estadunidenses no norte da Austrália.

26 Tess Lea, "From Little Things, Big Things Grow: The Unfurling of Wild Policy". *e-flux*, n. 58, 2014.

27 Id.

28 Id., Bureaucrats and Bleeding Hearts: Indigenous Health in Northern Australia. Sydney: University of New South Wales Press, 2008. Ver também Amos Aikman, "Aboriginal Cash 'Siphoned' Off by Northern Territory". *The Australian*, 8 ago. 2015.

ou "totem" de sua família. Ela esperaria que Gillard soubesse que Sonhar e totem são conceitos traduzíveis, querendo dizer mais ou menos que o corpo d'água era um lugar espiritual no território originário de Yarrowin. Se Gillard perguntasse para ela "Você é do clã Tjipel?", Yarrowin talvez dissesse "Não, sou *murtumurtu* [inhame comprido], mas *Tjipel* também é meu Sonhar", querendo dizer que Tjipel está dentro de seu território originário, mas não pertence ao seu totem matrilinear ou patrilinear. Yarrowin talvez contasse que aprendeu sobre Tjipel com sua falecida mãe, Ruby Yilngi, nascida na região por volta de 1920, bem como com a irmã e as primas de Yilngi, Agnes Lippo, Betty Bilawag e Gracie Binbin. E Linda provavelmente diria, como faz com frequência, que *também* pertence às terras da comunidade Belyuen e do seu entorno, a mais ou menos trezentos quilômetros a nordeste de Tjipel.

Yarrowin diria essas coisas por ter nascido em 1972 e estar dialogando com uma representante do Estado, situando-a, assim como sua conversa, em um momento específico da reconfiguração liberal nacional e internacional da diferença cultural. Na Austrália, essa nova forma de governança tinha nomes distintos, dependendo de os destinatários serem comunidades de colonos não brancos, como gregos, asiáticos do Sul ou do Leste da Ásia, italianos, africanos da África Central ou indígenas. Para os primeiros, o termo preferido era "multiculturalismo" e, para os últimos, "autodeterminação". Em ambos os casos, porém, os governos tentaram domar a natureza radical de movimentos sociais emergentes e anticoloniais, que desfiguravam o rosto do colonialismo paternalista e as normas raciais, sexuais e de gênero. A Austrália aprovou a primeira legislação significativa para direitos aborígenes à terra em 1976 – a Lei dos Direitos Aborígenes (Território do Norte) à Terra [Aboriginal (Northern Territory) Land Rights Act]. Em 1989, com dezessete anos, Yarrowin participou de sua primeira audiência sobre direito à terra. E, no decorrer da vida adulta, ela escutou de procuradores do Estado que seus direitos à sua terra dependiam da retenção de suas tradições culturais, exemplifi-

A normatividade dos corpos d'água

cadas por narrativas como as de Tjipel. Para garantir um lugar nas noções de posse indígena da terra referendadas pelo Estado, Yarrowin precisava poder dizer aos oficiais do governo que locais como Tjipel eram um totem de Sonhar para a sua família. Além disso, lhe diziam, a nação queria que ela mantivesse suas crenças e deveres para com a vida espiritual da paisagem porque, contanto que não rompessem com a configuração cambiante da própria razão moral da nação, sua crença em locais como Tjipel e seus deveres para com eles tornavam a nação mais fiel a si mesma.[29] Talvez ela também dissesse essas coisas porque, mesmo que sua mãe, Yilngi, e o grupo de Yilngi, incluindo Bilawag e Binbin – discutidas no capítulo anterior –, não tenham conseguido reformular a lei de reconhecimento territorial – isto é, não tenham conseguido que a compreensão da significância de manifestações exercesse uma força normativa sobre a jurisprudência estatal –, elas ainda assim produziram Linda e outros/as membros/as do Karrabing como pessoas que continuam a testar a relevância de três aspectos das analíticas da existência de seus pais e mães: a pressuposição de um entrelaçamento de substâncias; uma hipótese sobre a relação entre a substância do entrelaçamento e as manifestações; e uma reivindicação sobre a relação entre a verdade e o dever entrelaçado (ver capítulo 3).

Isso posto, o sentido que Tjipel *fazia* – o que a figuração de Tjipel nesse modo produzia – modificou-se entre a época em que Yarrowin nasceu, aquela em que sua mãe e pai falharam em convencer um comissário de terras de que suas analíticas da existência não deveriam ser disciplinadas pela temporalidade social do imaginário genealógico e quando a imagino conversando com Gillard. No momento em que Linda conhecia Gillard, o Estado – os governos federal e do Território do Norte – buscava desenroscar as válvulas econômicas que haviam sido acionadas pela era dos direitos à terra.

---

29 E. A. Povinelli, *Cunning of Recognition*, op. cit.

Por exemplo, Duas Mulheres Sentadas, a formação rochosa discutida no capítulo 2. O presidente da Autoridade de Proteção de Áreas Aborígenes, Benedict Scambary, oferecia a leitores e leitoras do *Land Rights News* um esboço geral da história do local, sua "relação com uma história sobre uma rata e uma *bandicoot* que brigaram por alimento nativo [*bush tucker*]. Conforme essas ancestrais da criação lutavam, seu sangue escorria, tornando a pedra vermelho-escuro, uma cor agora associada ao manganês".[30] Da metade dos anos 1970 até 2007, essas histórias constituíam índices cruciais para a alocação de recursos. Mas isso mudou em 2007, quando o governo federal declarou uma intervenção na governança indígena sob o pretexto de um pânico sexual suscitado pela suposta natureza desenfreada do abuso sexual infantil em comunidades indígenas. Os direitos indígenas às terras eram enquadrados cada vez menos nos termos de uma autenticidade cultural e mais nos termos da capitalização de recursos. Sob os auspícios da Intervenção, se grupos indígenas quisessem o desenvolvimento do capital em suas terras, deveriam deixar de depender de investimento estatal (que sempre foi mais uma fantasia do que um investimento realmente significativo) e mirar no capital privado das mineradoras ou dos empreendimentos imobiliários.

Para Linda Yarrowin e sua família também foi assim: conforme o Estado removia o apoio público a programas e comunidades indígenas, foi dito a ela que, se sua família quisesse sair da linha de pobreza, seria necessário abrir seu território ao capital, mais especificamente à exploração de minérios em lugares como Tjipel e seu entorno. Membros e membras da família estendida de Yarrowin tinham outras propostas para a geração de renda a partir de suas terras, propostas que talvez pudessem manter Tjipel em sua forma de então. Um desses projetos dizia respeito à tecnologia verde de

---

30 "Bootu Miner Convicted for Desecrating Sacred Site", *Land Rights News*, 2 mar 2013, p. 9.

A normatividade dos corpos d'água

realidade aumentada para turistas baseada em GIS/GPS e será discutido em maior detalhe no capítulo 6. Mas esse projeto precisava competir com as corporações mineradoras por uso, sentido e valor da terra durante um dos maiores *booms* da mineração na história australiana. De 2004 a 2012 o setor de mineração contribuiu, em média, para 7,5% do PIB nacional; blindou a economia australiana do pior cenário na crise financeira de 2008 e valorizou o dólar australiano nos melhores índices em toda a década. No Território do Norte, tal *boom* teve como epicentro as terras indígenas. Como reporta o Conselho de Terras do Norte: "Mais de 80% do valor dos minerais extraídos no Território do Norte tem como origem as terras de posse aborígene, chegando a mais de AU$ 1 bilhão ao ano. Aproximadamente 30% do território aborígene é explorado ou se encontra em negociação para sê-lo".[31] Enquanto Linda e outros membros e membras do Karrabing tentavam financiar o desenvolvimento do projeto de realidade aumentada baseado em GPS, o dólar australiano valorizado tornava arriscados os investimentos em empreendimentos turísticos, ao mesmo tempo que o dólar alto e a pressão da inflação afetavam desproporcionalmente quem, como Linda e sua família, vivia de rendas fixas mais baixas.

A ironia não passou despercebida por Linda e sua família: o sucesso da indústria mineradora significava que projetos alternativos à mineração eram financeiramente inviáveis. Naquele momento, dólares verdes (dinheiro obtido de projetos ambientais) custavam mais do que dólares de mineração, e isso não só no sentido de setores econômicos comparativos. Dólares de mineração são experiencialmente mais baratos para muitas pessoas indígenas quando distribuídos como pagamentos de *royalties*. *Royalties* de mineração oferecem a homens e mulheres indígenas pobres um dinheiro que pode ser utilizado para comprar eletrodomésticos (geladeiras, má-

---

31 Ver Northern Land Council, "Mining Exploration and Production"; nlc.org.au.

quinas de lavar, televisão) ou para pagar as crescentes multas resultantes do aumento da presença policial nas comunidades sob as políticas da Intervenção. (Na época, a mineração era defendida veementemente pela administração do Land Council, órgão criado sob a Lei dos Direitos Aborígenes à Terra para atender proprietários indígenas.) Levando-se em conta que a renda média anual de pessoas aborígenes gira em torno de AU\$ 10 mil, qualquer possibilidade de renda adicional é sedutora, sobretudo quando aparenta não exigir algum trabalho em troca. Considerando, além disso, a história de despossesão e remoção de seus territórios, bem como a estrutura da governança de terras estabelecida pelo Estado sob a legislação de direito à terra, um número grande de donos originários que não conhecem a terra nem se interessam por ela pode constituir uma maioria de votos contra aqueles que o fazem. As empresas de mineração sabem disso, assim como os administradores e funcionários do Conselho de Terras do Norte, que depende cada vez mais dos *royalties* da mineração para financiar sua folha de pagamentos. Por isso, quando Linda e sua família foram pressionadas a permitir a exploração de gás e de minérios no entorno de Tjipel, a força normativa do capital extrativista – sua capacidade de expressar normas – ocupou um lugar evidente para Yarrowin.

É nesse ponto que as capacidades de expressar normas de Tjipel e Linda começam a se emaranhar. Linda não encara o capital extrativista de maneira meramente propositiva ou simbólica. Essas forças impõem forma e conteúdo sobre e na matéria de sua existência com o mesmo empenho e de forma análoga às imposições que recaem sobre Tjipel. Elas transformam Yarrowin e Tjipel em arranjos de interenvolvimento que *são* – mas também se encaminham tendencialmente ao – futuro, no sentido de que o destino de uma é o destino da outra. Por exemplo, Tjipel é passível de fraturamento, o que a abre para um futuro em que ela se torna uma jazida de gás. Ao promover seu fraturamento hidráulico [*fracking*], no entanto, o capital extrativista também abre novos futuros às re-

A normatividade dos corpos d'água

giões de seu entorno, conforme substâncias químicas penetram os aquíferos subterrâneos e a camada superficial do solo e conforme a pressão dos dutos fratura seu esqueleto. Ou talvez, caso a mineração em águas profundas que vem sendo testada em Papua-Nova Guiné se aproxime um pouco mais de sua cabeça, ela se torne um depósito de ouro, de cobre ou de terras-raras. Sua capacidade de ser decomposta em terras-raras permite que Tjipel se transforme em um telefone celular. Mas Yarrowin, ao tomar decisões sobre o que Tjipel é e pode vir a ser, muda sua forma tanto quanto Tjipel o faz. E, novamente, suas mudanças não serão apenas simbólicas, um signo comunicando ou deformando o significado semântico. Ela se modificará substancialmente, assumindo as ondas sonoras e as substâncias químicas de um novo mundo. E isso porque, tal qual Tjipel, Yarrowin é um agenciamento-como-paradoxo. Ela é mais *istoaqui* do que a própria Tjipel. Ela é feita dessa materialização, e existe por meio dela. Ela é *de acordo com* sua capacidade de ser reorganizada. Nos efluentes e nos sedimentos dissolvidos de uma Tjipel detonada, beberá a decisão que ela e outras e outros tomaram. Ela já bebe os efeitos de numerosas decisões que outras pessoas tiveram de tomar para despedaçar diferentes formas de existência e distribuir seus resíduos por todo o território de modo a sustentar indústrias comerciais cujos produtos são repartidos lentamente na forma de itens de segunda mão.

Os meios de persuasão também estão dentro desses arranjos interenvolvidos de existência e deles são extrudados. Portanto, ao recordar à sua família de que suas mães, avós, primas e demais parentes cuidavam de lugares como Tjipel, Yarrowin tem clareza de que o mundo em que vive não é nem nunca será o mundo em que sua mãe viveu – ela tem clareza de que não pode conhecer ou experimentar verdadeiramente o mundo em que sua mãe viveu, um mundo em que homens, mulheres e crianças indígenas eram tratados como caça em um safari, separados devido a políticas de miscigenação, envenenados e queimados em fogueiras distantes. O dever de Yarrowin para com a existência de sua mãe é, em outras palavras, melancólico, no sentido de que o dever se direciona a um objeto desconhecido e incognoscível. Esse dever melancólico exerce uma força sobre Yarrowin como uma perda para a qual não pode haver luto, um vínculo negativo que precisa encontrar continuidade na atual governança indígena da diferença: as suspeitas da Intervenção, as economias extrativistas e o surgimento de um cristianismo fundamentalista. Dentro desses parâmetros objetivos de existência, pessoas indígenas como Yarrowin são confrontadas com a pergunta obtusa sobre a equivalência entre a jovem mulher deitada e mulheres jovens "de verdade", como ela, suas parentes e suas netas. Será sua mãe apenas uma memória, em vez de um aspecto substancial da existência lodosa de Tjipel? Será que a existência de Tjipel "vale" a pobreza de sua família humana? Será que uma memória vale um iPhone?

Assim como Yarrowin e Tjipel, Gillard e seu partido político existem na medida em que são parte das regiões intensificadas de capital extrativista e do Estado liberal tardio da governança de diferenças. Geralmente o desmoronamento dos mercados financeiros é situado no dia 9 de agosto de 2007, quando o BNP Paribas bloqueou as retiradas em uma série de fundos de cobertura, citando "uma evaporação completa de liquidez". Isso fez com que os mercados financeiros desabassem gravemente e quase quebrou os mecanismos bancários internacionais. Recessões tomaram os Estados Unidos e a Europa. A Austrália pôde se abrigar da pior parte do colapso financeiro global de 2008 porque o setor da mineração se manteve robusto. Taxas de desemprego conservaram baixas históricas (em torno de 5%). A razão superávit/déficit flutuava, mas permaneceu no azul durante grande parte de 2011. Em 2012 um quarto das exportações, ou 5% do PIB, foi destinado à China, e 60% desses carregamentos eram de uma única *commodity*: minério de ferro. O dólar australiano valorizou, sufocando outras indústrias de exportação, o que tornou o crescimento nacional ainda mais dependente da extração de minérios e de gás. Isso incapacitou ainda mais outras indústrias nacionais, fazendo colapsar

A normatividade dos corpos d'água

o já fragilizado setor automobilístico e concentrando a economia nacional em torno da capitalização de um dos principais contribuidores das mudanças climáticas – isso em um país que emite vinte toneladas de carbono por pessoa ao ano e está em 11º lugar entre todos os países e em 2º lugar, depois de Luxemburgo, entre os países desenvolvidos, acima das 19,78 toneladas por pessoa dos Estados Unidos.[32] Os efeitos climáticos são potencialmente mais transparentes aos colonos australianos que, em sua grande maioria, se fixam ao litoral.

Duas das políticas de vitrine de Gillard, a taxação da mineração e o esquema de créditos de emissão de carbono, foram destinadas a conter as peripécias do mercado liberal tardio australiano sob a pressão do geontopoder. Por um lado, o governo de Gillard manteve seu espírito biopolítico; melhorar o bem-estar da população por meio do desenvolvimento econômico. Durante o *boom* da mineração, a maioria dos australianos vivenciou esse desenvolvimento no maior poder de compra de sua moeda, na possibilidade de adquirir produtos estrangeiros e de viajar ao exterior. Contudo, da perspectiva das mudanças climáticas, o *boom* da mineração contribuiu para o risco de adoecimento, agudo e crônico, da população. Regiões do continente já estavam sofrendo secas periódicas severas; em algumas cidades pequenas, água cinza foi introduzida como água potável. Se a segurança econômica da nação dependia da capitalização da Não Vida, a esperança era de que o mercado, por meio de impostos sobre o carbono e de esquemas de créditos, pudesse assegurar a saúde da população afetada pela capitalização da Não Vida. O governo de Gillard aprovou o Imposto sobre o Uso de Recursos Minerais [Minerals Resource Rent Tax] em 2012. Essa medida determinava a tributação dos lucros gerados pela exploração de recursos não renováveis, 30% dos "superlucros" dos AU$ 75 milhões obtidos na extração de minério de ferro e de carvão na Austrália.

---

32 Simon Lauder, "Australians the 'World's Worst Polluters'". *Australian Broadcasting Corporation*, 11 set. 2009.

Se o intuito do imposto sobre a mineração – capturar uma parte do lucro privado gerado a partir de bens públicos para destiná-la a gastos públicos – foi controverso, o imposto sobre o carbono foi explosivo. Gillard assumiu o poder por meio de um golpe de liderança em 2010. Kevin Rudd, o primeiro-ministro trabalhista que ela depôs, tinha assinado o Protocolo de Kyoto em 2007 como primeiro ato de governo e havia defendido um esquema nacional de créditos de emissão de carbono como o caminho para uma política contra as mudanças climáticas.[33] Durante as eleições de 2010, Gillard prometeu não introduzir um imposto sobre o carbono. Mas, governando com uma minoria dependente do apoio verde, sua gestão aprovou a Lei de Energia Limpa [Clean Energy Act] em 2011. A Lei de Energia Limpa foi pensada como um meio de reduzir a emissão de dióxido de carbono mediante a criação de um elo entre a produção e o capitalismo financeiro. A maior parte dos esquemas de redução de carbono funciona a partir de impostos vinculados diretamente à quantidade de dióxido de carbono que uma indústria produz ou a partir de um esquema de créditos de emissão conhecido como *cap-and--trade* [limite-e-negociação]. Esquemas de créditos de emissão determinam um limite para a quantia total de CO_2 que uma indústria pode produzir, outorgando licenças para essa quantia e criando um mercado regulado no qual elas podem ser comercializadas. Se uma empresa decide produzir mais carbono do que é permitido, deve comprar uma licença de alguma empresa que produz menos que o limite. A legislação de Gillard fixou o preço do carbono por três anos, período após o qual a precificação ficaria aberta ao sistema mundial de livre comércio.

---

33 Commonwealth of Australia, Department of Climate Change and Energy Efficiency, "Carbon Pollution Reduction Scheme: Australia's Low Pollution Future", livro branco. Tiveram influência significativa as recomendações de Ross Garnaut, *Garnaut Climate Change Review*. Cambridge/New York: Cambridge University Press, 2008.

Aclamada como a salvadora da pátria diante do cenário de colapso global, a indústria mineradora – por meio de seu *lobby*, o Conselho de Mineração – passou a atacar a proposta feita por Gillard de mobilizar os ganhos financeiros do setor mineiro em direção a gastos públicos e utilizar um domínio de mercado para neutralizar os danos de outro. Verdade ou não, a indústria de mineração reivindicou o crédito pela estabilidade da economia nacional diante do rápido contágio do colapso financeiro. O fato de que a forte dependência de exportação de *commodities* estava valorizando o dólar australiano e incapacitando outros setores de economia doméstica foi efetivamente minimizado pelo Conselho de Mineração, que comprou tempo de antena e mobilizou a imprensa de Rupert Murdoch para atacar a proposta. A soberania do *demos* viu-se diante de seu relacionamento conturbado com a governança do capital contemporâneo. A herdeira do ramo da mineração Gina Rinehart, elencada na *Forbes* como mais poderosa que a primeira-ministra (em 16º e 28º lugares na lista, respectivamente), exigia salários mais baixos para trabalhadores e trabalhadoras, ameaçando promover a deslocalização da força de trabalho. Como ela mesma disse, "africanos querem trabalhar e estão dispostos a trabalhar por menos de dois dólares por dia".[34]

Na eleição de 2012, Rudd virou o jogo, depondo Gillard da liderança do Partido Trabalhista.[35] A coalização entre trabalhistas e verdes perdeu a eleição seguinte para Abbott e sua coalizão conservadora, em uma das maiores guinadas da história australiana moderna, uma troca de 17 cadeiras, 3,6% do Parlamento, envolvendo dois partidos. Uma série de micropartidos, o Palmer Uni-

---

34 Peter Ryan, "Aussies must compete with \$2 a day workers: Rinehart". ABC *News*, 4 set. 2012.

35 Mas não antes de uma enorme campanha negativa centrada em questões de gênero contra Gillard, culminando em uma fala furiosa desta a Tony Abbott que viralizou. "Gillard Labels Abbott a Misogynist". ABC *News*, 9 out. 2012.

ted [atual United Australia Party], o Australian Motoring Enthusiast Party, o Family First Party, o Nick Xenophon Team [atual Centre Alliance] e o Australian Sports Party assumiram cadeiras na Câmara dos Representantes e no Senado. Como nas democracias europeias, o sistema democrático bipartidário australiano abria passagem para uma *caoticocracia* multipartidária. Talvez mais surpreendente, no entanto, tenha sido a mudança, no Território do Norte, do Partido Trabalhista ao conservador Country Liberal Party, com o apoio do voto indígena rural. Uma das primeiras medidas tomadas pelo governo de Abbott foi a tentativa de revogar o Imposto sobre Recursos Minerais e a Lei de Energia Limpa. E ele começou a trabalhar imediatamente com o Country Liberal Party para reanimar o *boom* da mineração. Mais uma vez Tjipel se encontrava na mira da expansão mineradora do norte. Incapaz de instaurar uma norma, Gillard abriu Tjipel aos poderes de constituição de forma e norma daqueles que depois beberiam suas decisões.

Três mulheres

Parte do problema na luta travada por Tjipel para poder existir no mundo e afetá-lo normativamente é que ela não é a mesma coisa nos distintos arranjos de existência que essas duas mulheres humanas representam sob o geontopoder liberal tardio atual. Se Yarrowin e Gillard estivessem em um pequeno barco a remo e descessem pela perna de Tjipel, roçariam a superfície de apenas uma parte diminuta do que Tjipel é e pode se tornar. Para Linda Yarrowin e outras, ela é um objeto de luto e lembrança de Yilngi. Para Rinehart e outros proprietários de corporações mineradoras, ela é potencialmente gás, terra-rara e depósito mineral. Ela é o compósito ou a configuração dos materiais específicos de que é composta, os quais representam extrações de valor em potencial: a extração do gás por meio de tecnologias de fraturamento hidráulico; a extração de diversos miné-

A normatividade dos corpos d'água

Figura 4.1 "As políticas da respiração"

rios e a extração, a partir desses minérios, de minerais e metais comercializáveis; o acúmulo de substâncias químicas que a inundam durante essas extrações. Um milênio inteiro de compressão criou seu substrato rochoso e seus flancos sedimentares. Para remover tais camadas e acessar suas partes internas, mineiros utilizam um artefato explosivo de ácido clorídrico, glutaraldeído, cloreto de amônio quaternário, sulfato de tetraquis (hidroximetil) fosfônio, persulfato de amônio, cloreto de sódio, peróxido de magnésio, óxido de magnésio, cloreto de cálcio, cloreto de colina, cloreto de tetrametilamônio, isopropanol, metanol, ácido fórmico, acetaldeído, destilados de petróleo, destilados de petróleo hidrotratados leves, metaborato de potássio e zirconato de trietanolamina. Indústrias de mineração podem reivindicar uma nova capacidade mágica para reconhecer a vitalidade infinita de todas as substâncias – mesmo os rejeitos, quando vistos da perspectiva do desejo, podem transformar-se em valor – e de alcançar as capacidades técnicas para liberar esse valor no mercado. Mas o capital, e a indústria da mineração exemplifica isso, também depende de sequestrar certas formas de existentes para o reino do objeto puro. O capital é, como notei no primeiro capítulo, o Deserto vestido de Animista.

Mas Tjipel é também um indicador do aquecimento global, visto que cientistas e ativistas climáticos podem utilizar sua variação ecológica como indicativo de aquecimento em razão dos carbonos liberados pela mineração. Ela constitui um arquivo antropológico e arqueológico da organização social e material pré-colonial. E é um aparato jurídico que mensura a retenção cultural e esquadrinha os limites territoriais de donos indígenas originários. Ela é fonte de valor eleitoral para inúmeras pessoas inseridas na política. E é um índice da continuidade da força normativa do gênero e da sexualidade no colonialismo de ocupação. A cobertura midiática constante de indígenas sob o aspecto da sexualidade, do vício e da violência criou novos ambientes microssociológicos dentro e fora das comunidades indígenas. Se Yarrowin, portanto, fosse contar a Gillard

A normatividade dos corpos d'água

a história de Tjipel, talvez deixasse de fora alguns detalhes e resumisse, subtraísse e descontextualizasse, cuidadosamente, elementos narrativos – como eu venho fazendo aqui –, sob o risco de Tjipel se tornar não um corpo d'água, mas um exemplo de perversão sexual secretada no coração da espiritualidade indígena. E não seriam apenas Yarrowin e sua família viva que sofreriam a difamação de um escândalo sexual. Tjipel poderia se tornar muitas outras coisas em 2011 – e com ela também Yarrowin e Yilngi. Ela poderia se tornar transgênero ou *butch*, porque essas transfigurações também são possíveis dentro dos campos contemporâneos por onde suas pernas se esticam. Muites des parentes humanes de Tjipel agora se identificam como LGBTQIA+ e, assim, ela poderia ser para elus um Sonhar pessoal. Essas normas e discursos públicos sobre sexo – os "parâmetros objetivos" de sua existência – são parte dos parâmetros objetivos da existência de Tjipel, aqueles "contra os quais" Yarrowin decide o que vai dizer ou não e o que discutimos se posso dizer ou não. E são também as condições contra as quais Tjipel deve ajustar-se criativamente.

Tjipel não é o único agenciamento paradoxal dentro do geontopoder. Yarrowin e Gillard também o são. Todas as três exemplificam o problema da escala e da circulação mencionado no capítulo inicial pelas perguntas sobre como narrar os/as protagonistas da mudança climática na era Antropocênica e sobre como a emergência do geontopoder está interrompendo qualquer saída política evidente para a questão. Protagonistas aparecem e desaparecem, independentemente de como as abordamos, pela perspectiva da escala ou da circulação, da entidade ou do agenciamento. O conceito do Antropoceno contrasta o ator humano a outros atores biológicos, meteorológicos e geológicos; o resultado é a espécie humana emergindo de um lado e o mundo não humano de outro. Ambos os lados são conectados pela questão: Quando foi que os *humanos* se tornaram a força dominante do *mundo*? Essa forma narrativa ganha sentido de uma perspectiva geológica que depende de tipos naturais e de lógicas de espécie. Mas ela também produz problemas não geológicos, assuntos políticos. Se todas as formas de vida estão sendo afetadas por uma única forma de vida, elas não deveriam poder dizer algumas palavras sobre como o planeta é governado? E a Não Vida? Deveriam algumas formas de existência receber mais cédulas de votação que outras, isto é, deveriam os modos de existência que estão sendo sufocados pelo capital ter mais voz do que aqueles cujos modos de existência florescem com o capital? Mas, para outros e outras, tais abstrações simplesmente enfatizam que não foram *humanos* que criaram essa oposição, e sim um modo específico de vida humana; e, mesmo assim, de classes, raças e regiões específicas de humanos. Se você se sentasse com Linda Yarrowin no colo de Tjipel – se você se dispusesse a desembolsar o dinheiro para que ela chegasse lá – você teria uma ideia melhor de que não são humanos que exercem uma força maligna sobre as dimensões meteorológicas, geológicas e biológicas da Terra, mas apenas algumas sociabilidades humanas.

E, no entanto, quando tentamos diferenciar um modo de existência humana de outro (Linda de Rinehart), um lugar de outro (Tjipel das usinas de fundição na província chinesa de Qinghai), nosso foco deve se aproximar do que foi recomendado por Yilngi. Devemos fazer perguntas similares às que as pessoas fizeram quando perguntaram sobre Tjipel. Devemos perguntar sobre direcionalidade (o curso pelo qual as forças malignas estão se movendo), sobre orientação (a determinação das posições relativas de existentes) e sobre conexões (como variados existentes se distendem a outros segmentos de formações geontológicas locais, regionais e transregionais). E, talvez mais importante, devemos perguntar como e por que variadas agências respondem a coisas e ações diferentes de maneiras diferentes – quando há esforço ou recusa para mantê-las em seus lugares. Em outras palavras, se queremos que Tjipel se interesse por debates sobre normatividade (em debates sobre se e como é possível dizer que ela possui intenção e participa de ações propositadas), precisa-

A normatividade dos corpos d'água

mos superar a divisão entre vivo e inerte, vibrante e apático. Afinal, Tjipel pode se tornar um deserto, um curso de água seco, um arroio por onde nenhuma água nunca mais correu. E Yarrowin e Gillard podem se transformar em nutrientes celulares para moscas varejeiras em Kalanguk, depois em partículas microscópicas soprando nos ventos secos e quentes sobre as margens agora indeterminadas de Tjipel. Tjipel é menos Tjipel ou uma nova forma disso que antes era uma jovem mulher vestida de homem e que se tornou corpo d'água? Talvez ela deseje um declínio gradual ao inerte. Talvez ela esteja cansada de toda essa tornação. Aquilo foi antes, isso é agora. Certamente Yilngi e Linda esperam adiar esse dia – e eu também. Não tenho certeza sobre Rinehart, Gillard e Abbott. Mas os poderes de deixar-de-ser – de deixar-de-ser até mesmo um agenciamento – são o que Tjipel, enquanto normatividade, busca estender. Esse poder seria reconhecido perante o público, a lei e o mercado como um sujeito político? Não são agora sujeitos da política também os mortos-vivos e os não vivos, além dos humanos e de outras formas de trabalho e capital vivos (corporações, mineiros, políticos e guardiães indígenas, espécies protegidas de plantas e animais)? Qual será, em outras palavras, o papel de Tjipel, de Duas Mulheres Sentadas, de Pedra do Homem Velho e do *durlgmö* no *demos* liberal tardio contemporâneo, o "sistema de evidências sensíveis que revela, ao mesmo tempo, a existência de um comum e dos recortes que nele definem lugares e partes respectivas"?[36]

---

36 Jacques Rancière, *A partilha do sensível*, trad. Mônica Costa Netto. São Paulo: EXO experimental org/ Editora 34, 2005, p. 15.

5.

O nevoeiro do sentido e o *demos* sem voz

Pode ser que seja

Em 2006, enquanto trabalhava com os Karrabing em Belyuen em uma biblioteca virtual baseada em GPS/GIS (ainda por ser terminada), lembrei de algo que havia acontecido mais ou menos dez anos antes. Eu estava acampando em um posto avançado na costa, Bulgul, com cinco ou seis tias e mães, Yilngi, Nuki, Binbin, Bilawag e Alanga. Estávamos ali para caçar tartarugas de água doce, visitar parentes que viviam na região e adicionar textura ao ritmo de nossos dias. Todas concordavam que havíamos ficado "trancafiadas" em Belyuen por tempo demais e precisávamos esticar as pernas. Evidentemente, ninguém estava trancafiada na comunidade de Belyuen em sentido jurídico de encarceramento legal. Desde os anos 1970, mas somente a partir daí, homens e mulheres aborígenes, com o mesmo estatuto legal, quando não com o mesmo estatuto de fato, que cidadãos e cidadãs australianos, eram livres para se mover pela nação e consumir dentro dela. Na verdade, havia pouca intrusão de policiamento formal em suas vidas. Algumas comunidades indígenas possuíam delegacias de polícia permanentes, como Wadeye, naquela época chamada de Port Keats, a mais ou menos quatrocentos quilômetros ao sul de Belyuen em linha reta. Mas em Belyuen, no geral, o policiamento diário ou semanal ocorria segundo os modos locais de obtenção, remoção e distribuição em diversos tipos de ambientes, conforme indiquei em *Labor's Lot*.

E sobre esticar as pernas: não chegamos andando a Bulgul. Depois de uma viagem de quatros horas na carroceria de um caminhão por uma estrada de terra péssima e esburacada, nossas pernas e costas estavam bem menos em forma do que quando saímos. Em 1996, Bulgul ficava muito mais longe de Belyuen em sentido experiencial do que em 2006, assim como Belyuen de Darwin. Em quilômetros abstratos, as distâncias são aproximadamente as mesmas, mas modificações na infraestrutura tornaram a viagem mais rápida e suave. Estradas ligando a comunidade de Belyuen a Darwin foram asfaltadas, assim como alguns longos trechos da pista que liga Belyuen a Bulgul. A viagem de balsa para Darwin, que antes durava uma hora inteira em meio à fumaça do escapamento, agora leva apenas quinze minutos. Outras mudanças na infraestrutura diminuíram outras formas de distância. Em meados dos anos 1980, quando primeiro cheguei a Belyuen, a eletricidade da comunidade vinha de uma usina local que oferecia energia gratuita, ainda que por vezes oscilante. O sinal da televisão era ruim. E havia um único telefone para a comunidade, localizado no escritório comunitário. Rádios e toca-fitas eram ubíquos. Nunca vi um jornal. E a comida vinha enlatada, em pó ou apodrecida. Como hemorragias, as pessoas saíam da comunidade em direção às praias próximas para acampar, beber e caçar. Atualmente a opção de alimentos na loja comunitária é relativamente cara, mas mais saudável. Muitas casas têm televisão via satélite. A usina está desligada e abandonada. As pessoas pagam por sua energia *off-grid* [isolada] por meio de cartões magnéticos descartáveis": um empreendimento caríssimo, apesar de abastecido por painéis solares. Esse abastecimento também se tornou mais caro conforme o Estado e os governos dos territórios, pressionados pelo uso crescente de energias eólica e solar, determinam custos cada vez mais elevados para a utilização da rede elétrica.[1]

Também não utilizávamos barracas descartáveis de baixo custo nos anos 1980 e 1990 – isso começou em meados dos anos 2000. E foi esta memória – a de acampar e viver em postos avançados antes de termos barracas – que provocou a lembrança de uma conversa ocorrida dez anos antes. Era de manhã, portanto hora de acender a fogueira para o desjejum e o chá. Estávamos em agosto e em Bulgul; por isso, o nevoeiro ao amanhecer, ou *tjelbak*, se fazia pesado e denso. Os mosquitos ainda voavam aos bandos, e em Bulgul são tantos que parece coisa de outro mundo. Os mosquitos se reproduzem nos vastos pântanos que delineiam a costa, reforçados por um Sonhar de Mosquito na boca de um grande canal estuarino que define o ecossistema costeiro. O corpo deles é enorme, e seus enxames são tão carregados que, mesmo com repelente industrial, eles conseguem formar exoesqueletos vibrantes em torno de qualquer mamífero respirante. Naquele tempo, a sorte era ter um mosquiteiro decente. Muitas pessoas simplesmente se envelopavam em cobertores grossos e dormiam o mais perto possível do fogo, independentemente do calor que fizesse. Fui informada pelas pessoas mais velhas, que conheci em 1984 – nascidas na virada do século, apenas quinze anos ou mais após o primeiro assentamento significativo em Darwin –, que esse modo de passar a noite entre os mosquitos era preferível a dormir dentro das cabanas de melaleuca. Uma vez as mulheres mais velhas e eu fizemos uma cabana assim, e elas me deixaram lá dentro por algum tempo só para que eu pudesse ter uma pequena noção de como era.

De todo modo, naquela manhã coube a mim emergir do mosquiteiro para acender a fogueira. A lenha que tínhamos coletado a caminho de Bulgul estava encharcada por causa de *tjelbak*. Então,

---

1 Ver "Death Spiral Begins for Australian Electricity Companies", ABC News, 10 maio 2014.

O nevoeiro do sentido e o *demos* sem voz

precisei remover a casca para chegar à parte da madeira que estava seca. Duas de minhas mães, Yilngi e Nuki, já acordadas, estavam sentadas sob seus mosquiteiros, os olhos atentos sobre mim enquanto os mosquitos me devoravam. Eu sacudia o corpo ao mesmo tempo que insistia para que elas me deixassem quebrar o isqueiro Bic de plástico a fim de usar o gás como um acendedor rápido. Mas Yilngi e Nuki insistiam que eu fizesse do jeito certo, acendendo um pequeno fogo com as partes secas da casa e aumentando seu volume para um fogo maior, que secasse a madeira à medida que crescesse. A insistência delas era em parte para me punir – as pessoas mais velhas faziam isso com as mais jovens por divertimento –, em parte para encorajar minha aprendizagem, em parte para desfrutar a cena de uma mulher branca às voltas com uma tarefa árdua e em parte, também, porque antecipavam que depois precisariam daquele isqueiro Bic para acender seus cigarros.

Talvez para tornar menos sofrida a árdua tarefa – e certamente por sempre suplementar tarefas com informações assim –, Yilngi apontou para uma camada densa e tubular de nevoeiro se movendo por uma montanha próxima e disse, "Você sabe, aquela coisa, ela vive". Que coisa?, perguntei. "Aquela coisa que parece uma cobra, ela está viva. Se você for lá, ela sente seu cheiro, *kingmenena ninega*, ela vem atrás de você. Ela deve estar cheirando você agora." A parte de *tjelbak* para a qual Yilngi estava apontando se movia com a forma e ao modo de uma cobra gigante, deixando em seu rastro camadas estriadas e planas de nevoeiro que encharcavam nossos mosquiteiros, cobertores e corpos, tornando minha vida um tormento. Eu já tinha visto essa forma de *tjelbak* muitas vezes, cilíndrica e ondulante, serpenteando pelas encostas dos morros e nas margens dos rios. E pouco me surpreendeu que o principal instrumento sensorial atribuído por Yilngi à cobra *tjelbak* fosse o olfato ou que a cobra *tjelbak* fosse muito sensível e reativa à diferença entre cheiros humanos. O olfato era o principal sistema sensorial na maior parte das formas de existência discutidas por Yilngi e seu grupo. A maior parte das formas de existência utilizava o olfato para discernir quais pessoas pertenciam a quais territórios – elas reagiam de forma positiva àquelas cujo cheiro era condizente e de forma negativa àquelas cujo cheiro não o era. O *lógos* também estava envolvido – tais formas de existência respondiam quando endereçadas na língua correta. Mas a linguagem humana era apenas uma entre múltiplos outros sentidos semioticamente mediados. (Isso eu também havia indicado em um livro escrito dez anos antes dessa viagem.)[2]

Eu não tinha nenhuma intenção de descobrir o que essa cobra *tjelbak* pensava do meu cheiro nem de ser devorada por mosquitos por mais tempo do que o necessário, então me apressei para terminar de acender a fogueira e ficar dentro de sua fumaça. Dando boas risadas às minhas custas, Yilngi me assegurou de que o vento sopraria logo e levaria embora a cobra *tjelbak*, junto com os mosquitos. Ela não precisou dizer o nome do vento, porque àquela altura eu sabia que existiam três: *medawak*, *perk* e *kunaberruk*, cada um com diferentes direções e intensidades e evocando formas de atividade e afeto distintas. Como era agosto, *medawak* estava dando lugar a *perk*. Estávamos deixando os fortes ventos sudeste de *medawak*, os quais alimentam os incêndios que assolam as pradarias e anunciam a estação seca, e entrávamos nas brisas noroeste de *perk*, prenúncio de um aquecimento rápido e do ciclone *kunaberruk*. Eu também sabia que esses ventos tinham um primo, *thimbilirr*, ou vento rodopiante (também rodamoinho). E todos esses tipos de vento também eram extremamente sensíveis a estímulos olfativos. Eu sabia dessas coisas, assim como a maioria dos adultos vivendo em Belyuen na época.

O que eu não conseguia lembrar, enquanto conversávamos sobre a biblioteca GIS/GPS, era se eu havia perguntado a Yilngi se essa cobra *tjelbak* possuía um local específico naquele entorno (*theme-*

---

2 E. A. Povinelli, *Labor's Lot: The Power, History, and Culture of Aboriginal Action.* Chicago: University of Chicago Press, 1994.

-*tjelbak-therrawin-nene*, "onde-está-Sonhar-Tjelbak"). Eu sabia que geralmente *tjelbak* se encontrava perto dos morros, onde a água se interpõe entre as barreiras da terra e do ar. E também sabia que esse tipo de nevoeiro era mais comum em agosto e setembro, quando o *medawak* do sudeste dá passagem ao *perk* do noroeste. Mas não conseguia lembrar com certeza se havia perguntado a respeito de seu local específico; um olho d'água, por exemplo, ou uma árvore, ou uma caverna de onde emergia essa cobra *tjelbak* em particular. Via de regra, quando certo tipo de existente é encontrado em uma localização com certo grau de regularidade ou densidade, aumentam as possibilidades da presença de um *durlg* (Sonhar, *therrawin*) específico do local. Se essa cobra *tjelbak* possuísse uma localização assim, gostaríamos de saber – não apenas para catalogá-la em nossa biblioteca GPS/GIS mas também para que pudéssemos tratá-la bem quando a encontrássemos fisicamente e que fosse possível utilizá-la socialmente, como para reforçar uma reivindicação da área baseada em um conhecimento sobre ela. Desde 1976, quando foi aprovada a Lei dos Direitos Aborígenes à Terra, direitos territoriais indígenas se fundamentavam sobre uma forma inerte de filiação a – e de responsabilidade por – Sonhares e locais totêmicos, como *tjelbak*, caso o Sonhar se manifestasse como um lugar ou uma coisa permanente e imutável no território, por exemplo uma pedra, um canal, um olho d'água, uma árvore ou um banco de areia. Povos indígenas se tornavam donos originários se pudessem comprovar uma filiação espiritual comum a tais locais, dentro de territórios específicos e delimitados. Todos os adultos que trabalhavam no projeto GPS/GIS haviam participado de alguma maneira dos diversos pleitos por demarcação de terra, então juntamos nossas cabeças individuais, rememorando coletivamente cada coisa que cada cabeça ali tinha escutado sobre *tjelbak*.

Mas nem todas as entidades encontradas possuem um local no entorno para o qual se pode apontar e dizer: "Este é *tjelbaktherrawinnena*" (Este é o local de sonhar do nevoeiro). Por exemplo, dois primos de *tjelbak*, os dois tipos de arco-íris, *therrawin* (um tipo de existente distinto do monstro marinho *therrawin*) e *balaibalai*, estavam associados mais a regiões do que a um local específico dentro do nevoeiro ou perto dele. Quando eu e as crianças de Yilngi lhe perguntamos onde ficava o lugar do *therrawin* de água salgada, sua resposta foi: "*Le* Banagula por toda parte". E o mesmo para os arcos-íris de água doce, *balaibalai*, que marcavam o terreno depois de emergirem, mas não pareciam ter um local específico. Mas Yilngi deixou claro para mim naquela manhã em Bulgul – e para sua família, no decorrer da vida – que existentes como a cobra *tjelbak* governam pessoas e lugares não apenas por meio de localização inerte como também por reação dinâmica. Não são marcadores do terreno, mas interlocutores no mundo. Dito de outro modo, deixamos de compreender a sombra com que a cobra *tjelbak* cobre nosso pensamento político se imaginamos que se trata de locais onde o Estado colonial de ocupação e os povos indígenas disputam terras e bens. O problema que esses outros existentes apresentam ao *demos* liberal tardio não é um problema que o *reconhecimento cultural* pode resolver – em realidade, o reconhecimento cultural é concebido para dissolver o problema por meio da tradução da ordem dinâmica das relações humanas com a terra na ordem política prevalecente. Se os povos indígenas que cuidam de Duas Mulheres Sentadas, cobras *tjelbak* e outras formas de existentes se parecem em algo com os povos indígenas que conheço, não estão concebendo uma narrativa cultural quando dão seu testemunho sobre a importância de existentes como *tjelbak*. Ao contrário, estão empenhados em suas "analíticas de entidades", a saber, em uma investigação detalhada de existentes como *tjelbak*, para poder determinar sua natureza, sua estrutura ou suas características essenciais – e, como consequência disso, as características do mundo em que existentes emergem enquanto tais. O que se quer saber é o modo como tais existentes *são*. Cobras *tjelbak* eram ativas e reativas – não eram perigosas, mas podiam morder quando provocadas por um

O nevoeiro do sentido e o *demos* sem voz

cheiro ruim. Também era assim com o vento e com os arcos-íris. Era preciso, portanto, olhar, cheirar e escutar os modos pelos quais se estava sendo olhada, cheirada e escutada. Tudo poderia ser um sinal apontando para alguma outra coisa, que interpretava ainda outra coisa. Todas as coisas, ações e qualidades significavam algo relativo a todas as outras coisas, ações e qualidades: eram manifestações indiciais, e o que elas significavam enquanto sinais era discernível pelo lugar que ocupavam em um campo complexo de sinais previamente acordados. Era dentro desse campo de interpretação que qualquer sinal poderia revelar que todos os sinais previamente compreendidos – e, portanto, o fundamento mesmo da interpretação – precisava ser repensado.[3]

Cobras *tjelbak* e outras existências geológicas e ecológicas abordadas até agora neste livro (Duas Mulheres Sentadas, Pedra do Homem Velho, *durlgmö* e Tjipel) são exemplos particularmente bons do problema geral que o geontopoder liberal tardio enfrenta à medida que esses existentes são convidados a participar da "conversa" acerca do destino de outros existentes planetários – e do planeta enquanto existente. Pode parecer sedutor traduzir o aviso de Yilngi para que eu prestasse atenção a *tjelbak* como "Escute o que o território está dizendo". Ou dizer que existentes meteorológicos no território, como *tjelbak*, existentes ecológicos como Tjipel, ou existentes geológicos como Duas Mulheres Sentadas e Pedra do Homem Velho devem ter paridade de voz em debates legais, políticos e éticos no liberalismo tardio. Evidentemente, não se trata apenas de Duas Mulheres Sentadas, Pedra do Homem Velho, *durlgmö*, Tjipel, *tjelbak* e *thimbilirr*: uma multidão de modos de existência geológicos e meteorológicos tem impelido pessoas a demandarem reconsiderações éticas e políticas sobre quem e o que deve ter voz na governança local, nacional e planetária. O dissenso da existência não

---

3 Id., "'Might Be Something': The Language of Indeterminacy in Australian Aboriginal Land Use". *Man*, v. 28, n. 4, 1993.

humana parece se intensificar globalmente à medida que os Estados e o capital tornam-se cada vez mais focados na empreitada para assegurar minérios, petróleo e gás sob os presságios da mudança climática. Tomemos como exemplo a Ley de Derechos de la Madre Tierra [Lei de Direitos à Mãe Terra] na Bolívia e as ontologias relacionais que Eduardo Viveiros de Castro e Eduardo Kohn descrevem na Amazônia. Poderia um conjunto de estudos aparentemente orientados às perturbações de um pano de fundo consensual servir de apoio a entidades como cobras *tjelbak*, à medida que elas adentram o geontopoder liberal tardio e o confrontam? Dito de outro modo, seria possível apreender a natureza do dissenso de Duas Mulheres Sentadas, *durlgmö*, Tjipel e cobras *tjelbak* a partir da dialética entre *phoné* e *lógos*, ruído e significado linguístico, mudez e voz? Outros significados semioticamente mediados e não mediados seriam capazes de bagunçar o policiamento da ordem política? Ou estaríamos escutando algo além do *lógos* como o princípio desorganizador de uma política pós-climática, algo mais próximo de "Não consigo respirar" do que de "Me escute"?

Uma parte disso

Em um trabalho recente, o antropólogo britânico Martin Holbraad fez duas perguntas perigosamente simples: em primeiro lugar, haveria "um sentido pelo qual as coisas poderiam falar por si?" e, se sim, "como soaria a voz delas?".[4] Suas perguntas emergem de uma mudança mais ampla na teoria crítica, na passagem da epistemologia para a ontologia, ou, como disseram Graham Harman e outros envolvidos com a escola de ontologia orientada a objetos, da questão sobre como humanos percebem as coisas para o retorno ao ob-

---

4   M. Holbraad, "Can the Thing Speak?". *Working Papers Series*, OAC Press, n. 7, 12 jan. 2011.

jeto em si. Esse retorno ao objeto busca, entre outras coisas, nivelar radicalmente a distinção entre todas as formas de existência. Em um mundo assim, que papel político desempenharão as coisas não humanas e não vivas? E como elas governarão e serão governadas? O chamado de Holbraad para que escutemos o que as coisas estão dizendo é um dos caminhos.

Quando examinada de certo ângulo, uma teoria política da voz parece ser exatamente o que se precisa para compreender os desafios que esses existentes geológicos e meteorológicos – assim como os homens e mulheres indígenas que lhes dão suporte – colocam ao geontopoder no liberalismo tardio. Se a pergunta é essa, não parece haver teórico melhor que Jacques Rancière para ajudar com a resposta. Afinal, Rancière define política como a emergência de um dissenso dentro de uma dada partilha do sensível ("o comum") que produzirá um novo modo de consenso (o comum por vir). Política é o momento em que aquilo que tínhamos em comum não é mais comum, mas um novo consenso ainda não foi estabelecido. É o momento em que "todos nós" se torna "somente alguns de nós". A *parte dentro do arranjo efetivo de qualquer comum dado* se levanta e diz, "Esse comum é o seu comum, não o meu". O que é feito do *nosso* quando o *meu* se torna a base de uma nova forma de pertencimento coletivo – um novo "nós", um novo "nós, o povo" – permanece um mistério. Dito de outro modo, para Rancière, no princípio há uma palavra que constitui o núcleo da subjetividade política do *demos*, a governança das pessoas e pelas pessoas, e essa palavra é "não" (nós). A política é o reconhecimento da coexistência do "nós que somos" ("P") e do "nós que não somos" ("p"). E, crucialmente, essa consciência política é definida pela linguagem: partindo da atribuição de ruído ao modo de falar de uma entidade e, portanto, de sua exclusão do *lógos* do *demos*, chega-se à compreensão da entidade excluída como sendo capaz de articular linguagem e, portanto, sua inclusão no *lógos* do *demos*. Pode ser útil citar Rancière longamente:

É o caso exemplar das propriedades que definem, segundo Aristóteles, a capacidade política ou o estar destinado a uma "vida segundo o bem" separada da simples vida. Nada mais claro, em aparência, do que a conclusão extraída, no Livro I da *Política*, do signo que constitui o privilégio humano do *lógos*, que é capaz de manifestar uma comunidade na *aisthesis* [estética] do justo e do injusto, sobre a *phoné*, que apenas é capaz de exprimir as sensações de prazer e de desprazer. Quem estiver na presença de um animal que possui a linguagem articulada e o seu poder de manifestação sabe que está na presença de um animal humano e, por conseguinte, de um animal político. A única dificuldade prática consiste em saber qual é o signo que nos permite reconhecer esse signo, em saber como é que nos podemos certificar de que o animal humano que faz ruído à nossa frente com sua boca articula efetivamente um discurso, em vez de exprimir apenas um estado. Quando não queremos reconhecer alguém como um ser político começamos por não o ver como um portador dos signos da politicidade, por não compreender o que ele diz, por não reconhecer que o que sai da sua boca é um discurso. O mesmo se pode dizer da oposição, tão prontamente invocada, entre a obscura vida doméstica e privada e a luminosa vida pública dos iguais. Tradicionalmente, para recusar a uma determinada categoria, por exemplo, aos trabalhadores ou às mulheres, a qualidade de sujeitos políticos, bastava constatar que eles pertenciam a um espaço "doméstico", a um espaço separado da vida pública do qual só podiam sair gemidos ou gritos capazes de exprimir sofrimento, fome ou cólera, mas não discursos capazes de manifestar uma *aisthesis* comum. A política destas categorias sempre consistiu em requalificar estes espaços, em dá-los a ver como o lugar de uma comunidade, ainda que do mero litígio, e em dar-se a ver e fazer-se ouvir como um ser falante que participa numa *aisthesis* comum. Essa política consistiu em fazer ver aquilo que não se via, em ouvir como palavra o que era audível apenas como ruído, em manifestar como sentimento de um bem e de um

O nevoeiro do sentido e o *demos* sem voz

mal comuns o que apenas se apresentava como expressão de prazer ou de dor particulares.[5]

Talvez fosse simples o suficiente adicionar a cobra *tjelbak* à lista daqueles que são parte vital do *demos*, mas não tomam parte em sua governança por serem considerados desprovidos de razão linguística: "do qual só podiam sair gemidos ou gritos capazes de exprimir sofrimento, fome ou cólera". É bastante evidente a parte que existentes geológicos e meteorológicos tomam no liberalismo tardio. Duas Mulheres Sentadas, por exemplo, discutida no capítulo 2, é composta de manganês, e o manganês é crucial para a produção de ferro e aço, pilhas, alumínio, cobre etc. Ao tomar parte na manufatura global de aço, Duas Mulheres Sentadas também passa a fazer parte daquilo que faz *tjelbak* se transformar em fumaça e asfixiar algumas formas de existência em Beijing e daquilo que transforma *thimbilirr* em supertornados que destroem outras formas de existência no Meio-Oeste estadunidense. E todos estes fenômenos – Duas Mulheres Sentadas, *tjelbak* e *thimbilirr* – fazem parte da ordem emergente de segurança nacional e internacional. Por exemplo, o Parlamento australiano encomendou relatórios e publicou documentos sobre os riscos de segurança devidos às mudanças climáticas e sobre os recursos minerais. Um desses documentos argumenta que a Austrália é particularmente vulnerável aos deslocamentos e conflitos populacionais de seus vizinhos asiáticos imediatos ao norte, que não possuem recursos suficientes para se adaptar a mudanças climáticas.

Evidentemente, a necessidade de assegurar recursos para obter lucros a partir de mudanças climáticas (e a fim de responder a elas) não é uma questão exclusivamente australiana. O elo entre os minerais e a segurança econômica e política possui uma história muito

---

5 J. Rancière, "Dez teses sobre política", in Nas margens do político, trad. Vanessa Brito e João Pedro Cachopo. Lisboa: KKYM, 2014, pp. 147-48.

mais complexa. Já em 1947 os cientistas políticos discutiam sobre minerais em termos estratégicos, incluindo o manganês que compõe Duas Mulheres Sentadas.[6] Mais recentemente, o Departamento de Defesa do Estados Unidos observou que, "embora mudanças climáticas sozinhas não causem conflitos, elas podem agir de modo a acelerar instabilidades ou conflitos, sobrecarregando instituições civis e militares ao redor do mundo com a necessidade de resposta. Além disso, eventos climáticos extremos podem, nos Estados Unidos e nos demais países, implicar demandas crescentes à defesa civil, tanto para assistência humanitária quanto para socorro em caso de desastres.[7] Novas alianças políticas estão surgindo à medida que Estados e Estados emergentes se organizam para determinar como farão para assegurar o acesso a diversas cadeias de *commodities* e capturar lucros no maior número de entroncamentos possível.[8] O radar do Departamento de Defesa dos Estados Unidos está vol-

---

6 John B. DeMille, *Strategic Minerals: A Summary of Uses, World Output, Stockpiles, Procurement*. New York: McGraw-Hill, 1947.

7 us Department of Defense, *Quadrennial Defense Review Report*. Washington, fev. 2010, p. 85.

8 Congressistas estadunidenses que possuem alianças comerciais com empresas de mineração buscaram criar um agenciamento legislativo com essas estratégias militares e metas comerciais por meio da integração de agendas econômicas e militares e pela criação de redes globais com base nelas. Doug Lamborn, por exemplo, congressista republicano do 5º distrito de Colorado, apresentou um projeto de lei que afirma que a política estadunidense objetivava promover uma oferta estável e adequada de minerais para assegurar o bem-estar econômico e militar da nação. Mais especificamente a proposta solicita ao Comitê de Gestão de Terras [Bureau of Land Management] e ao Serviço Geológico dos Estados Unidos [United States Geological Survey] a inventariação do potencial de combustíveis minerais não fósseis em todas as terras que foram retiradas do sistema de uso comercial e a justificação de sua remoção; e solicita ao Departamento de Defesa que considere e planeje em relação a elementos de terras-raras em aplicações de defesa. Ver H.R.1063, National Strategic and Critical Minerals Policy Act of 2013, 113th Congress (2013–14). Lamborn apresentou a proposta em 12 de março de 2013.

O nevoeiro do sentido e o *demos* sem voz

tado, atualmente, para a China.[9] Como resultado, o Território do Norte australiano, especialmente o Top End, entre Darwin e Katherine, tem desempenhado um papel crucial no novo foco do Departamento de Defesa dos Estados Unidos – da Europa e do Oriente Médio para o Pacífico Asiático. Hoje em dia, em uma viagem entre Belyuen e Bulgul, é muito comum passar por tropas estadunidenses e australianas envolvidas em jogos de guerra. Uma vez estacionamos na beira de uma estrada de terra para ver os helicópteros Apache cortarem os céus.

Em outras palavras, redes inteiras de riqueza e poder estão implicadas nas escolhas realizadas pelos Estados quando insistem que existentes como Duas Mulheres Sentadas, Tjipel e cobras *tjelbak* são meras coisas que dão de comer ao capital contemporâneo ou quando sugerem, ao contrário, que se trata de sujeitos que habitam um *lógos* compartilhado dentro do *demos* global das mudanças climáticas. O primeiro-ministro conservador da Austrália Tony Abbott não escondeu sua opinião ao escolher uma dessas duas alternativas quando esteve no Canadá e nos Estados Unidos em 2014. Após o plano anunciado por Barack Obama de reduzir emissões de carbono em 30% até 2030, Abbott disse aos repórteres: "Não faz muito sentido, no entanto, impor certas perdas substanciais à economia agora para evitar mudanças desconhecidas, e talvez até benignas, no futuro".[10] O tipo de futuro, evidentemente, depende do que é feito no presente. E o governo de Abbott e seus aliados políticos e empresariais estão criminalizando alguns modos de protesto ambiental. Em junho de 2014, o governo conservador e desenvolvimentista da Tasmânia interditou o debate parlamentar para apro-

---

9 Kent Hughes Butts, Brent Benkus e Adam Norris, "Strategic Minerals: Is China's Consumption a Threat to United States Security?", csl *Issue Paper*, v. 7-11, Center for Strategic Leadership, jul. 2011.

10 Graham Readfearn, "What Does Australian Prime Minister Tony Abbott Really Think about Climate Change?". *The Guardian*, 15 jun. 2014.

var na Câmara Baixa uma legislação que tornasse passível de multa o protesto contra a derrubada de matas primárias: até AU$ 10 mil, com três meses de prisão para reincidentes.[11] Isso foi no mesmo mês em que o Comitê do Patrimônio Mundial da Unesco expressou alarme diante do plano do governo australiano de dragar partes da Grande Barreira de Coral para construir Abbot Point, um porto de águas profundas para carvão.[12]

Mesmo quando o Estado e o capital duelam pela posse e pelo uso desses recursos geológicos e a respeito da probabilidade de consequências meteorológicas sérias – quando, por exemplo, a ex-primeira-ministra australiana Julia Gillard confrontou a magnata da mineração Gina Rinehart acerca da relação entre terra, capital e Estado –, poucos políticos e capitalistas consideram Duas Mulheres Sentadas, cobras *tjelbak* ou qualquer um dos existentes Não Vivos discutidos neste livro capazes de cheirar humanos, de realizar ações intencionais ou de interpretar ativamente seus meios. Eu apostaria que, dentre as pessoas não indígenas, a maior parte não considera o manganês capaz de enunciar "gemidos ou gritos capazes de exprimir sofrimento, fome ou cólera" em um sentido factual. Se pressionadas, elas provavelmente admitiriam pensar que Duas Mulheres Sentadas, *durlgmö*, Pedra do Homem Velho e cobras *tjelbak* são existentes ficcionais, sobreposições narrativas de fenômenos reais subjacentes. Pessoas não indígenas podem até apreciar essas narrativas como modos retoricamente provocativos de conceber o mundo, mas é improvável que considerem que elas estejam carregadas de verdade e menos provável ainda que convençam Estados a tratarem esses existentes com a mesma igualdade ética e política com que tratam humanos. Essas entidades são consideradas inertes

---

11 Ver "Anti-Protest Laws Aimed at Forestry Activists Pass Tasmania's Lower House". ABC *News*, 26 jun. 2014.
12 Ver "Unesco Ruling: Decision on Whether Great Barrier Reef as 'in Danger' Deferred for a Year". ABC *News*, 18 jun. 2014..

ou incapazes de atualizar suas possibilidades internas. Elas não são sujeitos. Elas estão sujeitas à natureza dinâmica da subjetividade humana. Sim, ações humanas podem ter consequências não intencionais. Por exemplo, as mudanças climáticas podem se apresentar como resultado não intencional da mobilização humana por combustíveis fósseis que estimulem a expansão do capital. Mas o estado do clima depende das consequências de decisões futuras sobre tratados de controle climático e esquemas de emissão de carbono e suas consequências não intencionais, decisões que estão sendo tomadas por humanos em cidades ao redor do mundo, a começar por Berlim em 1996 (o ano em que dirigimos até Bulgul). Abbott e Gillard tomaram parte nessas manutenções. Eles aceitaram opiniões de diversos setores do público nacional e pesaram os vários prós e contras de agir contra as mudanças climáticas devido à natureza do conhecimento que se tem atualmente e do impacto de agir de acordo com esse conhecimento quando se trata da riqueza, da saúde e do bem-estar de setores variados de cidadãos.

E, no entanto, em contraste com Gillard e Abbott, Rancière não vê o comum como referente a um conjunto compartilhado de bens materiais, vínculos territoriais ou populações – o comum não é o território inerte definido por cobras *tjelbak* ou Duas Mulheres Sentadas (se as compreendemos como marcadores territoriais estáticos); nem pelas fronteiras terrestres e marítimas invocadas pela Austrália quando recusa refugiados econômicos e políticos; nem pelos impostos de carbono ou por esquemas de créditos de carbono que podem melhorar ou piorar a vitalidade da população. Para ele, a pressão incessante sobre meus amigos para que se definam e definam outros existentes de acordo com a noção antropológica, apoiada pelo Estado, de clã (um grupo de ascendência e seu território definidos pela referência a um totem grupal) não é o que define o comum, pelo menos não mais do que aquilo que a atual política federal define como o comum australiano, diante de barcos de refugiados. Em vez disso, o comum é o sistema estético, retórico e razoável "de evidências sensíveis que revela, ao mesmo tempo, a existência de um comum e dos recortes que nele definem lugares e partes respectivas".[13] Ele se define por quem se move em direção à fumaça da fogueira para evitar o olfato de *tjelbak*; por quem sabe que é *preciso* se mover em direção à fumaça, independentemente de haver ação correspondente; e por quem não se move de jeito nenhum, pois não tem a menor ideia do que está para acontecer.

Poderíamos facilmente descrever essa partilha do comum em Bulgul no ano de 1996. Para as mulheres com quem viajei para Bulgul, existentes não viventes precisam ser abordados como qualquer outro existente. Quanto mais você os encontra, mais profundamente compreende tanto a gama de comportamentos que eles são capazes de expressar quanto sua tendência para fazer coisas diferentes em qualquer contexto. Quando suas crianças e eu perguntávamos sobre o sentido ou o significado de algo, éramos constantemente "convocadas a voltar" nossas "indagações à experiência". Não devíamos tratar esses existentes como agregados ou processos estocásticos nos quais fenômenos aleatórios evoluem com o passar do tempo.[14] Em vez disso, precisávamos considerá-los como personalidades dinâmicas, da mesma forma que qualquer pessoa ou não pessoa possui uma personalidade – eles tendem a certos comportamentos, mas também podem surpreender. Então, as pessoas buscavam outras mais experientes em lidar com formas específicas de existência como *tjelbak* ou Bulgul; juntavam as cabeças em conversas frequentemente competitivas, que estabeleciam maior ou menor influência, e depois calculavam todas as variáveis potenciais do motivo pelo qual uma coisa poderia estar fazendo alguma outra coisa. Isso se chamava "história *joinimup*" na língua crioula da região. Essa forma de atribuir sentido também transformava as

---

13 Jacques Rancière, *A partilha do sensível*, trad. Mônica Costa Netto. São Paulo: EXO experimental org/ Editora 34, 2005, p. 15.
14 E. A. Povinelli, "'Might Be Something'", op. cit., p. 684.

atribuidoras desses modos de atribuição de sentido em uma forma comum de existência: ela criava uma interioridade e uma exterioridade sociais à medida que as mulheres comentavam sobre os modos estranhos e alternativos pelos quais outras pessoas atribuíam sentido às diferenças humanas e não humanas, dentro e fora de seus mundos indígenas. E, enquanto nós que trabalhávamos na biblioteca GPS/GIS compartilhávamos competitivamente, repetíamos esse modo de atribuir e ancorar um comum naquele mundo em que nos encontrávamos. Não estávamos apenas adicionando conteúdo à nossa biblioteca virtual, estávamos nos transformando em uma forma de fazer bibliotecas – transformando um modo potencial de existência em uma experiência *atual*.

Para Rancière, a partilha do sensível tão aparente nessa descrição do mundo das mulheres sentadas em Bulgul realiza duas coisas ao mesmo tempo. Em primeiro lugar, ela constitui aquilo que as pessoas compartilham no comum – isto é, estabelece o "nós, o povo" de acordo com esse elemento comum partilhado. E, em segundo lugar, ela estabelece as divisões do espaço e tempo e das formas de atividades dentro desse comum, simultaneamente estabelecendo os modos e as relações de participação compulsórias e exaustivas que são incluídas no comum ou excluídas dele. O comum, em outras palavras, consiste das partes que diversas pessoas tomam em qualquer divisão dada do sensível: minha parte na tarefa árdua de fazer uma fogueira em meio a um vendaval de mosquitos; a de Ruby ao me ensinar, ao ser um sujeito indígena exemplar nos anos de autodeterminação sancionada pelo Estado; minha parte, a da antropóloga; a de meus colegas Karrabing ao serem inundados por multas comportamentais (por beber ou dirigir veículos sendo indígenas); o meu passe livre. Mas, novamente, e isto é importante, cada atribuição de parte, papel e modo de sentido exclui outras partes, papéis e modos. Em outras palavras, para Rancière, o consenso cria um dissenso imanente – ou virtual –; cada comum contém um *comum por vir*, ou o dissenso criado pelo consenso, a irrupção perturbadora de uma parte dentro dessa distribuição de partes que, até agora, ainda não tomou parte na governança. A constituição do comum constitui, simultaneamente, uma polícia e uma política potencial. A polícia "estrutura o espaço perceptível em termos de lugares, funções, aptidões etc., excluindo todo suplemento".[15] A política, no entanto, está sempre contida na polícia, consistindo no "conjunto de atos que constroem uma 'propriedade' suplementar, uma propriedade biológica e antropologicamente ilocalizável, [n]a igualdade dos seres falantes".[16]

Se entendemos assim a política e a polícia, de que modo o convite para que mundos não humanos meteorológicos, biológicos e geológicos tenham voz na governança da terra se configura como um *policiamento* – em vez de um ato *político* – ou vice-versa? O tapete de entrada que estendemos já se encontra em posição de interditar o abalo profundo do geontopoder? Em outras palavras, estamos testemunhando – e contribuindo para – uma repetição do ardil do reconhecimento liberal tardio, segundo o qual modos, qualidades, formas e relações que já existem são simplesmente, ou principalmente, estendidos a outros? Seria o chamado para reconhecer a vivacidade do outro (in)animado apenas uma versão do chamado realizado no liberalismo tardio pelo reconhecimento da humanidade essencial do outro, somente na medida em que o outro possa expressar sua alteridade em uma língua que não abale as estruturas do comum liberal?

Os altersentidos do *lógos*

"Seres falantes... biológica e antropologicamente ilocalizáveis". Parece suficientemente simples inserir as cobras *tjelbak* na longa

---

15 J. Rancière, "Biopolítica ou política?", trad. Edélcio Mostaço. *Urdimento*, n. 15, out. 2010, p. 76.
16 Id., trad. modif.

lista de existentes cuja voz pode ser finalmente reconhecida na governança da diferença no interior do *demos* liberal tardio. Se eles têm parte, que tomem parte. Deixemos que falem! O animal não humano, a pedra, o rio, a praia, o vento e o solo: que sejam escutados, que sejam representados e representáveis na governança da terra. Eles também possuem linguagem. Eles também são agentes. Precisamos de um Parlamento das coisas para que o espectro amplo do *lógos* actante possa possibilitar a escuta de sua parte.[17] Se queremos, no entanto, entender a relevância do dissenso de existentes como as cobras *tjelbak* e Duas Mulheres Sentadas, precisamos começar discutindo o que entendemos por voz, por fala (*parole*) e por língua (*langue*); e, por conseguinte, pela governança da dádiva da língua que estamos estendendo a eles. E precisamos entender de que maneira estamos afetando essas formas de existência ao demandar que lhes seja concedida uma voz dentro do *consenso* atual do liberalismo tardio. Com quanta alegria devemos estender as características linguísticas da subjetividade humana a todos os outros existentes? Qual categoria disfarçada da linguagem humana molda o chamado à participação vocal das coisas inanimadas, à escuta de suas vozes? Podemos começar pela articulação entre fala e política proposta por Rancière.

Para Rancière, o movimento entre polícia e política se torna possível pelo movimento – a passagem da designação de objetos à designação de sujeitos – na enunciação dos elementos dentro de um arranjo político dado: o movimento que ocorre na fala (*parole*) a partir da categoria linguística (*langue*) do pronome demonstrativo (aquilo, *that*; *det*; *tha*) ou de pronomes pessoais em terceira pessoa para não pessoas (ele, ela, eles, elas; *im*; *nga, na*) em direção à categoria linguística de pronomes pessoais em primeira ou segunda pessoa (eu, você, nós). Aqueles que até agora só haviam sido referidos

---

17 Bruno Latour, *Jamais fomos modernos: Ensaio de antropologia simétrica*, trad. Carlos Ireneu da Costa. São Paulo: Editora 34, 1994.

por pronomes demonstrativos ou pronomes pessoais na terceira pessoa insistem que podem tomar parte na cena subjetiva. Dito de outro modo, a topologia política dinâmica do *demos* (a governança baseada no "nós" de "nós, o povo") é indissociável do movimento dinâmico da subjetividade na língua.[18] E é por isso que Rancière escreve que não há política democrática fora da batalha constante pela definição do sujeito (*le sujet politique*).

Algumas pessoas podem hesitar diante da natureza linguisticamente redutora dessa leitura, apontando para a natureza mais ampla do comum de Rancière. Afinal, Rancière define o comum como a partilha do *sensível*, não apenas como a partilha do *linguístico*. Rancière não abriria o comum ao amplo espectro da experiência sensível que é tragada pela partilha da subjetividade e da verdade? Sim e não. Sim, o espectro inteiro da experiência da verdade diante dos elementos incluídos e excluídos sustenta o policiamento do comum. Mas adentrar o *lógos* – a passagem da experiência do ruído (*phoné*) à experiência do sentido (*lógos*) – claramente implica um substrato linguístico. É o movimento segundo o qual a consideração do elemento excluído como uma terceira não pessoa ou um demonstrativo (isto, aquilo) se torna a inclusão do elemento excluído na troca subjetiva entre mim e você.

De um ponto de vista sumário, pode parecer que Rancière partilha do interesse foucaultiano pela subjetividade imanente e pela *parresía* (*dire vrai*, dizer a verdade) e do interesse deleuziano pela dinâmica entre o virtual (dissenso) e o *atual* (consenso). Rancière, no entanto, não apenas recusa a compreensão foucaultiana do *demos* contemporâneo como ordem biopolítica. Ele também reconhece em Foucault e Deleuze uma busca pela inversão ou pela dispersão integral da relação entre *lógos* e *phoné*. De fato, é precisamente o anco-

---

18 Ver Émile Benveniste, "Da subjetividade na linguagem", in *Problemas de linguística geral*, trad. Maria da Glória Novak e Maria Luiza Neri. Campinas: Editora Unicamp, 1988.

O nevoeiro do sentido e o *demos* sem voz

ramento da política no *lógos* da subjetividade que impede Rancière de fundir sua compreensão da política com as de Foucault e Deleuze. Ao oferecer uma alternativa à teoria política logocentrada de Rancière, poderiam Foucault e Deleuze ajudar a amparar *tjelbak*, Tjipel, *durlgmö* ou Pedra do Homem Velho?

Como sabemos, a começar por seu curso *Os anormais*, no Collège de France, Foucault procurou entender, por um lado, as conformações e as figuras fora da imagem dominante do poder soberano e, por outro lado, a emergência dos conhecimentos, das figuras e das forças subjugados por qualquer formação de poder. Essa distinção conceitual entre população e povo é absolutamente decisiva para a compreensão do *topos* do imaginário político de Foucault. É a população, e *não* o povo (*demos*), que constitui o sujeito político coletivo das democracias liberais ocidentais. A população é a vitalidade que foi conjurada pelo biopoder para ser por ele governada. Portanto, ao celebrar a emergência de "nós, o povo" no século XVIII europeu, a teoria política realizou um erro categorial fundamental. Para Foucault, a constituição dos Estados Unidos e a da França seriam mais precisas se fossem assinadas em nome de "nós, a população" em vez de "nós, o povo". E, se a teoria política tivesse enfocado a governança através da população, a Europa talvez tivesse evitado a bomba-relógio genocida do Holocausto nazista descrita ao final de *Em defesa da sociedade*.

Ainda que recusasse o povo como base do *demos*, Foucault mantinha o povo em mente. Para ele, o povo é inicialmente um tipo específico de evento que pode romper o consenso do biopoder moderno. O povo "é aquele que se comporta em relação a essa gestão da população, no próprio nível da população, como se não fizesse parte [...] [da] população".[19] Conforme Rancière discordou dessa interpretação bio-

---

19 Michel Foucault, *Segurança, território, população: Curso dado no Collège de France (1977-1978)*, trad. Eduardo Brandão. São Paulo: WMF Martins Fontes, 2008, p. 57. Encontrando e depois se colocando fora do "sujeito-objeto coletivo" da população, o povo é aquele que desestabiliza o sistema biopolítico.

política do *demos*, o próprio Foucault se tornou menos interessado na diferença ente população e povo e mais interessado em como algo se conhece a si mesmo enquanto alguém que deve dizer verdades. Às vezes Foucault focalizava mais a fala, às vezes mais a conduta. Foucault às vezes parecia estar dizendo que algumas pessoas escapam do comum (*lógos*) para se tornar ruído (*phoné*). Às vezes ele parecia estar dizendo que algumas pessoas são estruturadas como ruído no interior do comum. Às vezes atividade e fala pareciam coincidir. Por exemplo, em *O governo de si e dos outros* e em *A hermenêutica do sujeito*, Foucault investigou as fontes e a governança do povo como um diferinte político que existia na população.

Em outras palavras, Foucault parecia menos interessado nas distinções categoriais entre população e povo do que em redescrever a liberdade como uma forma de crítica que demanda uma nova conformação de si (*sapere aude*) por meio de um tipo específico de ato de fala (dizer a verdade, *dire vrai*). Sua preocupação não era encontrar uma posição que estivesse *inteiramente* liberta da governança, mas que pedia para ser governada diferentemente. A resposta de Foucault pode parecer tautológica: a passagem de elemento residual da população à instância do povo depende de um tipo de pessoa capaz de escutar, sentir-se endereçada e agir diante do comando para abandonar a posição inerte e diferir ativamente. Esse modo de diferir transforma o *lógos* em *phoné*. O tipo de pessoa que ele imaginava poder sair (*sortie*) da inércia não surge de dentro, mas é produzido e capacitado em uma forma mais estranha de *looping*, de fora para dentro e de dentro para fora.[20] Mas, mesmo que a pessoa esteja capacitada, deve estar também disposta a correr riscos e perigos, independentemente do fato de que ninguém mais pareça partilhar da mesma disposição. E esse risco não é simplesmente se ferir ou morrer. Trata-se de uma perturbação mais ampla de uma

---

20 Id., *O governo de si e dos outros: Curso no Collège de France (1982-1983)*, trad. Eduardo Brandão. São Paulo: WMF Martins Fontes, 2010.

O nevoeiro do sentido e o *demos* sem voz

intersecção dada do sujeito, do referente e do mundo, na medida em que esses três são os artefatos das instituições e das relações sociais existentes.[21] Em suma, a questão da crítica – de portar-se criticamente – não era se tornar *lógos*, mas permanecer sendo *ruído*, tal qual um enxame irritante de mosquitos que zuniam fora do alcance de uma mão espalmada ou de uma lata cheia de DDT.

Diante da mudança climática antropogênica, a teoria crítica está colocando pressão explícita sobre essa compreensão exclusivamente linguística (humana) do pensamento e da governança social, inclusive sobre empenhos como os de Foucault, que se movem da fala articulada para o ruído rearticulante. Em *Como as florestas pensam*, uma referência a *How Natives Think* [Como os nativos pensam], de Lévy-Bruhl, e a *Como pensam os "nativos"*, de Marshall Sahlins, o antropólogo Eduardo Kohn parte de um relato antropológico sobre as molduras epistemológicas por meio das quais equatorianos veem a floresta e seu modo de cultura rumo a uma antropologia do pensamento vivo de não humanos. Dispondo das leituras ecossemióticas do pragmatista estadunidense Charles S. Peirce, Kohn defende que o pensamento – um processo semiótico de interpretação mútua e coconstitutiva – é característico de tudo que é vivo, tratando-se, na realidade, daquilo que diferencia Vida de Não Vida. Visto que a semiose não é de origem exclusivamente humana (a *linguística* humana é apenas uma

---

21 Estou longe de ser a única pessoa a observar que o sujeito da política democrática possui uma função dupla de política e polícia. Alain Badiou buscou se contrapor à "hipótese democrática" de Rancière por meio de uma hipótese maoista. E muitos tipos de anarquistas, islamistas, cosmólogos/as indígenas e teóricos/as ocidentais já apontaram a função policiadora da fantasia democrática. Além disso, eu não seria a primeira a perguntar sobre como todos os experimentos arquetípicos da vida foucaultianos podem existir em conjunto. O precariado, entendido como aquela parte do capital produzida pelo capital, mas sem participar do capital nem mesmo como exército de reserva, constituiria o mesmo tipo e modalidade daquelas de nós que somos homossexuais e norte-americanas e precisamos escolher se devemos nos envolver com o dispositivo biopolítico do casamento?

forma de semiótica), podemos dizer sim à semiose e não ao *lógos*; podemos votar por separar a ligação derivada do senso comum entre formas humanas de vida e pensamento e ver toda a vida como um modo de pensamento. Todas as coisas vivas são como nós, se entendermos que nosso modo dominante de semiose, a linguagem, é apenas uma entre muitas formas de semiose. Portanto, em vez de apenas permitir a entrada no *demos* das coisas àqueles e àquelas cujas falas haviam sido previamente compreendidas como ruído, Kohn defende a inclusão daqueles e daquelas cuja comunicação semiótica foi excluída por não ter base linguística. No lugar de permitir que formas de existência falem, precisamos deixar que semiotizem!

Se Kohn alinha o pensamento à divisão da Vida e da Não Vida, a semiótica cosmológica de Peirce se mostra mais inusitada e, portanto, mais aberta à consideração de *tjelbak* como algo pensante. Para Peirce, a mente (pensamento) se constitui e é evidenciada em três modos de intepretação – o afetivo, o energético e o lógico. No lugar de compreender o jogo entre significante e significado, *lógos* e ruído, Peirce inseriu esses três modos de pensamento em sua compreensão mais ampla da semiótica fundamental da cosmologia. Para Peirce, em resumo, um signo é algo (signo) que está para alguém (interpretante) em alguma relação ou aspecto com algo (objeto). Em outras palavras, o objeto e o interpretante são meros correlatos do signo, "um o antecedente, o outro a consequência do signo".[22] Mas objetos e interpretantes são eles mesmos feixes de signos – e os feixes são resultado de uma história fenomenologicamente específica por meio da qual signos e interpretantes são associados (correlacionados) a objetos que nos impelem a reavaliar a natureza e o *status* de um objeto. Talvez o que pensávamos ser um objeto fosse apenas o hábito equivocado de

---

22 Charles Sanders Peirce, "Pragmatism" [1907], in Nathan Houser e Christian Kloesel (orgs.), *The Essential Peirce: Selected Philosophical Writings*, v. 2: *1893-1913*. Bloomington: Indiana University Press, 1998, p. 410.

associar partes de outros entrelaçamentos mais pertinentes. (Não é de surpreender, então, que Deleuze tenha se aproximado cada vez mais do trabalho de Peirce quando pensava seu conceito de agenciamento.)[23] Como notou Paul de Man, "A interpretação do signo não é para Peirce um significado, mas um outro signo; é uma leitura, não uma decodificação, e essa leitura tem, por sua vez, de ser interpretada em outro signo, e assim por diante *ad infinitum*".[24]

Visto que a interpretação é a produção de novas formas de conhecer, um existente como *tjelbak* demanda atenção constante porque a interpretação correta depende de testagens contínuas para descobrir se a interpretação acerca de um existente o apreende corretamente: se ele permaneceu o mesmo ou se há alterações em função de uma resposta a modificações em outros lugares (ver também o capítulo 3). Um signo está mais ou menos corretamente coordenado com um objeto se o signo está sempre presente quando o existente está presente ou se está apenas ocasionalmente presente, diante de algumas pessoas, diante de certas condições. Quando, portanto, me movi em direção à fumaça para esconder meu cheiro de *tjelbak* e dos mosquitos, a ação constituiu um interpretante energético no sentido de que meu movimento vinculava um objeto (ou um conjunto de objetos: a cobra *tjelbak*; Yilngi; eu) a um signo (ou a um conjunto de conceitos: perigo, conhecimento, consequências) por meio de uma reação (ou de um conjunto de reações: o movimento de meu corpo em direção à fumaça; o movimento da fumaça). Mas os meandros da cobra *tjelbak* pelo morro são também um interpretante energético vinculando um signo-objeto a um objeto-signo. Para Peirce, o movimento do meu corpo e *tjelbak* são interpretantes energéti-

---

23 Muitas imagens discutidas em *Cinema 1* e *Cinema 2* são categorizadas por Deleuze com base na semiótica de Peirce.

24 Paul De Man, "Semiologia e retórica", in *Alegorias da leitura: Linguagem figurativa em Rousseau, Nietzsche, Rilke e Proust*, trad. Lenita R. Esteves. Rio de Janeiro: Imago, 1996, p. 23.

cos. Nenhum dos dois equivale à lógica proposicional do tipo visto na proposição "é preciso mover-se em direção à fumaça". Lógicas proposicionais desse tipo são, para Peirce, um tipo de interpretante lógico. Interpretantes lógicos vinculam um objeto (a cobra *tjelbak*) a um signo ("perigo") por meio de uma proposição ("é preciso mover-se em direção à fumaça"). Interpretantes afetivos vinculam objeto e signo por meio daquilo que Peirce chama de emoções; corar de vergonha, por exemplo. Mas, independentemente de como as cobras *tjelbak* vinculam (interpretam) o signo e o objeto, não poderiam fazê-lo por meio de formas linguísticas humanas.[25]

Notem que todos esses interpretantes estão fazendo algo em vez de apenas representarem algo. Toda atividade de signos *faz algo* – e esse fazer algo é o que define os signos, o que define a interpretação, independentemente de esse fazer produzir ansiedade, conformar corporificações ou modificar a consciência.[26] E, na medida em que signos fazem mais do que representar, eles dão suporte à duração de dada formação de existência ou a enfraquecem.[27] Em sentido bruto, essa

---

25 Deleuze as consideraria um modo afetivo de pensamento. Gilles Deleuze, "O afeto e a ideia", in *Cursos sobre Spinoza (Vincennes, 1978-1981)*, trad. Emanuel Angelo da Rocha Fragoso et al. Fortaleza: EDUECE, 2019.

26 C. S. Peirce, "Pragmatism", op. cit., p. 411.

27 A arquitetura semiótica leva a uma direção similar. Porque Peirce acredita que o signo coordena objeto e interpretante – uma dobradiça semiótica entre o mundo e a mente, com o mundo e a mente compostos por uma série de dobradiças prévias – ele acredita que cada tipo de interpretante deve possuir um objeto correspondente ("um com cada"). E ele de fato encontra uma correspondência entre o "objeto imediato e o interpretante emotivo", na medida em que ambos são "apreensões, ou são 'subjetivos'", e ambos "pertencem a todos os signos sem exceção". Ele então descobre que o "objeto real e o interpretante energético também correspondem, ambos sendo fatos reais e coisas". Mas, para grande surpresa de Peirce, ele descobre que "o interpretante lógico não corresponde a nenhum tipo de objeto". O que fazer com isso? Como resolver uma inconsistência tão evidente de pensamento? Peirce escreve: "Esse defeito de correspondência entre objeto e interpretante deve encontrar sua raiz na diferença essencial que existe entre a natureza de um objeto e a natureza do interpretante; a diferença é que o último antecede o signo, ao passo

---

O nevoeiro do sentido e o *demos* sem voz

re-formação constante e em múltiplos níveis pode ser observada no modo como *tjelbak* estava se tornando uma coisa e se destornando outra entre o momento em que a conheci e o momento atual. Entre 1996 e 2006, por exemplo, *tjelbak* estava sendo composta lentamente por coisas que não a compunham antes. E isso *nos* levava a interpretar seu mundo e sua intencionalidade de novas maneiras. Em 1996, *tjelbak* se compunha em parte da fumaça dos incêndios da estação seca – vastas queimadas que limpavam as gramíneas, permitiam que certas plantas germinassem e faziam animais aparecerem às vistas de todos – e em parte do incipiente buraco na camada de ozônio surgindo na atmosfera. Em 2006, para quem olhasse direito ou tivesse olfato sensível, já emergia uma nova forma de *tjelbak*. Havia novas cores e um cheiro diferente – ela era esverdeada, ocasionalmente amarelada, a depender de onde era encontrada. Era levemente adstringente. O nevoeiro se tornava *smog* [nevoeiro fotoquímico], um termo inventado por Hadej Voeux em 1905 para as nuvens de dióxido sulfúrico que cobriam as cidades industriais europeias, nuvens responsáveis pelo Grande Nevoeiro de 1952, em Londres, que causou em torno de 12 mil mortes. Hoje em dia os céus da Europa se encontram frequentemente límpidos, o *smog* migrou para outros lugares. Mas as principais causas para o *smog* continuam sendo a queima de carvão e as emissões de monóxido de carbono, óxidos de nitrogênio, dióxido sulfúrico e hidrocarbonetos. Essas emissões explicam o que uma autoridade chinesa chamou, em 2014, de "inverno nuclear" de Beijing.[28] Os ventos tam-

---

que o anterior o sucede. O interpretante lógico deve, portanto, se encontrar em uma temporalidade relativamente futura"; ibid., p. 410.

28 A embaixada estadunidense em Beijing mediu uma concentração de 537 PPM em fevereiro de 2014, quando a recomendação de exposição diária da Organização Mundial de Saúde era não mais do que 2,5. A revista *Time* citou um cientista chinês não nomeado que "comparou a camada de névoa com um 'inverno nuclear', porque o ar é tão impenetrável que as lavouras não estão recebendo luz solar o suficiente, ficando atrofiadas"; Hannah Beech, "China's Smog Is so Bad They're Now Calling It a 'Nuclear Winter'". *Time*, 26 fev. 2014.

bém mudaram. *Medawak* e *kunaberruk*, que assustavam *tjelbak*, possuem uma nova forma e intensidade – são as tempestades de areia que engoliram Teerã em 3 de junho de 2014, matando quatro pessoas e deixando a cidade às escuras, e que também varreram Onslow, na Austrália Ocidental, em 11 de janeiro de 2014, arrancando a casca das árvores e a carne de seus ossos. *Thimbilirr* também se proliferam e crescem no Meio-Oeste estadunidense.[29] Mas mudanças de nevoeiro e vento não costumam ser registradas em eventos catastróficos. Elas se acumulam em uma série de quase eventos condensados e coordenados. A maior parte delas se acumula sob modos humanos de percepção que não são mediados pela tecnologia. Mas outros existentes registram essas mudanças, ainda que nós não o façamos. E, no encalço das mudanças climáticas, as ciências naturais buscam, cada vez mais, escutar e sentir e cheirar esses sentidos não humanos – adentrar outros corpos para ver o que está acontecendo no entorno, mas fora do campo de visão não mediado.[30]

Outras pessoas enfatizaram aspectos da obra de Peirce em que ele parece comprometido com algo que Sandra Harding, a partir do trabalho de Donna Haraway, chamou de "objetividade forte": que um estado de existência ou de verdade existe independentemente da observação humana. Encontramos evidências disso quando Peirce diferencia o objeto imediato, "a ideia sobre a qual se constitui o signo", do objeto real, "a coisa ou circunstância real sobre a qual essa ideia se fundamenta, o seu substrato rochoso".[31] Mas essa coisa real, o substrato rochoso da semiose, não é real no sentido em que a maioria das pessoas compreende o real. Se todas as coisas são signos no sentido

---

29 O site National Centers for Environmental Information [Centros Nacionais de Informação Ambiental] mostra uma perspectiva histórica da atividade de tornados nos Estados Unidos: ncdc.noaa.gov/.

30 Etienne Benson, *Wired Wilderness: Technologies of Tracking and the Making of Modern Wildlife*. Baltimore: Johns Hopkins University Press, 2010.

31 C. S. Peirce, "Pragmatism", op. cit., p. 407.

O nevoeiro do sentido e o *demos* sem voz

de que são hábitos de associações materiais, essas histórias afetam e são afetadas pelos tipos de signos disponíveis na mente de uma pessoa (interpretante) em qualquer momento dado. E, embora toda atividade de signos faça algo, o interpretante lógico (equivalente, para Peirce, ao conceito intelectual) modifica a consciência.[32] Essa modificação da consciência é crucial para Peirce. De novo: o pensamento faz algo; ele agencia e correlaciona; ele não representa algo. E é bem aqui que confrontamos o núcleo impossível da leitura que Peirce faz do interpretante lógico: o ápice da razão semiótica não é a decodificação de existentes, mas a conformação e a coordenação dos hábitos dos seres, que se tornam continuamente diferintes no ato de conformação e coordenação. Peirce entendia a própria matéria – as leis fundamentais da natureza, por exemplo a gravidade – como o resultado de um tipo de hábito conceitual descrito por ele. Brian Massumi se refere a elas como "hábitos da massa".[33] De modo sintético, todo conceito, toda verdade e todo ato de dizer a verdade são hábitos radicalmente imanentes e materiais governados por conformações figurais e metafigurais que estão ao alcance a qualquer momento dado. Peirce via o mundo material – humano e não humano – como inacabado não apenas porque nossa mente ainda

---

32 Ibid., p. 411.

33 Peirce notoriamente argumenta que apenas os sistemas e compostos como "bons hábitos" sobrevivem, ao passo que aqueles com hábitos ruins ou inexistentes são rapidamente destruídos. Ele então pergunta por que "corpos celestes tendem a existir em atração mútua" e responde "porque no longo prazo corpos que repelem ou não atraem serão expulsos do espaço, deixando apenas os corpos que se atraem mutuamente", e assim hábitos são formados e estabilizados como verdades; C. S. Peirce, "Design and Chance" [1884], in Nathan Houser e Christian Kloesel (orgs.), *The Essential Peirce: Selected Philosophical Writings*, v. 1: *1867-1893*. Bloomington: Indiana University Press, 1992, p. 223. Ver também B. Massumi, "Event Horizon", in Joke Brouwer e Arjen Mulder (orgs.), *The Art of the Accident*. Rotterdam: Dutch Architecture Institute/v2, 1999. William James chegou muito perto de enxergar a luz e os olhos como mutuamente determinados – não apenas os olhos evoluíram para receber luz mas também a luz evoluiu para receber os olhos; W. James, *Pragmatism*, op. cit., p. 43.

não havia conseguido categorizá-lo, como os cientistas fazem agora com o sequenciamento de DNA, mas também porque, ao atendê-lo de certa maneira, fazíamos com que existisse de maneira distinta em relação a quando não o atendíamos.

O local e a natureza desse futuro, portanto, permanecem sendo perguntas abertas. O futuro depende dos tipos de conexões que são feitas e que são possíveis no mundo que existe, assim como das forças diferenciais que mantêm esse mundo no lugar ou que o colocam em movimento. Isto é, o futuro não é um outro lugar ou um outro tempo. Suas verdades tampouco já ocorreram – elas não esperam pacientemente que as alcancemos. Conceitos intelectuais e as verdades às quais eles dão suporte constituem uma "tendência" de comportamentos similares em condições similares, produzidos pela combinação de esforço muscular e não muscular diante dos desejos e dos perceptos não só imediatamente mas também como uma orientação – um modo de fazer futuro, a não ser que esforços sérios sejam realizados para reorientar os desejos e os perceptos.[34] O objeto correspondente ao interpretante lógico são os "atos modais" ["*would-acts*"] do "comportamento habitual" – a tendência da mente em vincular isto e aquilo –; pensar e dizer que é preciso mover-se em direção à fumaça para evitar ser descoberta pela cobra *tjelbak*. Tais atos são "verdadeiros" na medida em que continuam funcionando. Aqui vemos novamente que a cobra *tjelbak* também está empenhada em um modo de fazer verdades – o seu modo de interpretação é verdadeiro desde que a maneira pela qual ela se constitui e interpreta (estabelece vínculos) entre vários signos-objetos funcione.

Embora o modelo de semiose de Peirce possa ajudar *tjelbak* a adentrar, e perturbar, a organização atual do *demos*, ele não constitui, em si e por si, uma teoria política. Não existem antagonismos para determinar quem os protagonistas podem ser. É nesse aspecto que William

---

34 E. Benson, *Wired Wilderness*, op. cit., p. 413.

O nevoeiro do sentido e o *demos* sem voz

James, em vez de Peirce, Rancière ou Kohn, pode encontrar, em última instância, um lugar ao nosso lado em Bulgul. James entendia a Mente, com "M" maiúsculo, e algumas outras mentes em particular e seus conteúdos mentais, como resultado de uma história corporificada de esforço e exaustão, empenho e sucesso, empenho e fracasso, tudo isso em um mundo socialmente concreto e diferenciado, um "mundo inacabado" que "possui um futuro que, no entanto, ainda está incompleto".[35] A história humana, em outras palavras, é um experimento moral em andamento do qual o filósofo moral participa, mas que não pode superar nem necessariamente representar ou compreender bem. A mente não é apenas radicalmente empírica e plural, o mundo também o é – mente e mundo coemergem em sua potencialidade mútua e inacabada e, portanto, também os conhecimentos novos e subjugados. Como resultado, mente, mundo e verdade são perguntas radicalmente abertas cujas respostas nos levam de volta ao mundo. Se há desejo em saber a partir de onde conhecimentos e verdades dominantes e subjugados emergem, é preciso virar as costas à "abstração e à insuficiência, às soluções verbais, razões *a priori* ruins, princípios fixos, sistemas fechados e pretensas origens e absolutos" e voltar-se à "concretude e à adequabilidade, aos fatos, às ações e ao poder".[36] Portanto, no lugar da doutrina, da verdade proposicional ou da certeza, James experimentava incessantemente. Algumas ideias fizeram diferença no mundo, como o surgimento dos Alcoólatras Anônimos a partir de sua metapsicologia; outras não, como a mediunidade (pelo menos até o momento).[37]

O empenho era crucial. Portanto, em uma versão condensada de 1892, *Psychology (Briefer Course)* [Psicologia (Curso resumido)], James publicou um capítulo, "Will" [Determinação], em que esboçava

---

35 W. James, *Pragmatism*, op. cit., p. 39.
36 Ibid., p. 20.
37 Robert Richardson, *William James: In the Maelstrom of American Modernism*. New York: Houghton Mifflin, 2006.

a relação entre mente e empenho.[38] Na primeira frase, ele observa que desejo, anseio e vontade são geralmente considerados estados da mente. A mente é geralmente vista como um tipo de substância que pode ser qualificada por atributos, estados e qualidades. Para se contrapor a essa visão dominante, James focaliza a vontade, observando que a finalidade da intenção voluntariosa parece ser a ação – um movimento do corpo ou do pensamento. E isso é de extrema importância para James: a ação voluntariosa, em oposição à ação automática por reflexo, é resultado do pensamento intencional. Mas, se a ação voluntariosa resulta do pensamento intencional, pensamentos (ideias) são resultado da vontade compreendida como um "empenho de atenção".[39] Por empenho de atenção ele quer dizer o esforço para manter o foco, para manter uma única ideia no centro do amplo campo de ideias *atuais* e imanentes. É por meio do empenho de atenção que pensamentos emergem e se instalam firmemente na mente. De fato, empenho e vontade constituem, para James, as precondições de todos os fenômenos e conceitos mentais. James tem esperança de que a aparente tautologia terá algum efeito sobre nossas formas de pensar e, portanto, sobre nossas formas de estar no mundo.

Sergio Franzese, que deu continuidade ao interesse italiano pelo pragmatismo de James, argumentou que, para compreender esse autor, para ir além de suas inconsistências e do descarte sumário de seu programa, é preciso compreender que no cerne de seu projeto reside uma filosofia da força como "a própria textura da vida".[40] Como diz Franzese, James busca uma ética da energia que significa "uma ética que organiza a energia, bem como uma ética

---

38 Ibid., pp. 287-88.

39 W. James, "Will", in John J. McDermott (org.), *The Writings of William James: A Comprehensive Edition*. Chicago: University of Chicago Press, 1978, p. 709.

40 S. Franzese, *Ethics of Energy: William James's Moral Philosophy in Focus*. Piscataway: Transaction, 2008, p. 5.

que desponta da energia". Essa ética da energia é o substrato para atingir ideais pessoais e estéticos.[41] É interessante, então, que o revisor estadunidense da obra de Franzese note as ressonâncias entre o pensamento de James sobre empenho e energia e o de Foucault sobre a ascese.[42] Quando a mente é compreendida como um efeito e um empenho de atenção, termos fundamentais modificam seu sentido (incluindo o sentido do sentido) e algumas distinções caducas se tornam difíceis de serem mantidas. Até mesmo a distinção entre pensamento intencional e não intencional perde a aderência, visto que a própria intenção é efeito de uma série de empenhos de atenção para cultivar um pensamento que proverá o pano de fundo do pensamento e da ação. Em outras palavras, o empenho é a pré--condição das ideias, da ação e da subjetividade (mente, prática e pessoalidade), portanto provê as condições para a ação reflexiva e instintiva. E, visto que mente e mundo nunca estão finalizados, essa vontade/esse empenho é o trabalho de uma vida, um *travail éthique*, em termos foucaultianos.

James conclui "Will" com uma seção sobre a ética do empenho. Ali ele justapõe os padrões de força, inteligência e riqueza que não parecem ser nada além "das externalidades que carregamos" no que diz respeito ao "senso sobre a quantia de empenho que podemos colocar", que "parecem pertencer inteiramente a outro âmbito, como se fosse a coisa substantiva que somos".[43] James atinge o clímax dramático aqui: "Alguns dos testes são enfrentados por ações que são fáceis, e algumas perguntas são respondidas com palavras articuladas. Mas as perguntas mais profundas não permitem outra

---

41 Ibid., p. 4.

42 Kenneth W. Stikkers, "The Ethics of Energy: William James's Moral Philosophy in Focus". *Notre Dame Philosophical Reviews*, 3 maio 2009. Ver também Brian Massumi, *Parables for the Virtual: Movement, Affect, Sensation*. Durham: Duke University Press, 2002.

43 W. James, "Will", op. cit., p. 715.

resposta que não o revirar mudo da vontade e o aperto no coração quando dizemos: 'Sim, minha vontade, ainda assim!'" ["*I will even have it so!*"].[44] O comando de James, como o de Kant, se tratava de uma formulação política dirigida a um público. Ele palestrava e escrevia para públicos diversos, avançando sua oposição política profunda ao imperialismo estadunidense e seu comprometimento com a justiça econômica. Para James, não havia separação entre sua psicologia filosófica e essas preocupações políticas e econômicas. Não surpreende, então, que o primeiro ensaio de *Pragmatism* culmine em uma descrição dos efeitos corrosivos da pobreza estrutural sobre seres humanos vivos. O modo como esses mundos existentes existem parodia "um conjunto completo de pensadores ingênuos movidos a minúcias" que se ocupam em fazer desaparecer, por meio de explicações, "o mal e o sofrimento"; a condição socialmente organizada e debilitante de milhões de trabalhadores e trabalhadoras nos Estados Unidos é uma realidade.[45]

Era em geral verdade que um empenho de atenção podia dobrar a tessitura material do mundo, mas também era verdade que pouquíssimas pessoas demonstravam tal disposição. Em vez disso, a maior parte das pessoas que demandavam uma nova versão de si (*sapere aude*) por meio de uma forma específica de dizer a verdade (*dire vrai*) ou que se consideravam diferentes e desejavam se tornar iguais ou que nunca confrontavam o empenho necessário para recoordenar os hábitos da mente e se exauriam na diferença ou a tomavam como um *sinal* de que estavam se comportando, acreditando e desejando da maneira errada. E, para não pensarmos que James acreditava que somente filósofos como ele e Peirce teriam essa habilidade, James afirma: "É a experiência pessoal, por parte dos indivíduos mais qualificados dentro de nosso círculo de conhe-

---

44 Ibid., p. 715.
45 Id., "The Present Dilemma in Philosophy", in *Writings 1902-1910*. New York: Penguin, 1987, p. 499.

cimento, de *ter* experiência e de nos dizer como *as coisas são*".[46] Essas pessoas não eram filósofas, mas pessoas que viviam as formas de condições exauridas descritas por Giorgio Agamben. Não surpreende: James e Peirce também nos lembram do risco que Foucault via nessa forma de dizer a verdade – o tipo que busca desalojar, fortificar a dúvida, recusar as sistematizações dadas de interpretantes lógicos (*savoir*). Tudo está em jogo – não é possível modificar as tendências gravitacionais e esperar permanecer igual. E, se você deseja se manter como um objeto afetado pela gravidade, o que acontece?

Assim, como se explica essa diferença entre indivíduos que "podem ser igualmente capazes de executar uma tarefa sem estar igualmente aptos a realizá-la"?[47] James e Peirce foram influenciados profundamente por ideias pós-darwinianas a respeito da diversificação da vida e acreditavam, então, que humanos eram diversos por natureza em suas capacidades e habilidades. Se algumas pessoas são obstinadas e outras não, as condições desse diferencial devem emergir do mundo da experiência e dos mundos entendidos como experiências estruturadas diferencialmente. Mas essas capacidades e habilidades diferenciais não residiam essencialmente nas pessoas. Elas existiam dentro delas como potencial, que o mundo *atual* avaliava e tratava de modos diferentes. Quando James pensava, portanto, sobre a perduração, a primeira coisa que notava era que algumas formas perduravam ao passo que outras não. James possuía exemplos vastos disso em sua família e, no entanto, em vez de tentar prover uma resposta final sobre o porquê de uma pessoa

---

46 Id., *Pragmatism*, op. cit., p. 13.

47 "Indivíduos podem ser igualmente capazes de executar uma tarefa sem estar igualmente aptos a realizá-la. Então, por exemplo, dois indivíduos, devido à sua constituição física, podem ser em princípio igualmente capazes de executar saltos com varas; mas muito provavelmente não estariam igualmente aptos a realizar saltos com vara, a não ser que ambos tivessem uma dieta apropriada, disciplina, treino e motivação"; Amélie Oksenberg Rorty, "Descartes and Spinoza on Epistemological Egalitarianism". *History of Philosophy Quarterly*, v. 13, n. 1, 1996, p. 36.

em particular ter ou não perdurado, ele insistia que o pensamento possui um limite profundo na apreensão desse mundo em sua especificidade. O porquê de uma pessoa se matar, matar a esposa e os filhos enquanto outra começa um movimento por justiça social não pode ser explicado em sua especificidade, ainda que ele diga que essa especificidade é o que interessa à maioria das pessoas e é o que se espera de uma teoria política. As pessoas querem saber por que ela, ele, eu, nós: por que esse mundo específico tal qual se apresenta para mim? Não é possível responder a essa pergunta. Só é possível fazer algo a respeito dela. Quando pensava sobre o pensamento, então, James se referia continuamente ao mundo na medida em que o mundo se organizava e se distribuía materialmente em enérgicos e enervantes projetos sociais, pensamentos sociais e experimentos sociais específicos. Embora muitas pessoas sejam capazes de curiosidade obstinada, "poucas são convocadas a suportar o seu peso" e menos ainda são capazes de suportá-lo, porque, diante das organizações do poder, muitas se encontram oprimidas pela mera tarefa da sobrevivência.[48] O que determina se as pessoas podem ou não escutar e suportar o peso não é a aquisição de uma ontologia apropriada da potencialidade, mas o gesto de resolverem a diferença entre estar no espaço da potencialidade radical, onde o *atual* e o possível se exaurem, e de praticarem formas de sobrevivência à exaustão desses espaços.[49]

Se transpusermos a filosofia de James, que diz respeito ao empenho e à permanência, ao emaranhado de existências em Bulgul (*tjelbak*, os mosquitos, o isqueiro Bic, a mulher humana), uma brecha estranha surge dentro do arranjo sensível do *demos*. Não é a voz de *tjelbak* que deve ser convidada a ter parte. A questão é que essa voz participa incipientemente dos esforços mais amplos dos eventos de interpretação figurativa. Os fenômenos meteorológicos massivos

---

48 S. Franzese, *Ethics of Energy*, op. cit., p. 44.
49 W. James, *Pragmatism*, op. cit., p. 11.

que vinculam Duas Mulheres Sentadas a Beijing e às cobras *tjelbak* em Bulgul não são agouros da Última Onda, são a culminação de todas as pequenas ondas anteriores – incluindo o caminhão que nos levou até Bulgul; a fábrica que produzia nossos isqueiros Bic baratos e descartáveis, os mosquiteiros, as barracas; e nosso manuseio dos isqueiros e a construção daquelas casas de nylon com cordas de nylon. São pequenos eventos e quase eventos, como o surgimento de estradas asfaltadas que permitem que nossos ossos doam menos quando as percorremos ou o dióxido de carbono – as motoniveladoras estridentes que saudamos quando as vemos aplainando os sulcos profundos deixados na terra pelos veículos longos que transportam gado ou as gotas de diesel que escapam do tanque quando paramos para abastecer. Não apenas o ar e a geologia mudaram de forma, cheiro e barulho – nós também mudamos, pouco a pouco e depois muito rápido, assim como nossa dieta. A dieta das mulheres (e de suas ancestrais) com quem eu estava acampada havia mudado de forma talvez mais dramática no curto período entre 1890 e 1970; de peixe, mariscos e inhame para carne salgada e enlatada, doces e, claro, o tabaco ubíquo, fumado ou mascado, que causou enfisema em duas das mulheres ali e câncer de boca em outras duas. E o corpo de quem estava trabalhando na biblioteca GIS/GPS também – começamos a ter cheiros diferentes, embora de maneira diferencial: dependia se nossos dentes e dedos do pé estavam apodrecidos ou não pela quantidade de Coca-Cola; ou dos tipos de medicamento que tomávamos para pressão alta, colesterol ou diabetes; se fumávamos maconha ou bebíamos demais; se cheirávamos a cloro por causa da natação. Nosso cheiro tem um cheiro diferente daquele dos nossos pais, mães, avôs e avós – assim como a *adjewa* (urina) e *wun* (fezes) que colocamos em circulação em nosso ambiente. Nós e as cobras *tjelbak* juntamos os narizes e nos perguntamos de onde vinha aquele cheiro tão esquisito. O que a *tjelbak* era quando ela ficava verde, e como a relação dessas pessoas com ela mudava à medida que se tornavam rançosas ou farmacologicamente sadias?

Se as teorias críticas do *lógos* e do *demos* e da *phoné* e do evento quiserem ter qualquer impacto nos debates futuros acerca do geontopoder, suas topologias políticas precisam permitir que existentes biológica e antropologicamente ilegíveis – ou que não falem – perturbem o *lógos* do *demos* em vez de serem simplesmente convidados a entrar. A generosidade de *estender-lhes* nossa forma de semiose interdita a possibilidade de que eles possam nos provincializar. Isto é, deve-se permitir que Duas Mulheres Sentadas, Tjipel, cobras *tjelbak*, *thimbilirr* e *therrawin* desafiem a própria fundação da linguagem humana articulada. Afinal, a questão não é *se* essas formas de existência meteorológicas ou geológicas têm parte no governo atual do *demos*. Elas claramente já participam, econômica, política e socialmente. A questão é sobre que parte lhes foi atribuída conforme elas surgem como um leve zumbido de fundo e passam a realizar demandas à ordem política. À medida que o drama da mudança climática ganha velocidade e o conceito de antropoceno se consolida, serão os existentes como *tjelbak* absorvidos pelo policiamento da Vida e Não Vida, mercados e diferença, *lógos* e *phoné?* Ou poderão eles perturbar as ordens material e discursiva que escoram essas formas de governança? Os conceitos de *lógos* e subjetividade sinalizariam um limite ao tipo de ruído que pode adentrar a dialética do *demos* – quem pode falar e quem pode falar apenas pela fala do outro (Spivak, *darstellen* e *verstellen*)? Ou será que outros interpretantes sensíveis se tornarão a norma – o olfativo no lugar do linguístico, os quase eventos efêmeros em vez de uma enorme explosão de mudança concreta e duradoura? O ruído precisa ir até o *lógos*, ou é o *lógos* que precisa ser primeiro descentrado pelo ruído de modo a se tornar alguma outra coisa?

O nevoeiro do sentido e o *demos* sem voz

6.

O *download* do Sonhar

Quando recifes sonham com peixes elétricos

Em 2008, alguns Karrabing que eram donos originários de um ponto pequeno e remoto na costa e eu, fantasiada de consultora antropológica, sobrevoávamos um vasto complexo de mangues e recifes em um pequeno helicóptero. Alguns anos antes, havíamos ido de barco à mesma área a fim de caçar, pescar e visitar o território, para que ele pudesse experimentar diretamente nosso desejo e atenção. A jornada até o ponto na costa não é fácil se o acesso for a fundos limitados e por meios de transporte pouco confiáveis. A região está localizada na ponta extrema da costa, ao sudoeste, do outro lado do vasto rio Daly. E uma série de amplas áreas pantanosas cortava o acesso por terra. Assim, chegar até lá e voltar a Belyuen, onde vive a maior parte dos Karrabing, é caro e demorado; a viagem de ida e volta inclui um trajeto de seis horas em um caminhão e, depois, um trajeto de entre duas e quatro horas de barco, dependendo de como estão os ventos e as marés, assim como um gasto financeiro significativo para quem possui uma renda muito baixa. Apesar disso, os Karrabing realizam a viagem periodicamente. Em uma dessas viagens eu me detive à borda do mangue com três meninas adolescentes, buscando caranguejos e arraias nas piscinas naturais para o almoço. Uma das adolescentes queria usar meu *ninnin* (cabo fino de arame) para pegar algumas arraias pequenas. Eu estava ocupada com ele, tentando extrair um caranguejo da lama. Enquanto passávamos o *ninnin* de um lado para o outro da piscina natural, começamos a perceber o formato da área pela qual nos movíamos. Então, de súbito, percebemos. Estávamos na borda de uma velha barragem de pedra, uma formação que, segundo havíamos escutado, era utilizada nessa área muito antes do colonialismo de ocupação e estava associada a vários Sonhares de peixe que compunham o complexo de recife no seu entorno. Foi a essa barragem de pedra e àqueles Sonhares de peixes de recife que direcionamos o helicóptero. Mas, enquanto sobrevoávamos a área, com a maré bem baixa, vimos de repente aquilo sobre o que havíamos escutado de parentes antigos já falecidos, uma outra barragem, e depois outra, e ainda outra, até percebermos que a península inteira era uma enorme rede de barragens de pedra pontilhadas com diversos Sonhares de peixe.

A razão pela qual estávamos em um helicóptero aquele dia era, de certo ponto de vista, simples. O Conselho de Terras do Norte (NLC) havia alugado o helicóptero para nos ajudar a fazer um levantamento topográfico destinado à potencial exploração mineral da área. Ou, melhor dizendo, a mineradora pagou ao NLC a fim de que ele alugasse o helicóptero e pagasse nossa estadia e nossos salários, porque o NLC sozinho não podia custear o levantamento. De fato, as finanças do NLC e o pagamento do salário da equipe e dos serviços de suporte dependem majoritariamente dos *royalties* referentes à mineração em terras indígenas. O NLC recebe uma porcentagem dos *royalties* negociados entre as empresas e os donos originários. O NLC também solicita um laudo antropológico como parte desse enorme circuito *Kula*. E os Karrabing (eu inclusa) decidiram que eu seria a consultora antropológica e que meus honorários seriam redirecionados a outros projetos Karrabing, sobretudo a um programa de realidade aumentada transmídia em GPS/GIS, parte biblioteca digital, parte exercício fílmico, uma alternativa possível para geração

O *download* do Sonhar

de recursos a partir da mineração de seu território. E por isso pairávamos no ar muito acima dos recifes e das barragens de pedra. Estávamos obtendo algumas coordenadas para o projeto transmídia.

Que lugar melhor para experimentar o espaço restrito em que meus amigos e amigas operam diante do geontopoder liberal tardio do que nesse helicóptero que pairava sobre um pequeno ponto na costa? Uma burocracia desenhada para apoiar donos originários aborígenes tem seus recursos vinculados parasiticamente ao capitalismo extrativista, assim como homens e mulheres indígenas que buscam um meio alternativo de gerar renda a partir de suas terras. O que poderia surgir desse agenciamento paradoxal? A dimensão dramática das barragens de pedra e do sistema de recifes capturados em nossos *smartphones* Samsung e iPhones, transponível a plataformas de GPS/GIS, exemplifica aquilo que Franco Berardi, Maurizio Lazzarato, Antonio Negri e Michael Hardt descrevem como *semiocapitalismo* (ou *capital informacional*) – a predominância da mecanização tecnológica dos signos imateriais como objetos principais da produção e apropriação de capital contemporâneas.[1] Negri, um dos teóricos centrais do movimento autonomista, utiliza o conceito de trabalho imaterial para se referir à *informacionalização* do capital levada a cabo pela ruptura do setor de serviços em relação ao próprio setor de serviços, reorganizando e ressignificando o processo do trabalho como um todo. Não é que o trabalho da informacionalização seja imaterial. Em vez disso, termos como semiocapital e capital informacional pretendem enfatizar a importância cada vez maior dos poderes cognitivos e simbólicos na produção, na circulação e no uso das *commodities* no semiocapitalismo. Assim como o trabalho industrial exerceu sua hegemonia sobre

---

1 Ver F. Berardi, *Precarious Rhapsody: Semiocapitalism and the Pathologies of the Post-Alpha Generation*. New York: Autonomedia, 2009; M. Lazzarato, *Signos, máquinas e subjetividades*, trad. Paulo Domenech Oneto e Hortencia Lencastre. São Paulo: Edições Sesc/n-1 edições, 2014; e M. Hardt e A. Negri, *Império*, trad. Berilo Vargas. Rio de Janeiro: Record, 2001.

outras formas de produção, mesmo quando não constituía mais que uma pequena fração da produção global, também o "trabalho imaterial se tornou hegemônico em termos qualitativos, tendo imposto uma tendência a outras formas de trabalho e à própria sociedade".[2] Para Berardi, os meandros afetivo-informacionais do capital, orientados à captura das diferentes esferas do conhecimento humano e dos desejos imanentes dos sujeitos, têm empurrado o capital para além da criação e do consumo de força de trabalho em direção à criação e ao consumo da força de alma – criando algo que podemos chamar de *pneumofagia*.[3] Se a esquerda quer triunfar nesse novo clima, Berardi sugere que ela deve trabalhar de modo a reconfigurar as múltiplas posições dentro do agenciamento operante do capital cognitivo. A emergência de tecnologias verdes é exemplar. A meta das tecnologias verdes é reconfigurar o semiocapitalismo de modo a fazer com que os mercados verdes mitiguem e talvez até reparem os piores danos do Capitaloceno. Algumas inovações já são notícia velha: painéis solares, turbina eólicas e fazendas de algas marinhas. Outras podem se aproximar da ficção científica, como um futuro em que o Estado controla o termostato global. Mas as tecnologias verdes brincam com as fronteiras entre ciência e ficção científica como uma maneira de aumentar sua arrecadação. Com o respaldo da CIA, da Fundação Nacional da Ciência [National Science Foundation] e da Administração Oceânica e Atmosférica Nacional [National Oceanic and Atmospheric Administration], por exemplo, a Academia Nacional de Ciências [National Academy of Sciences] vai começar a avaliar uma série de projetos de geoengenharia; desde antigas técnicas de semeadura de nuvens com iodeto de prata até refletores gigantes colocados em órbita e enormes contêineres subaquáticos de CO_2.[4]

---

2 M. Hardt e A. Negri, *Multidão: Guerra e democracia na era do império*, trad. Clóvis Marques. Rio de Janeiro: Record, 2005, p. 151.

3 F. Berardi, *Depois do futuro*, trad. Regina Silva. São Paulo: Ubu Editora, 2019.

4 Ver Dana Liebelson e Chris Mooney, "CIA Backs $630,000 Scientific Study on

A ideia de um projeto digital transmídia Karrabing se ajusta perfeitamente ao imaginário do mercado verde e do trabalho imaterial. Se algum dia for completado, o projeto transmídia será composto de um arquivo digitalizado em que itens de mídia serão georreferenciados e armazenados remotamente. Seria possível fazer o *download* de partes do arquivo no *smartphone* com o aplicativo Karrabing. O aplicativo usaria o rastreador de GPS do aparelho celular para monitorar se o/a usuário/a do telefone está perto de algum dos locais pré-determinados. Um sinal sonoro indicaria a disponibilidade de reprodução da mídia. A proposta que apresentamos a possíveis doadores e apoiadores era mais ou menos assim:

Nosso projeto implementa e investiga "tecnologias de realidade mista" para re-contar o território originário das famílias que vivem na margem sul quase remota da Baía de Anson, na foz do rio Daly, no Território do Norte. Mais especificamente, busca criar uma "biblioteca viva" terrestre por meio do georreferenciamento de arquivos de mídia de modo que os arquivos só possam ser acessados quando o aparelho estiver próximo de um local específico. A ideia é desenvolver um *software* que crie três interfaces exclusivas – para turistas, para a administração territorial e para as famílias indígenas, sendo que estas possuem autoridade administrativa sobre todo o projeto e seus conteúdos. Acreditamos que a tecnologia de realidade mista ofereceria aos parceiros indígenas a oportunidade de utilizar novas tecnologias de informação em seu próprio benefício social e econômico, sem precisarem comprometer os objetivos com uma terra que fala sobre sua história e seu presente *in situ*. Imaginem uma pessoa que se prepare para viajar ao longínquo norte australiano. Enquanto pesquisa sobre a área na internet, ela descobre nosso website, que

---

Controlling Global Climate". *Mother Jones*, 17 jul. 2013; H. E. Willoughby et al., "Project STORMFURY: A Scientific Chronicle 1962-1983". *Bulletin American Meteorological Society*, v. 66, n. 5, maio 1985.

destaca diversos locais de interesse. Ela pode, então, baixar o aplicativo (na versão gratuita ou *premium*) em seu aparelho. Agora imaginem essa mesma pessoa em um barco, flutuando à beira de uma praia intocada na remota Baía de Anson. Ela ativa seu *smartphone*, abre o aplicativo e vê um vídeo passando pela câmera do aparelho. Conforme ela o movimenta, vê diversos ícones representando histórias ou vídeos que estão disponíveis para ela. Ela clica em um desses ícones e aparece a história do lugar de Sonhar indígena sobre o qual está; ela também pode olhar fotos de arquivo ou clipes curtos de animação baseados nos arquivos de mídia armazenados. O arquivo é uma biblioteca viva na medida em que uma das funções de seu *software* permite que se adicionem novos arquivos de mídia, por exemplo um vídeo de alguém assistindo aos vídeos sobre o local.

Em vez de pressupor que a tecnologia da informação vai livrar meus colegas do espaço restrito do geontopoder liberal tardio, este capítulo investiga os ambientes exigentes com os quais nos deparamos continuamente à medida que os adentramos. Como a experimentação Karrabing com o capitalismo informacional intervém e reitera a tensão crescente do geontopoder no semiocapitalismo?

Uma interface pós-colonial

No começo do século XXI, as possibilidades radicais das tecnologias digitais foram recebidas com uma onda de entusiasmo, especialmente no que dizia respeito à transformação dos arquivos coloniais e ao controle e circulação do conhecimento.[5] Se estudiosos como Jacques Derrida e Michel Foucault tentaram compreender o arquivo como um tipo de poder em vez de um tipo de coisa, o arquivo digi-

---

5   Mark Hansen, *New Philosophy for a New Media*. Cambridge: MIT Press, 2006.

O *download* do Sonhar

tal pós-colonial seria uma normatividade-antinormativa. É importante lembrar que, para Derrida, "poder arcôntico" é o nome que damos ao poder de estabelecer e comandar o que aconteceu aqui ou lá, nesse ou naquele lugar, e que possui, portanto, lugar na organização contemporânea da lei que parece legislar sem comandar.[6] O poder do arquivo autoriza uma forma específica de futuro ao dar domicílio ao espaço e ao tempo, ao aqui e ao agora em relação ao lá e ao então: nós em oposição a eles. E o faz pela contínua ocultação da história de manipulação e administração dos documentos dentro dos arquivos existentes. Copiando Foucault, o poder se arquiva a si mesmo no sentido de que a sedimentação dos textos proporciona um hieróglifo e uma cartografia dos conhecimentos, dominantes ou subjugados. Mas, para Derrida, o poder do arquivo não é uma mera forma de autorização ou um modo de domesticar o espaço e o tempo, nem apenas uma sedimentação de textos que pode ser lida como uma arqueologia do poder. Trata-se também de um tipo de iteração, uma pulsão. O poder do arquivo depende não apenas de uma habilidade de abrigar a memória de sua própria construção – de modo a parecer uma forma de regra sem comando – mas também de certa suspeita inexaurível de que, em algum lugar, existe outra descrição mais completa dessa regra.

Se o arquivo é o poder de estabelecer e comandar o que aconteceu aqui ou lá, nesse ou naquele lugar, e é, portanto, aquilo que possui um lugar de autoridade na organização contemporânea da vida social, um arquivo digital pós-colonial não pode ser uma mera coleção de novos artefatos que refletem uma história diferente e subjugada. Em vez disso, o arquivo pós-colonial deve endereçar diretamente o problema da permanência do diferinte no interior dessa forma de poder ou em oposição a ela. Em outras palavras, a tarefa do/a arquivista pós-colonial não é simplesmente coletar

---

6 J. Derrida, *Mal de arquivo: Uma impressão freudiana*, trad. Cláudia de Moraes Rego. Rio de Janeiro: Relume-Dumará, 2001.

histórias subalternas. É também investigar a lógica composicional do arquivo enquanto tal: as condições materiais que permitem que algo seja arquivado e arquivável; as compulsões e os desejos que conjuram a aparição e a desaparição de objetos, conhecimentos e socialidades dentro de um arquivo; as culturas de circulação, manipulação e administração que permitem a entrada de um objeto ao arquivo que contribui, portanto, para a permanência de conformações sociais específicas. A moldagem dos objetos ao entrarem no arquivo apresenta uma série de novas perguntas. Quais tipo de administração – treinos e exercícios de objetos e de sujeitos – são necessárias para que algo seja arquivado? Um objeto precisa se tornar "um objeto" dentro de certa teoria da gramática antes de poder ser localizável? Quais tipos de manipulação simplesmente tornam os objetos do arquivo mais usáveis, sem nunca abordar seu *status* de coleção arquivada, por exemplo, a maneira como um arquivo é rearranjado quando transferido de um escritório ou de uma casa para uma biblioteca ou quando, por exemplo, a criação de um índice digital exige que um documento *web* seja marcado com metadados? Rearranjar o empilhamento e a conversão *boxing*; fornecer um índice; fornecer metadados que permitam funções de pesquisa: por que esses gestos de reagenciamento não abordam o *status* do arquivo? Ou como o abordam? E em que momento – ou em que medida – a "manipulação" do arquivo o transforma em alguma outra coisa, como o trabalho acadêmico que parte de um arquivo, mas não é em si mesmo um arquivo – ou pelo menos não até que todo o trabalho acadêmico de uma pessoa, e todas as suas condições de trabalho, sejam eles mesmos considerados arquiváveis, transformando aquilo que surgiu de um arquivo em um arquivo de segundo grau? Em outras palavras, a constituição de um arquivo pós-colonial não está empenhada no mesmo tipo de prática de leitura que definiu a tradição hermenêutica do livro, mas se configura como um tipo distinto de moldura interpretativa que focaliza a matriz gerativa na qual as formas, as práticas e os artefatos do arquivo desempenham seu trabalho ideológico rotineiro de constituir sujeitos que podem ser invocados em nome de um público ou de um povo.

Sonha-se que, se feito de maneira correta, com comprometimento firme e rigoroso, um arquivo digital pós-colonial pode criar novas formas de armazenamento e preservação e novos tempos e espaços de arquivo, nos quais um diferinte social pode perdurar e, portanto, modificar as formações sociais vigentes de poder. A mulher que repentinamente atravessa uma parede para dentro de uma biblioteca hexagonal não vai apenas encontrar um lugar na estante como também construir um novo tipo de estante, talvez uma estante digital, em nada parecida com uma estante, especialmente se a estante aparece ou desaparece a depender da posição de quem olha. Talvez essa estante possa abrigar um arquivo digital ou talvez ela mesma possa estar no arquivo digital como um padrão de metadados. A aparição dessa mulher, no entanto, não vai dar início a um novo problema? E esse "novo problema" assinalaria um problema realmente novo ou apenas o velho poder do arquivo? Afinal, se o poder do arquivo é uma força tão difícil de compreender, é justamente porque o poder do arquivo não está no arquivo nem pode ser contido nele, independentemente de serem mídias antigas ou novas, bibliotecas de cimento e tijolos ou bibliotecas virtuais. Como argumenta Derrida em *Mal de arquivo*, o poder do arquivo trabalha contra qualquer arquivo. Ele produz – ou se constitui como – uma compulsão pela escavação profunda dos arquivos e para além dos arquivos; o sonho de uma pessoa que finalmente abrirá uma parede, revelando uma alcova que não pode ser aberta, para que algum documento decisivo possa ser encontrado nas frestas da biblioteca infinita, um documento que determinaria o destino ou que seria o árbitro final de um poder que afirma estar fora do poder e, ao mesmo tempo, configura a máscara decisiva e efetiva desse poder. Nesse lugar, o arquivo é um tipo de desejo lacaniano, sempre insatisfeito com o objeto, sempre se distanciando incessantemente de todo artefato textual, o êxtase da descoberta rapidamente abrindo caminho para a anomia da falta, impelindo o arquivista a buscar mais e mais coleções. Um excelente motor, portanto, para a economia local – a pulsão inesgotável pelo arquivo atraindo uma fila infinita de consumidores que, ao utilizarem o arquivo, protegem a terra na medida em que ela encena as analíticas de existentes específicas locais.

A interface técnica

Diante dessas intervenções teóricas, o lado técnico do arquivo digital pós-colonial tem voltado sua atenção aos protocolos interativos que conectam o arquivo e seus usuários – mais especificamente, criadores de *software* evidenciam as relações sociais ocultas que estão embutidas nos arquivos digitais padrão. A razão é prática e conceitual. Muitos arquivos pós-coloniais, embora de maneiras bastante distintas, tentam utilizar uma matriz específica de circulação não apenas para mover um novo conjunto de "objetos" pela matriz de circulação mas também para modelar em seu bojo uma nova forma de socialidade. Muitos desses arquivos respondem a outras iniciativas que são diretamente financiadas e administradas por agências governamentais, federais, estaduais e territoriais. Por exemplo, o Departamento de Governo, Habitação e Esporte Local [Department of Local Government, Housing, and Sport], sob os auspícios dos serviços informacionais de biblioteca, mais especificamente seus novos centros de conhecimento de biblioteca, criou dez arquivos digitais indígenas em comunidades remotas em todo o Território do Norte e espera criar ainda outros com financiamento da Fundação Gates. Esses centros de conhecimento são constituídos com base em um tipo de *software* chamado Ara Irititja ("histórias de muito tempo atrás"), desenvolvido para as comunidades Anangu Pitjantjatjara na Austrália Central. O site Ara Irititja diz que "uma característica importante da base de dados é sua habilidade de restringir acesso a itens individuais" de modo a proteger "sensibilidades culturais". Uma preocupação central dos Anangu é a possibilidade de "[restringir] o acesso a alguns conhecimentos de acordo com senioridade e gênero". O *software* Ara Irititja integra "essas prioridades culturais ao *design* de seu arquivo digital". Em uma versão anterior do site público, o/a usuário/a podia clicar no link disponível e ler a introdução ou clicar em "pular introdução" e entrar no espaço do arquivo. Para editá-lo, é necessário ter uma senha, mas mesmo sem a senha é possível entrar nele e se movimentar por ali. Dentro do espaço do arquivo, um algoritmo com base em parentescos, rituais, gênero e identidades territoriais controlava o que poderia ser selecionado e visualizado. Todos esses projetos tentam se contrapor à lógica dominante que governa os arquivos *on-line*. Mais especificamente, o arquivo digital pós-colonial se opõe não apenas àqueles que defendem a livre circulação de todo o conhecimento intelectual por meio dos *open information commons* – inclusive a acadêmicos favoráveis a isso, como Lawrence Lessig, cuja matização do conceito dos *open information commons* se dá pela distinção entre propriedade intelectual e não propriedade intelectual – mas também àqueles para quem o público pode abstrair de suas características sociais – ou pode ser abstraído a partir delas. Os sites Ara Irititja forçam leitores/as a vestirem sua pele social, de modo a transformar a socialidade forasteira em um impedimento ao acesso/à aquisição de informação e, portanto, à produção e circulação do conhecimento.[7]

Outros projetos arquivísticos têm seguido o largo caminho aberto pelo modelo Ara Irititja – por exemplo, o projeto *web* de Kim Christen e Chris Cooney, "Digital Dynamics across Cultures" [Dinâmica digital entre culturas], na edição Ephemera do *Vectors: Journal of Culture and Technology in a Dynamic Vernacular* [Jornal de

---

7 Para considerações mais amplas acerca de tecnologias móveis e do processo de localização, ver Rowan Wilken e Gerard Goggin, *Mobile Technology and Place*. London: Routledge, 2012.

Cultura e Tecnologia em um Vernáculo Dinâmico].[8] No texto, ambos mencionam o desejo de codificar "os sistemas de crenças únicas e de posse compartilhada que fundamentam a produção e reprodução do conhecimento Waramungu, incluindo um sistema de 'protocolos' que limita o acesso a informações ou a imagens de acordo com os sistemas aborígenes de responsabilidade". O argumento de "Digital Dynamics" por meio de sua interface dinâmica é duplo. Por um lado, o projeto questiona os pressupostos liberais sobre o papel da agência humana, sistematizada e intencional, na produção, obtenção e circulação do conhecimento. Como em todo os projetos no *Vectors*, o argumento de "Digital Dynamic" "roda" sobre uma base de dados e um algoritmo. Nesse sentido, é da base de dados, vis-à-vis a antropóloga e a *designer*, a autoria imediata do argumento. A base de dados é povoada com fotografias, áudios e vídeos pertencentes ao vasto arquivo Warumungu de Christen. Mas a arquivista – a atora ou actante – não era Christen – pelo menos não completa e finalmente Christen – mas um algoritmo e uma base de dados, construídas por Cooney e outras pessoas do *Vectors*. O algoritmo puxou do arquivo de Christen "uma variedade representacional de conteúdo" que alimentou a base de dados. Sempre que alguém entra no site, outro algoritmo randomizado modifica o material disponível e, nesse processo, de acordo com Cooney e Christen, restringe-se a possibilidade de o/a usuário/a "conhecer 'o Outro' sistematicamente". Essa função algorítmica dual possibilita "conteúdo suficiente para que Kim [Christen] prove seu ponto, mas não o bastante para assoberbar a/o usuária/o" e possibilita também que "cada visita ao site" seja única, mesmo que a "variedade diferente de conteúdo" prove o mesmo ponto. É como se Christen e Cooney estivessem intencionalmente confundindo os bibliotecários imaginados por Jorge Luis Borges.

---

8   Kim Christen e Chris Cooney, "Digital Dynamics across Cultures". *Vectors*, Ephemera, 19 maio 2008.

O *download* do Sonhar

Por outro lado, "Digital Dynamics" coloca pressão sobre a sociabilidade presumida do arquivo. O projeto contrapõe, implicitamente, duas formas de sociabilidade: sociabilidade forasteira e sociabilidade de parentesco. A sociabilidade forasteira é um modo de saber como navegar e interagir no mundo e como fazer as coisas circularem pelo mundo – desde comprar um sorvete até se sentar em uma sala de cinema – por meio de pessoas cuja relação não se estende para além do ser ou, como dizemos em crioulo, *stranger-gidja*, forasteiras entre si. Como observou Michael Warner, enquanto no contexto europeu anterior o forasteiro poderia significar "misterioso" ou "uma presença perturbadora que requer resolução", no contexto dos públicos contemporâneos "forasteiros" podem ser – e de fato devem ser – "tratados como se já pertencessem ao nosso mundo".[9] A socialidade forasteira conforma a base do público moderno como um imaginário social dominante e um modo de identificação. Assim, em suas práticas cotidianas de ser – seu imaginário político, suas interações mercadológicas e suas aspirações íntimas –, todo mundo se porta como um forasteiro diante de outros forasteiros. (Em diversos ambientes virtuais, tais como Second Life, o avatar estiliza a sociabilidade forasteira.) A sociabilidade de parentesco, em contraste, como a sociabilidade dos Warumungu, impõe uma condição muito diferente à circulação de coisas, humanos, não humanos, objetos, narrativas, ideias, e assim por diante. A circulação do conhecimento e de seus subprodutos se baseia em relações sociais solidamente entranhadas que são constantemente negociadas dentro das – e entre as – categorias sociais que as compõem e que compõem seus substratos e suas expressões territoriais. Ninguém se fixa a nenhuma identidade singular, e humanos são e podem se tornar agentes não humanos (quando morrem, tornam-se *nyuidj* que habitam a paisagem e, quando vivos, são descen-

---

9 M. Warner, "Publics and Counterpublics", in *Publics and Counterpublics*. New York: Zone Books, 2002, p. 75.

dentes de tipos específicos de criaturas pós-humanas). No entanto, esses movimentos do ser não podem ser alcançados pela abstração da pessoa em relação a sua pele social. Eles são alcançados pelo engrossamento dessa pele e de suas imaginações. Imagens e outras formas textualizadas não são nunca destacáveis desses mundos sociais espessos; não há uma imagem ou um sujeito interpretante e manejante de imagens, apenas a coconstituição da materialidade e do sentido de cada imagem.

Christen e Cooney tentam provar esses pontos de modo interativo, e não apenas pela exposição. A questão não é simplesmente dizer a leitores/as que a cisão entre sociabilidades forasteira e de parentesco existe, mas permitir que experienciem seu lugar nessa divisão conforme tentam navegar o arquivo Warumungu. Quando uma pessoa entra no site, surge um *pop-up* que diz que "o acesso a certos elementos da cultura Warumungu é restrito". E, conforme explora o site, ela "pode se deparar com imagens, vídeos e outros conteúdos cuja visualização está parcial ou completamente bloqueada". Essa pessoa é, então, compelida a aprender mais sobre os protocolos da socialidade Warumungu e a "aproveitar!". (Esse botão de "aproveite!" é especialmente interessante visto que incita a *jouissance* do Outro ao mesmo tempo que contraria a noção de que a restrição social do sujeito se opõe à fruição.) Quando o/a usuário/a clica em "Protocolos" na parte inferior da tela, lê que, embora não exista uma palavra Warumungu que se traduza como "protocolo", o uso e a circulação do conhecimento cultural (tangível e intangível) se fundamentam em restrições (aquilo que não pode ser feito) e em diretrizes de ação (aquilo que deve ser feito para agir com responsabilidade) e que esses protocolos são especialmente importantes quando pessoas de fora interagem com pessoas Warumungu e seus conhecimentos. Depois de ler esse *pop-up* (ou simplesmente de clicar em "fechar" sem ler) é possível ver o território Warumungu representado por um conjunto de pontos interativos (pensem na pintura em pontilhismo [*dot painting*] da Austrália

O *download* do Sonhar

Central). Cada ponto representa um lugar e é rodeado por outros pontos que representam eventos e atividades. Os pontos que aparecem dependem da seleção do algoritmo. Se alguém seleciona o ponto "Patta" ("Patta é o nome Warumungu para Tennant Creek), o algoritmo gera a constelação "cerimônia de mulheres" e alguém clica em "cerimônia de mulheres", outro *pop-up* diz à usuária que as mulheres Warumungu cantaram e dançaram na abertura de uma nova linha de trem em Tennant Creek e que, embora a performance fosse "aberta" a pessoas de fora, não se deveriam fazer fotografias e vídeos sem a permissão das donas originárias e das dançarinas. Mais uma vez, a pessoa é compelida a "aprender mais sobre esse protocolo" ao clicar em "aprenda mais sobre esse protocolo". E assim é o caminho de alguém pelo arquivo.

Portanto, a partir do momento que uma pessoa abre o arquivo, ela é confrontada por um metadiscurso sobre a circulação do conhecimento cultural e de suas formas e conformações sociais. Ao mesmo tempo, o arquivo se dirige a um "você" massificado, o qual se presume que não faça parte do conhecimento público Warumungu; isso torna impossível a essa segunda pessoa massificada continuar sua navegação sem interagir com a tela de exclusão (mesmo que não se leiam as telas *pop-up*, é preciso fazer algo para que elas desapareçam), além de posicionar esse forasteiro como um *voyeur* em outro mundo social. O site insiste que "você-a-estrangeira" se encontra agora em um mundo social organizado diferencialmente, no qual todas as pessoas, exceto "você", possuem um lugar baseado em relações de parentesco e rituais que estão entranhadas no território. Ele insiste que as regras sociais que organizam o acesso e a circulação da informação em "teu" mundo não funcionam naquele mundo. Você não pode comprar essa informação, tampouco obtê-la contornando os protocolos sociais e culturais dos Warumungu. É tua ancestralidade e teu *status* ritual que importam aqui. E, na medida em que importam, o/a usuário/a não pode se isentar em relação à identidade social. As novas mídias, em vez de libertar as pessoas de sua pele social e permitir que elas se tornem um avatar cultural, fixam sua identidade social como a de pessoas estranhas, forasteiras, *voyeurs* e suspeitas. É possível entender aqui o porquê de os bibliotecários nos perguntarem como esse tipo de arquivo se relaciona à determinação de apoiar informação de livre acesso. O conhecimento Warumungu e seu poder de territorializar pessoas não estão organizados com base no *demos*. O conhecimento depende, de fato, dos acidentes de nascimento – ainda que, da perspectiva Warumungu, nenhum nascimento seja simplesmente um acidente. Como resultado, o arquivo pós-colonial nunca será compatível com o arquivo colonial porque se opõe ao sentido de livre acesso ilimitado sobre o qual se constitui o arquivo colonial – e ele expõe o modo como todos os arquivos restringem acesso aos muitos tipos de material ao tomar como base o pressuposto de que livre acesso quer dizer livre de figuração social.

Mas não seria correto imaginar tais modos de socialidade como contrastes civilizacionais; trata-se de espaços de experimentação e negociação constantes. Forasteiros são uma presença constante entre os Waramungu em lugares como Tennant Creek. Alguns, mas não todos, são absorvidos pelas cosmologias de parentesco locais. Atribuem-se a eles relações específicas de parentesco ou de rituais, e são encorajados a atuar de acordo com essas relações atribuídas. Mas tanto forasteiros socializados quanto forasteiros que permanecem não socializados trazem consigo novos modos de produção, armazenamento e manipulação de conhecimentos: aparelhos celulares, conectividade *bluetooth*, *notebooks*, tocadores de MP3 e assim por diante. Além disso, adolescentes indígenas muitas vezes compreendem melhor o uso de novas mídias que seus professores não indígenas. Helen Verran e Michael Christie examinaram um conjunto de novas formas sociais e de questões ético-sociais que emergem quando comunidades indígenas utilizam novas mídias para aprender sobre seus territórios e representá-los. Mais especificamente, eles propuseram um *software* chamado TAMI (textos, áudios, filmes [*movies*], imagens), que permitiria às comunidades indígenas criar, em mídia, suas próprias narrativas de lugar.[10] TAMI utilizaria um novo código de base para nivelar os pressupostos ontológicos dos metadados que organizam grande parte dos arquivos digitais. Em uma base digital padrão, metadados são utilizados para estruturar, definir e administrar dados organizados eletronicamente. Por exemplo, os metadados podem se referir ao horário e à data em que um dado foi criado, à extensão do arquivo (.mov, .doc, .mp3), à autoria, ao título ou à localização do documento original; ao tipo de objeto (planta, animal, pessoa, lugar, evento); ou às relações que existem entre diversas categorias de metadados. Na rede semântica, o espaço ontológico é composto a partir de metadados sintaticamente organizados. (A rede semântica expande as propriedades e as classes, as relações entre classes, propriedades de escala e de igualdade, assim como um conjunto mais rico de propriedades para os metadados.) A única distinção ontológica *a priori* que Verran e Christie estariam contentes em ver na sua base de dados seria a distinção entre textos, áudios, filmes e imagens. A ideia é permitir que "pais, mães, crianças, professores, professoras, avôs e avós [gerem] e [coletem] objetos digitais de diversos tipos. A base de dados vê seus usuários como apresentando e representando seus lugares e sua vida coletiva por meio do desenho e da apresentação/performance de coleções com diversas finalidades", sem predeterminar o propósito ou a finalidade desses agenciamentos e reagenciamentos.

Embora Verran e Christie não tenham conseguido arrecadar o dinheiro necessário para o desenvolvimento do TAMI, tratou-se de um projeto controverso. O debate girou em torno do efeito que a aprendizagem assistida por meio de computadores, mediante "ba-

---

10 H. Verran e M Christie, "Using/Designing Digital Technologies of Representation in Aboriginal Australian Knowledge Practices". *Human Technology*, v. 3, n. 2, 2007.

ses de dados e outras tecnologias digitais", teria sobre os comprometimentos indígenas locais relativos à "experiência corporificada e localizada" coletiva. Será que o TAMI questionaria os pressupostos ontológicos dos metadados apenas para terminar solapando as propriedades geontológicas do conhecimento indígena? Verran reconhece a importância dessa preocupação, visto que, por um lado, para muitas pessoas indígenas, "a noção de estar no mundo tem como resultado ou como expressão de lugar a existência humana"[11] e, por outro, quando armazenada em computadores, a aprendizagem sobre um território pode se dar a uma enorme distância do território sobre o qual se aprende. O medo de que a geontologia indígena local seja incompatível com a tecnologia moderna é, em si, parte de um medo mais geral que é disparado a cada avanço tecnológico, tanto no que isso significa para a trajetória civilizacional da "cultural ocidental" quanto para a autenticidade do Outro.[12] Esse senso de incompatibilidade e contágio é especialmente aguçado quando se está lidando com as assim chamadas culturas orais. O temor do contágio epistemológico e ontológico se deu de maneira desenfreada na Austrália, por exemplo, nos anos 1980, durante um conjunto de audiências indígenas por demarcação de terras que foi muito contestado e que incluía requerentes rurais e urbanos, pessoas hiperletradas e parcialmente letradas. Oponentes de grupos específicos de requerentes indígenas questionavam como os requerentes sabiam o que sabiam sobre a terra em disputa. Haviam aprendido por meio de métodos "tradicionais" tais como as práticas coletivas nos territórios, supervisionadas e iniciadas por anciãos? Ou a aprendiza-

---

11 Ibid.; H. Verran, "The Educational Value of Explicit Noncoherence: Software for Helping Aboriginal Children Learn about Place in Education and Technology", in David W. Kritt e Lucien T. Winegar (orgs.), *Critical Perspectives, Possible Futures.* Lanham: Lexington, 2007, p. 102.

12 Robert Darnton e Daniel Roche, *Revolução Impressa: A imprensa na França, 1775–1800*, trad. Marcos Maffei Jordan. São Paulo: Edusp, 1996.

gem se dera por meio da prática solitária de leitura de livros? Como nota Verran, essa suspeita sob a aprendizagem indígena mediada textualmente se exacerba diante do arquivamento por computador, ainda que "pessoas aborígenes já estejam, em seus próprios lugares e de suas próprias maneiras, começando a explorar por si mesmas as possibilidades de manejo do conhecimento".[13] E esta é a diferença vital do projeto de Verran e Christie: se existirem condições apropriadas de *software*, é possível que as novas mídias permitam que indígenas australianos deem novos propósitos a seus modos de ser na terra e se tornem para a terra de acordo com seus próprios desejos, inclusive o desejo de se tornarem fluentes nas novas mídias e de alterarem o significado da aprendizagem *in loco*?

De modo crítico, nosso projeto de realidade aumentada se situa precisamente no espaço geontológico que Verran chama de "experiência corporificada *in loco*". Mas nos localizarmos aqui não resolve os problemas associados ao projeto de Verran e Christie, pelo contrário, abre um novo um conjunto de preocupações. Membros e membras do projeto compreendem a existência humana como resultado de materialidades obrigadas. Portanto, o que está em jogo no projeto Karrabing não é apenas o conjunto de protocolos para a circulação do conhecimento mas também a compreensão do conhecimento como um modo de criar e manter a cossubstancialidade das formas de ser (ver capítulo 2). Não se trata só de obter conhecimento, mas de manter os arranjos em seus lugares por meio de atividades que se utilizam deles de maneiras específicas. Deve-se obter conhecimento sobre o território, mas a verdade abstrata não é a finalidade real da aprendizagem. Aprender – conhecer a verdade sobre um lugar – é uma maneira de reformular corpos e paisagens, transmutando-os em corpos mutuamente obrigados. Nesse momento, pode vir à mente o trabalho do filósofo francês

---

13 H. Verran, "The Educational Value of Explicit Noncoherence", op. cit., p. 104.

Pierre Hadot sobre o conceito pós-socrático da ascese, a autotransformação. A reformulação de si não pode ser separada de toda uma série de relações com o lugar, incluindo as transferências materiais (comer, urinar, evacuar, suar em um lugar, devolvendo matéria ao solo) e as transferências semióticas (dizer o lugar e ler a interação semiótica do lugar). E também inclui formas temporais de corporificação ao longo do tempo, formas que forasteiros não indígenas podem considerar como uma inflexão cultural para se referir à memória (sendo a memória aqui compreendida como um estado psicológico do armazenamento, da retenção e da rememoração de informações). Mas esses seres *in loco* não são memórias. Não se trata de estados psicológicos. Os lugares absorvem o espírito de pessoas específicas, *nyudj*, que, por sua vez, aparecem para as pessoas vivas. Com o tempo, a especificidade da pessoa se desgasta lentamente e é absorvida por categorias de parentesco ou categorias linguísticas mais gerais.[14]

O *design* de nosso projeto se propunha a assegurar o arquivo digital para essas analíticas da existência alternativas e para seus modos subsequentes de domiciliação, autorização e territorialização. Nosso arquivo contaria com as mídias sociais para que seu conteúdo pudesse ser ocultado ou exposto, expandido ou contraído de acordo com as condições dialógicas de uma rede social. E cada uma dessas redes sociais criaria sua própria imaginação cartográfica acerca do espaço e do ser geográfico. Essa rede, no entanto, estaria composta de acordo com premissas de parentesco em vez de premissas de amizade? Além disso, em projetos cartográficos convencionais baseados em GPS, o espaço é codificado de acordo com inúmeras características, por exemplo, a criação de mapas gerados por GPS a partir de mudanças climáticas, coberturas aquáti-

---

14 Ver E. A. Povinelli, "The Poetics of Ghosts" em Povinelli, *The Cunning of Recognition: Indigenous Alterities and the Making of Australian Multiculturalism*. Durham: Duke University Press, 2002.

O *download* do Sonhar

cas ou vegetais. Os mapas, então, são sobrepostos para que se possa compreender a relação dinâmica entre as formas ambientais. Mas nossos "mapas" não precisariam depender, necessariamente, da noção de um substrato geograficamente correto. Como resultado, os diversos mapas não podem ter coordenadas. O lugar pode parecer distendido. Seres *in loco* podem se mover ou podem ser movidos conforme sentem ou respondem à presença de seres humanos e não humanos. De fato, o espaço pode surgir como resultado das concordâncias e discordâncias da rede a respeito dos sentidos, lugares e propósitos sociais de diversos tipos de agentes humanos e não humanos.[15]

O suave desgaste dos objetos

Grande parte da euforia inicial em torno das possibilidades radicais das interfaces digitais foi vista com cautela por teóricas como Lisa Gitelman e Wendy Chun.[16] A partir de uma ideia de Lauren Berlant, o "otimismo cruel", Chun recorda que a febre com que se recebe toda nova tecnologia é, em retrospecto, frequentemente vivenciada como a tediosa repetição de esperanças prévias por finais felizes descomplicados – essa tecnologia vai interromper de uma vez por todas as injustiças do mundo social.[17] Em vez de pedir às novas tecnologias da informação que consertem o presente, Chung nos provoca a perguntar pelo modo como o *design* dessas tecnologias dirige e limita o futuro. E, no lugar de enxergá-las como uma coisa

---

15 Para uma discussão geral acerca desses tipos de tecnologia, ver R. Wilken e G. Goggin, *Mobile Technology and Place*, op. cit.

16 L. Gitelman, *Always Already New: Media, History, and the Data of Culture*. Cambridge: MIT Press, 2006.

17 Wendy Hui Kyong Chun e Lisa Marie Rhody, "Working the Digital Humanities: Uncovering Shadows between the Dark and the Light". *differences: A Journal of Feminist Cultural Studies*, v. 25, n. 1, 2014.

homogênea, de que modo pode uma compreensão mais matizada da rede digital como um conjunto de sistemas encaixados e engrenados nos ajudar a compreender o porquê de a abertura de algumas possibilidades implicar o fechamento de outras?

Essas questões são particularmente pertinentes para os projetos digitais acima. O projeto Karrabing de realidade aumentada, os arquivos Warumungu e Ara Irititja, o TAMI: ainda que esses protótipos de *software* atendam melhor os protocolos e as analíticas sociais dos mundos indígenas, o *software* em si precisa operar junto com outros *softwares* e *hardwares* mais profundos que formem e movam outras formas e entidades na internet. Uso o termo *entidade* propositadamente, visto que estamos diante do surgimento daquilo que é chamado de ontologia da web, linguagem de ontologia da web [OWL – *web ontology language*]. A OWL é uma linguagem semântica de *software* que busca programar as propriedades de uma entidade da internet à maneira de um indivíduo, como membro de um grupo e em relação a outras coisas.[18] "As entidades são os elementos de base" da OWL e OWL2, incluindo "classes, tipos de dados, propriedades de objetos, propriedades de dados, propriedades de anotação e indivíduos nomeados". "Por exemplo, uma classe *a:Pessoa* pode ser utilizada para representar o conjunto de todas as pessoas. Da mesma forma, a propriedade de objeto *a:genitorDe* pode ser utilizada para representar a relação genitor-prole. Por último, o indivíduo *a:Pedro* pode ser utilizado para representar uma pessoa específica chamada 'Pedro.'" E as ontologias OWL também incluem *expressões* que "representam noções complexas no domínio descrito. Por exemplo, uma *expressão de classe* descreve um conjunto de indivíduos de acordo com as restrições às características dos indivíduos. E *Axiomas* são comandos asseverados como verdadeiros nos domínios sendo descritos. Por exemplo, uti-

---

18 Ver, por exemplo, "OWL 2 Web Ontology Language: Structural Specification and Functional-Style Syntax (Second Addition)". W3C Recommendation, 11 dez. 2012.

lizando um *axioma de subclasse*, é possível afirmar que a classe *a:Estudante* é subclasse da classe *a:Pessoa*".[19]

Meu propósito aqui não é oferecer um tutorial de OWL, mas sugerir que, mesmo quando arquivos pós-coloniais ambicionam incluir os protocolos locais para a aquisição, obtenção e circulação de conhecimento nas novas mídias, tais arquivos precisam se ajustar a certas condições que aparecem e desaparecem conforme passamos por três regiões interativas: código, interface (arranjos de informação); e tela. Em outras palavras, todos esses conhecimentos subjugados entram no ambiente demandante da informação digital. A internet, certamente, é um espaço dinâmico e, portanto, aquilo que é demandado está sempre em construção – a OWL pode ser substituída por outro tipo e filosofia de *software*. Por exemplo, no momento de escrita deste livro, se iniciava um movimento para substituir a "*read-write*" *web* (Web 2.0) pela *web* semântica (ou Web 3.0). Mas esse dinamismo não é sem forma. Ele continua a demandar que "coisas" se ajustem a suas inúmeras condições de entrada, movimento, localização e exportação. Para tabular e acessar informações em uma base de dados digital, por exemplo, a informação deve ser configurada para ser legível por um código subjacente e pelo *software* que serve de intermediário entre o código e a interface do usuário. Por exemplo, o JavaScript utilizado pelo *Vectors*: o JavaScript depende de uma lógica booleana de operações (ou portas) "NOT", "AND", "OR", funções convencionais if-then [se-logo] e diversos protocolos de detecção de objetos. (Também existem portas "NOR", "NAND", "XOR" e "XNOR".) O *software* permite que um computador encontre "objetos", decida sobre eventos e aplique funções. A localização de objetos, o advento de um evento e a aplicação de funções ocorrem constantemente nos bastidores digitais quando alguém está navegando na internet. Quando, por exemplo, você entra

---

19 Id.

no site do *Vectors*, um código examina seu computador para conferir se o navegador é compatível com JavaScript ou com algum outro *software*. Se o "objeto" existe, nesse caso o JavaScript, a condição se torna verdadeira e um bloco de código é executado, permitindo que o computador rode um site baseado em JavaScript.

É com essas peças de lógica básica que desenvolvedoras de *software* criam aplicativos. Arquivos transculturais colocam uma questão intrigante para muitas desenvolvedoras – e o divertimento que anima a tentativa de resolver os novos ambientes precisa ser mencionado. De fato, o/a usuário/a não é a única agência humana endereçada pelo comando "Aproveite!". Esse aspecto me foi sugerido em uma conversa que tive enquanto participava de um programa de bolsas do *Vectors*. Como parte de um seminário de sete dias, o diretor de Tecnologias Sustentáveis de Arquivos e Bibliotecas na Universidade da Califórnia em Los Angeles conduziu um *workshop*. Durante a longa conversa, o assunto acabou chegando ao problema da sensibilidade cultural e do acesso e da circulação de conhecimento dentro de arquivos digitais. O diretor se demonstrou satisfeito em discutir esse problema, pois estava trabalhando com alguns arquivistas australianos em projetos de conhecimento indígena e de conservação digital. Era empolgante, ainda que ocasionalmente bastante desafiador, ele disse, criar *softwares* que refletiam as regras locais para acesso, circulação e armazenamento de conhecimento. Segundo a sua perspectiva, a primeira coisa que uma desenvolvedora precisava fazer era se sentar com as pessoas certas; escutar suas explicações acerca das regras locais para armazenamento, acesso e circulação; e depois programar essas regras em um conjunto de protocolos nas linguagens das portas if-then. Se a pessoa é uma mulher, ela tem acesso a uma parte específica do arquivo. Se a pessoa é parente da pessoa referida ou representada no texto, essa pessoa teria um conjunto de direitos codificados àquele texto. (Em OWL, a mulher seria uma classe dentro da subClasseDe e as portas temGênero e temParente abririam e fechariam o fluxo de informa-

O *download* do Sonhar

ção.) Eu perguntei: "Como você sabe quem são as pessoas certas? E se existirem discordâncias sobre as regras e protocolos?". O diretor estava curioso, interessado, pensativo e pouco surpreso com a minha questão. Ele certamente não precisava que eu palestrasse sobre a heterogeneidade das "culturas". Ele respondeu que, se houvesse discordâncias, a desenvolvedora poderia utilizar um conjunto de funções if-then para modelar essa discordância entre os subgrupos. "Mas", eu insisti, "e se a discordância for entre 'sim, você pode construir um arquivo digital; não, você não pode'"?

Utilizo essa anedota para sugerir como esse jogo de portas é sedutor. Observem que o "desafio" que coloquei estava dentro da lógica da própria máquina: "sim/não". Dito de outra maneira, nessa negociação o conhecimento se reduz às regras que permitem travar e destravar a informação em fluxos de circulação. O desafio é configurar a vida social em um conjunto de objetos discretos que podem ou não ser encontrados (verdadeiro/falso). Após se deparar com as qualidades abstratas e mínimas das entidades, é possível conhecer os axiomas que as governam e que governam suas relações sintáticas, além das regras de acesso e combinação. Depois de resolvidos esses desafios e de a vida ser configurada de modo a caber nessa forma, a desenvolvedora pode criar um código para refletir o "contexto social". O código pode até "aprender" ("Se o mesmo número de série interagir com este site neste lugar por um número x de vezes, oferecer mais informações") e ter uma "consciência social" ("Se esse cartão de crédito contribuir com uma quantia x de dinheiro para causas indígenas progressistas, oferecer mais informações"). Em nosso projeto, a informação podia ser visualizada de acordo com o número de visitas ao site, pela disponibilização de informação extra a cada nova visita de uma mesma pessoa. Mas aprendizagem, consciência e contexto são construídos em uma moldura metassocial específica: uma escrita social do social como um problema de acesso e circulação informacional; das combinações corretas para travar e destravar os fluxos de informação, como se a produção de conhecimento produzisse objetos. O contexto social está escrito em uma linguagem que pode ser acessada por qualquer computador em qualquer lugar – exatamente a crítica à qual Verran e Christie tentaram se contrapor. Retornamos ao que primeiro se apresentou como uma divisão sólida dentro do espaço digital – entre aqueles favoráveis e contrários a um *open commons* –, somente para descobrir que todos os comuns digitais, coloniais ou pós-coloniais, precisam estar escritos em um código que pressuponha o social como um conjunto de regras criadas para serem operacionalizadas independentemente do contexto social.

O incomensurável desgaste externo dos objetos

O problema com portas digitais é que elas não refletem as incoerências de governança que se encontram nos mundos Karrabing. As portas digitais pressupõem que o mundo social *fora* do arquivo digital pode ser apreendido por um conjunto de protocolos sociais baseados em semântica e logicamente constituíveis. Os Karrabing não pensam assim. Tomemos, por exemplo, duas narrativas que eles consideraram inserir no arquivo digital: a primeira conta a história de alguns cachorros que cruzam o território para tentar cozinhar inhames (de um tipo que precisa ser cozido ou deixado de molho para extrair o arsênico que contém). À medida que se movem pelas paisagens, tentando seguidas vezes consumir os inhames, os cachorros lentamente perdem sua figura original, mais humana, para assumirem sua forma atual de cachorro. Em um dos lugares, os cachorros tentam fazer uma fogueira com a fricção de gravetos. Mas, por ser a estação chuvosa, eles conseguem apenas escavar buracos fundos no solo pedregoso – os quais se enchem de água e formam poços – e desgastar seus dedos, convertendo-os em patas. Em outro local, esfomeados, decidem comer os inhames sem prepará-los; sofrem queimaduras na língua e perdem a capacidade de falar

O *download* do Sonhar

qualquer língua humana. Essa narrativa está no centro do primeiro grande projeto fílmico Karrabing, *When the Dogs Talked* (2014). Mas, em vez de contar a história do Cachorro, *When the Dogs Talked* apresenta ao espectador as declarações de verdade concorrentes e incomensuráveis com as quais os Karrabing contemporâneos se deparam. Crianças pequenas e adolescentes discutem sobre como teriam sido construídos os poços de pedra. Pessoas adultas discutem os valores relativos à continuidade do georreferenciamento das viagens dos Cachorros diante do risco de não pagarem o aluguel e se tornarem desabrigadas. Em outras palavras, o filme é menos sobre a história de Cachorro em si e mais sobre como essa história pode manter sua força no mundo tal qual ele está constituído atualmente. A paisagem é representada por uma dinâmica complexa entre cartografias contestadas localmente e geontologias densamente governadas. Da mesma forma que com o filme, com o arquivo digital Karrabing: em vez de simplesmente digitalizar o conhecimento tradicional, o arquivo precisava operacionalizar a variação, a contestação e a modificação de narrativas e ambientes no decorrer do tempo (por exemplo, considerar a dramaticidade da modificação das características pela erosão do desenvolvimento territorial e a maneira com que diversos Sonhares comentaram essas mudanças).

É essa face exterior incomensurável do arquivo digital que coloca pressão sobre os limites do espaço interno de sua variação e contestação. Certas histórias sobre a região, por exemplo, podem exacerbar pânicos sexuais contemporâneos em torno de culturas indígenas. Programadores/as propuseram resolver esse problema com um conjunto de portas que pudesse expor ou reter o material de acordo com os humores da razão moral liberal tardia. O problema que os Karrabing enfrentam diz respeito às travas, suas constantes mudanças e exigência por posições que são frequentemente contraditórias. No auge do reconhecimento cultural, todas as narrativas pareciam abrir portas de financiamento. Agora, algumas histórias já não conseguiriam a mesma abertura, pois podem ter conteúdo sexual.

Enquanto sobrevoávamos as barragens de pedras e os Sonhares de recife, os Karrabing precisavam pensar especialmente sobre quais histórias da área poderiam incluir em seu projeto de realidade aumentada, considerando, por um lado, as demandas contínuas para que firmassem sua reivindicação territorial na habilidade de recitarem narrativas sobre seus territórios e, por outro lado, a instalação da suspeita generalizada, após a pressão da Intervenção (ver capítulo 4), de que tradições indígenas eram moralmente corrompidas. O problema, em outras palavras, é que os Karrabing enfrentam demandas que são ao mesmo tempo incoerentes e incomensuráveis vindas do público e do Estado liberal tardio.[20]

Embora a edição seletiva dessas narrativas possa resolver o problema imediato de um público desconfiado, ela toca no poder do arquivo? Recordo aqui que o poder do arquivo não diz respeito meramente ao seu conteúdo, ou ao modo de circulação e compartilhamento de seus itens, nem mesmo ao modo como conservam os distintos terrenos orgânicos da memória. O poder do arquivo também se trata, talvez mais profundamente, da orientação da verdade a algum rastro perdido do real. Retornamos não apenas a Derrida mas também a Borges e seus bibliotecários/arquivistas que criam diversas teologias do livro para isolar a verdade singular da biblioteca. Como sugeriu Derrida, o poder de arquivo é mais bem compreendido em relação à pulsão de arquivo a que todo arquivo *atual* dá início. O poder de arquivo é um tipo de insatisfação lacaniana com cada fonte material *atual*, um movimento incessante que ultrapassa cada apresentação *atual* do arquivo. Ter diferentes níveis dentro de nosso arquivo digital mais aumentaria do que atenuaria

---

20 Para uma discussão sobre o conjunto particular de legislações incomensuráveis que organiza a vida social nas áreas de Anson Bay, ver E. A. Povinelli, "Finding Bwudjut: Common Land, Private Profit, Divergent Objects", in Emma Kowal, Tess Lea e Gillian Cowlishaw (orgs.), *Moving Anthropology: Critical Indigenous Studies*. Darwin: Charles Darwin University Press, 2006.

a intensidade dessa pulsão. No entanto, é isso que aumenta o interesse no projeto por parte dos interesses públicos e capitalistas. Há algum valor nisso. Mas não é um valor que opere no arquivo a contrapelo.

O *software* que dá forma a entidades e as faz circular, assim como as incomensuráveis faces morais que as inspecionam, não são os únicos ambientes demandantes pelos quais o arquivo digital Karrabing precisa navegar. O *software* em si depende de uma vasta rede de infraestruturas estatais e de capital – o *hardware* e as redes que armazenam e transferem dados e os dispositivos comerciais, políticos e militares que as criam e sustentam.[21] Todo e cada aspecto dessa interface afeta o poder do desejo – sobrevoando as barragens de pedra e os recifes – de encontrar uma maneira alternativa de gerar renda a partir da terra indígena. Talvez o aspecto mais imediato dessa infraestrutura estatal e do capital seja financeira. Em 2007, quando os Karrabing estavam experimentando pela primeira vez as possibilidades de uma biblioteca em realidade aumentada, havia muitos caminhos financeiros disponíveis. Um desses caminhos era o financiamento público e estatal. Os Karrabing solicitaram fundos que foram concedidos pelo governo do Território do Norte, vinculados ao Subsídio para Inovações Comercial-Acadêmicas [Business-Academic Innovations Grant] do Conselho de Pesquisa Australiano [Australian Research Council]. Tais fundos, evidentemente, dependiam da qualidade da solicitação e da predileção dos avaliadores em relação à agenda nacional. Em 2010, quando a solicitação estava sendo avaliada, as políticas da Intervenção estavam a pleno vapor – e, portanto, de modo pouco surpreendente, os avaliadores deliberavam se o arquivo digital estava alinhado à agenda neoliberal

---

21 Ver W. H. K. Chun, *Control and Freedom: Power and Paranoia in the Age of Fiber Optics*. Cambridge: MIT Press, 2008; Nicole Starosielski, "'Warning: Do Not Dig': Negotiating the Visibility of Critical Infrastructures". *Journal of Visual Culture*, v. 11, n. 1, 2012.

do governo ou à batalha contínua pela autodeterminação. (Capitais de) empreendimentos filantrópicos e privados também ofereceram um caminho para o financiamento do projeto. Mas diversas organizações filantrópicas se mostraram hesitantes em prosseguir com um grupo que não se ajustava ao modelo dominante dos grupos de donos aborígenes originários. Como mencionei no primeiro capítulo deste livro, os Karrabing rejeitam explicitamente as formas estatais de posse fundiária e de reconhecimento de grupo – isto é, o imaginário antropológico de clã, totem e território –, ainda que mantenham, por meio de seus membros individuais, modos de pertencimento a um território específico. Por fim, investidores e capital privado foram abordados. Mas as empresas que costumavam investir em projetos verdes e indígenas pesavam a alta do dólar australiano contra as pequenas margens de lucro dos projetos de turismo. Os Karrabing poderiam demonstrar a ampla aplicabilidade de seu *software* de modo que, mais do que uma iniciativa local, se tratasse do germe de um Facebook indígena? Evidentemente, já existiam plataformas "livres" capazes de cortar os custos de desenvolvimento da biblioteca virtual – especialmente em termos de mapas digitais (o GIS do projeto GIS/GPS). Mas, para que o arquivo digital fosse compatível com diversas plataformas – aparelhos celulares, tablets e *wearables* –, as desenvolvedoras nos direcionavam seguidamente a grandes bases de dados como o Google Maps. E, uma vez inseridos no Google, o controle e a propriedade dos dados estariam significativamente comprometidos.

A infraestrutura do capital financeiro não era o único *infraware* que desviaria os propósitos do arquivo digital Karrabing, sobretudo a proteção de suas terras contra a marcha colonial da despossessão. O outro era a infraestrutura material de *big data*. O propósito do arquivo digital era utilizar tecnologias verdes para propor uma alternativa à devastação ambiental da mineração. Mas, assim como outros projetos, o arquivo digital Karrabing dependeria de dados armazenados em gigantescos discos rígidos e instalações de arma-

O *download* do Sonhar

zenamento e processamento que demandam quantias crescentes de eletricidade para sua operação e resfriamento – uma trajetória de poder diretamente relacionado ao aquecimento exponencial do ambiente externo. Como observou Allison Carruth, "Seja de empresa-para-empresa (B2B) ou centrada no consumidor [...], a metáfora da nuvem oblitera não apenas a estrutura física da internet como também os sentidos sedimentados da palavra *nuvem*", incluindo "imagens aterradoras e consequências desastrosas de nuvens de cogumelo" e "usos idiomáticos que invocam nuvens de tempestade para transmitir experiências de fragilidade, impermanência, ofuscamento, ocultação, escuridão, perigo, melancolia e ansiedade".[22] De fato, o imaginário da nuvem se encontra com o material das tecnologias informacionais e cria novas forças duradouras e relações êxtimas. Tomemos como exemplo o trabalho de Michelle Murphy sobre bifenilas policloradas (PCBS) nos Grandes Lagos norte-americanos. Como anunciava em 2015 a Rogers Corporation, localizada nos Estados Unidos:

> As comunicações sem fio estão mudando o mundo de hoje, assim como o telefone modificou o mundo de ontem. Com a possibilidade de que as tecnologias sem fio se tornem rapidamente a realidade do amanhã, uma ampla gama de materiais e componentes da Rogers continuará a estimular desenvolvedoras de infraestruturas comunicacionais a fim de criar a próxima geração de dispositivos de comunicação e infraestrutura de alta tensão que servirão ainda mais para encolher o mundo por meio da conectividade.

Um componente crucial desses materiais é o "laminado PCB de baixo custo", e Murphy documenta como o acúmulo de PCBS no ar, na água e nos sedimentos dos Grande Lagos produziu uma repro-

---

22 A. Carruth, "The Digital Cloud and the Micropolitics of Energy". *Public Culture*, v. 26, n. 2, 2014.

dução distribuída, "uma instância da reprodução que ocorre além dos corpos e dentro de infraestruturas espaciais e temporais desiguais".[23] As agências químicas que contribuem para alterações de replicação – novas formas de iteração, que Murphy chama de reprodução – não acatam as distinções entre Vida e Não Vida, mas as utilizam mesmo quando se movem entre sedimento e corporificação. Em outras palavras, nosso projeto baseado em GIS/GPS contribuiria com as soberanias tóxicas encontradas por Reggie Jorrock e Kelvin Bigfoot no capítulo 3.

Mesmo se deixarmos de lado a extrema toxicidade dos sistemas de armazenamento e circulação de *small e big data*, o projeto transmídia Karrabing ainda depende de uma última infraestrutura translocal – uma rede global de geossegurança que possibilitaria o funcionamento de nosso arquivo digital baseado em GPS/GIS. Como notei nos capítulos anteriores, o Território do Norte da Austrália, especialmente o Top End na região entre Darwin e Katherine, despenha um papel crucial na mudança de foco do Departamento de Defesa estadunidense: da Europa e do Oriente Médio para o Pacífico Asiático. Nosso projeto GPS/GIS pode se beneficiar dessa mudança na medida em que a eficiência da infraestrutura de todo o sistema de GPS se fundamenta sobre uma série de estações militares de rastreamento que, enquanto escrevo este livro, estão sob ameaça russa.[24] E aqui o GPS do GIS/GPS adquire uma nova dimensão. Se o arquivo digital Karrabing opera pelo georreferenciamento de arquivos de mídia, esses geomarcadores operam por meio de um sistema de satélites que nos sobrevoa tal como sobrevoamos as bar-

---

23 M. Murphy, "Distributed Reproduction, Chemical Violence, and Latency". *The Scholar and Feminist Online*, v. 11, n. 3, 2013.
24 David M. Herszenhorn, "In GPS Battle, Russia Sets Restrictions of Its Own". *The New York Times*, 1º jun. 2014. O artigo discute a ameaça russa de fechamento das estações de rastreamento e a recusa de novas estações em seu país para dar início a um sistema alternativo.

O *download* do Sonhar

ragens de pedra, e os sistemas de controle por satélite rodam por lugares específicos do globo. Esses satélites e sistemas de controle permitem que cada área de superfície terrestre possa ser associada a um valor numérico que existe independentemente de quaisquer mudanças na terra ou sobre ela. Em outras palavras, a precisão dessas linhas cartográficas produz, simultaneamente, uma hiper-historiografia e uma anti-historiografia. Dessa forma, são instrumentais a uma vasta rede histórica de sistemas militares de vigilância; uma ciência geológica que demonstra a interação de atividades humanas e não humanas nas formações atmosféricas e geológicas; um dispositivo militar-geológico que percebe, cada vez mais, a mudança climática como um assunto de segurança; e um mercado emergente de pesquisa climática, créditos de carbono e comércio de carbono.[25]

A escolha de Sofia

Quando os Karrabing buscam habilitar suas analíticas da existência – as barragens de pedras, os Sonhares de peixe, Tjipel, *tjelbak*, *durlgmö* – no interior do geontopoder liberal tardio, se deparam – como antes o fizeram seus pais, mães, avôs e avós – com um mundo de "fatos teimosos" [*stubborn facts*].[26] Como sugeri acima, uma das formas pelas quais os Karrabing obtêm financiamento e conhecimento em relação a seu território é por meio dos desejos do capital: uma empresa de mineração pagou o NLC para contratar o helicóptero a fim de que os donos originários pudessem decidir se e onde

---

25 Para uma discussão sobre as trocas entre interesses comerciais e militares no desenvolvimento de infraestruturas, ver Deborah Cowen, "A Geography of Logistics: Market Authority and the Security of Supply Chains". *Annals of the Association of American Geographers*, v. 100, n. 3, 2010.

26 Isabelle Stengers, *Thinking with Whitehead: A free and wild creation of concepts*, trad. Michael Chase. Cambridge: Harvard University Press, 2011, p. 123.

deveriam ser realizadas perfurações de gás na terra. A excursão no helicóptero se esgueira pela vasta sombra da mineração australiana, alimentando o apetite voraz da manufatura chinesa, apetite celebrado como responsável pelo intemperismo – quer dizer, progresso – miraculoso da Austrália após a crise financeira de 2008. Sob o efeito da Intervenção, o NLC precisa incentivar o extrativismo mineral como um meio para o desenvolvimento indígena e, sob o efeito dos cortes neoliberais de programas sociais indígenas, como um meio de financiar sua própria burocracia. Membros do Karrabing conhecem o funcionamento de todo o sistema, considerando que cresceram sob o regime dos pleitos de terra e testemunharam a luta de suas mães e pais para modificar o imaginário social jurídico. O NLC me remunera como a antropóloga que conhece a área detalhadamente, então eu concordo, junto com outros/as membros/as do Karrabing, em transferir meu pagamento ao contexto mais amplo do projeto Karrabing. Os raciocínios rodam em círculos. Pequenas coisas mudam. Mas o exemplo do projeto de realidade aumentada Karrabing também evidencia que, se o intuito é modificar as formações mais amplas, então uma analítica da existência pode ser capaz de empreender os esforços para perdurar e estender seu campo de força normativa. No meio do caminho estão aqueles fatos teimosos. Se o projeto de realidade aumentada quer gerar capital de investimento, precisa desenvolver um *software* etc. E deve demonstrar uma projeção de expansão de lucros – uma expansão sem fim de telefones, tablets e usuários. Estes, por sua vez, dependem da expansão de terras-raras e não-tão-raras e de minerais que alguma empresa como a OM Manganese vai explorar algum dia – talvez até mesmo aqui, onde o projeto de realidade aumentada pode estar algum dia em funcionamento. Fábricas vão produzir, montar e distribuir nosso aplicativo, demandando mais minas para alimentar sua produção, distribuição e consumo. A vida não está, afinal, meramente no trabalho ou, a esse propósito, na própria vida. A chave da expansão massiva do capital foi a descoberta de uma força de

O *download* do Sonhar

vida na matéria morta, ou da vida nos resíduos da vida: sobretudo no carvão e no petróleo. O combustível vivo (trabalho humano) foi exponencialmente suplementado e substituído, em muitas situações, por combustível morto (os resíduos de carbono de entidades previamente vivas) ao mesmo tempo que os problemas de extrair vida da vida foram sendo mitigados. O capitalismo é uma enorme fundição, abastecendo a sua fornalha com os vivos e com os mortos.

7.

Geontopoder liberal tardio

Quando comecei a escrever este livro, minha intenção era continuar a explorar as formações do poder no liberalismo tardio, como havia feito em *Empire of Love* e depois em *Economies of Abandonment*, para então descobrir que ele poderia ser o último de uma série de cinco livros que começou com *Labor's Lot*. Como este livro se relaciona, então, com os anteriores? Mais especificamente, de que modo ele se ocupa do conceito de liberalismo tardio? Vou começar pelo fim, com *Economies of Abandonment*: logo depois de publicá--lo, eu modifiquei a maneira como definia o liberalismo tardio em relação ao neoliberalismo. Embora eu tivesse diferenciado o liberalismo tardio (a governança da diferença) do neoliberalismo (a governança dos mercados), agora entendo ambas as formas de governança como elementos integrantes do liberalismo tardio. Em outras palavras, o liberalismo tardio é um gesto de periodização, um modo de tornar um conjunto de táticas, discursos e estratégias em torno do poder visíveis em suas especificidades históricas. As estratégias de poder que me interessavam se delinearam claramente no fim dos anos 1960 e no começo dos anos 1970, diante de um conjunto de movimentos globais anticoloniais e de novos movimentos sociais que desfiguraram o rosto do paternalismo liberal e dos mercados neo-keynesianos. A emergência das políticas de reconhecimento e dos mercados abertos foi alardeada como um meio para superar as injustiças e as estagnações sociais e econômicas anteriores. No entanto, como tentei demonstrar em *Economies of Abandonment* e *The Cunning of Recognition*, essas formas de governar a diferença e os mercados estavam organizadas de modo a conservar a governança liberal e a acumulação de valor entre as classes sociais e os grupos sociais dominantes.[1]

Contudo, se o liberalismo tardio é um gesto de periodização, não se trata de uma estratégia homogênea. No decorrer de meus livros, tentei enfatizar que o liberalismo tardio não está em algum lugar específico nem em alguma coisa específica. O liberalismo tardio é um poder citacional capaz de integrar uma série de ocorrências geográfica e temporalmente diversas e dispersas *como parte dessa coisa que chamamos de liberalismo*. Assim, se o liberalismo tardio é uma expressão de periodização, ele deve ser compreendido como uma forma estranha de periodização que cria uma geografia ainda mais estranha. Minha esperança é que essa metodologia estranha seja visível na figura 7.1.

O diagrama diz respeito a um chamado para descrever o que o liberalismo tardio "é" e o que ele pretende "fazer". Vejamos as estrofes superior e inferior. É possível imaginar leitores interpretando a estrofe superior como a ordem global e a estrofe inferior como a ordem local – portanto, a Austrália da estrofe inferior é uma variante local dos eventos globais descritos na estrofe superior. Mas a estrofe superior é um eco criado retrospectivamente em relação à estrofe inferior – as especificidades das formações e deformações australianas relativas ao liberalismo projetam um terreno citacional "global". "Daqui

---

1 Evidentemente, outras pessoas delinearam a relação entre governança da diferença e governança dos mercados. Ver, por exemplo, David Harvey, *Condição pós-moderna: Uma pesquisa sobre as origens da mudança cultural*, trad. Adail Ubirajara Sobral e Maria Stela Gonçalves. São Paulo: Loyola, 1993; Nancy Fraser, "From Redistribution to Recognition? Dilemmas of Justice in a 'Post-Socialist Age'". *New Left Review*, v. 1, n. 212, jul.-ago. 1995; Walter Benn Michaels, *The Trouble with Diversity: How We Learned to Love Identity and Ignore Inequality*. New York: Holt, 2007.

aquilo se parece com isto." Eu espero que outras pessoas incluam não apenas séries adicionais de estrofes inferiores (uma estrofe de Honduras, do Brasil, da França, da Chechênia etc.) como também estrofes superiores projetivas correspondentes. Cruzando as múltiplas estrofes superiores e inferiores, quais elementos se sobrepõem? Por quê? Quais são as defasagens temporais e as formações espaciais. Meu instinto diz que, se todos adicionarmos nossas estrofes e reestrofes, o liberalismo tardio vai aparecer como o agenciamento geográfico de um projeto social – e poderíamos começar a enxergar os lampejos de uma multidão de projetos sociais alternativos imanentes entre as variantes do liberalismo tardio.

Mas também comecei a enxergar outras coisas. Se o liberalismo tardio marca um período durante o qual diversos Estados e Interestados responderam a suas crises severas de legitimidade por meio da implementação das formas liberais de reconhecimento e de várias formas de neoliberalismo (ou de keynesianismo suave), ele também marca o período em que molduras ambientais centrais emergiram e se tornaram dominantes. A missão Apollo 8 deu início ao conceito de Terra inteira (Gaia) e, portanto, de um destino humano e planetário compartilhados.[2] Um novo levante indígena no Canadá, na Austrália e nos Estados Unidos ocorreu à medida que se iniciava um novo ciclo de mineração das terras nativas.[3] E a crise do petróleo nos anos 1970 alarmou o Ocidente enriquecido com a percepção de que seu modo de existência não apenas era alimentado por carbono como também alimentava a conflagração da própria Terra. Portanto, não são inerentes ao liberalismo tardio apenas a governança da diferença e a dos mercados mas também

---

2 Robin Kelsey, "Reverse Shot: Earthrise and Blue Marble in the American Imaginary", in El Hadi Jazairy (org.), *New Geographies 4: Scales of the Earth*. Cambridge: Harvard University Press, 2011.

3 Miranda Johnson, *The Land Is Our History: Indigeneity, Law, and the Settler State, 1967-2000*. New York: Oxford University Press, 2016.

Geontopoder liberal tardio

uma experiência de pensamento mais profunda do liberalismo como conjuntura potencialmente mortífera de um "novo" tipo de diferença e de um novo tipo de desafio aos mercados – a diferença da Não Vida, a sua governança e a função dos mercados quando tais diferenças demandam uma contabilização. Coloco aspas irônicas em "novo" devido ao fato de as condições estruturais dessa crise se estenderem a um passado indeterminado, embora a crise perceptível dessas condições tenha começado a aparecer no liberalismo tardio. Mas é essa reorganização e essa crise da governança da Vida e da Não Vida que eu nomeio de geontopoder. E as perguntas que comecei a me fazer eram: Que diferença faz introduzir o conceito de geontopoder para compreendermos o liberalismo tardio? Como isso perturba ou evidencia o modo como a diferença e os mercados são governados hoje em dia? É aqui que a governança, tanto da diferença quanto dos mercados, por meio dos imaginários sociais da temporalidade e do evento, se torna crucial.

Tanto em *Economies of Abandonment* quanto em *Empire of Love*, tentei compreender como o poder liberal tardio depende de um imaginário específico acerca da temporalidade do outro e de uma forma específica do evento para medir seus benefícios e danos. A temporalidade do outro é um imaginário social que divide o tempo e a geografia humanos em duas formações contrastantes – o sujeito autológico e a sociedade genealógica. O sujeito autológico se refere aos múltiplos discursos e práticas que evocam o sentimento de liberdade e de autonomia e cuja inflexão normativa é operada pelo futuro perfeito. Podemos dizer que a liberdade e a iluminação estão sempre em um futuro no qual seus ideais são aperfeiçoados. Já a sociedade genealógica se refere àqueles discursos que enfatizam as constrições de uma determinação social pretérita mais-que-perfeita. Pensem aqui em sociedades, religiões e culturas tradicionais que são descritas como máquinas de repetição, ora orientadas à manutenção do estado pretérito mais-que-perfeito, ora tentando "nos arrastar de volta à idade das trevas".

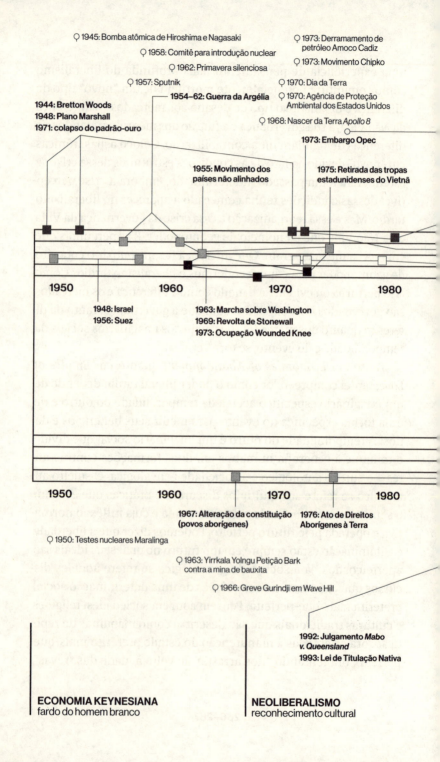

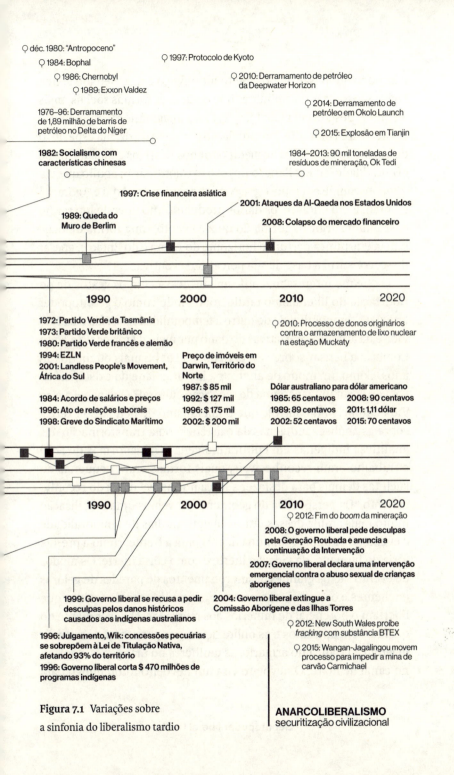

Figura 7.1 Variações sobre a sinfonia do liberalismo tardio

É importante frisar que o sujeito autológico e a sociedade genealógica são formas disciplinares que cindem as formas sociais, mais do que as descrevem globalmente. Esses imaginários temporais são reforçados e colocados em circulação por meio do drama específico de um modo específico de medir os danos relativos a uma forma de eventividade – o Big Bang, o novo, o extraordinário; aquilo que claramente rompe o tempo-espaço, criando um novo Aqui e Agora, Lá e Então. E, no entanto, os danos produzidos no liberalismo tardio costumam surgir na forma do quase evento, uma forma de ocorrência que nunca perfura o horizonte do Agora e do Então e, apesar disso, constitui a base de sua percepção eventiva.

O que me interessou, conforme brincava com os gestos de periodização do liberalismo tardio, foi o modo como o geontopoder articula a temporalidade do outro à temporalidade da Vida e da Não Vida e dá ânimo às narrativas do dano por meio da forma do evento. Comecei a pensar sobre isso em *Labor's Lot* há mais ou menos 25 anos. Como um modo de analisar a historicidade da existência se convertia em uma máquina de repetição cultural? Que papel a Não Vida cumpria no controle que o liberalismo de ocupação exercia sobre as análises indígenas da existência ou a transformação das analíticas indígenas em cultura indígena? Quais formas de ação e trabalho eram reconhecíveis, quais formas eram pequenas ou sucintas demais para desfazer a força normativa da lei do reconhecimento? Da perspectiva do geontopoder, vemos uma mobilização muito mais ampla dessas táticas liberais tardias de temporalidade e evento. O Animista caminha de trás para a frente, rumo à pré-história do humano, da vida, ao inerte e como coisa inerte. Os modos de evento são os grandes desmoronamentos de paredes de gelo, as enchentes e os furacões, em vez do acúmulo lento de toxinas que libertam o potencial de minérios aos mercados. O dever diante do qual nos encontramos e as obliterações que precisamos organizar inserem a criança no armário, as mulheres no manganês, a jovem no canal de maré. O nevoeiro vira um nevoeiro fotoquímico para tornar humanos descuidados em alguma outra coisa que está dentro da cidade sem órgãos em vez de fora dela. Mas a cidade não é inteira feita de uma única substância. Os que estão nas camadas inferiores se tornarão alguma outra coisa mais rapidamente do que os que se encontram no topo.

Em outras palavras, o geontopoder liberal tardio não é algo mais homogêneo do que foi o liberalismo tardio. E, assim como o liberalismo tardio em geral, o geontopoder liberal tardio é um projeto social cujo propósito é a manutenção de um arranjo de acumulação por meio da governança específica da diferença e dos mercados que alcança formas humanas e não humanas de existência. O geontopoder liberal tardio é uma atividade que conserta e cossubstancia fenômenos, agregando e agenciando elementos díspares em uma forma e um propósito comuns. É um conjunto de padrões dominantes, constantemente manipulados e revisados de acordo com as condições materiais e locais com as quais a Vida é fabricada e a Não Vida é utilizada. Manter um foco crítico sobre projetos sociais, e não sobre mundos sociais, evidencia a natureza distribuída do encarnamento [*enfleshment*]. É uma maneira de romper decididamente com os pressupostos, sempre à espreita, da homogeneidade, do grupo social, da cultura, da sociedade, do *ethnos*. E é uma maneira de coordenar mundos da vida sociais a mundos da não vida sociais. O que acontece quando esse encarnamento, a pele demandada continuamente pela Vida, encontra sua extinção na Não Vida e no fim da biopolítica? Uma possibilidade é que o vocabulário-chave que sustenta nossas ciências naturais e críticas se torna, no melhor dos casos, desajustado e, no pior deles, um impedimento para o arranjo por vir. Este livro enfatizou algumas das abordagens críticas mais caras a mim – normatividade, semiótica e *lógos*, agenciamento, evento, substância, subjetividade. Mas outros conceitos, vitais ao próprio conceito de geontopoder, também começam a desmoronar.

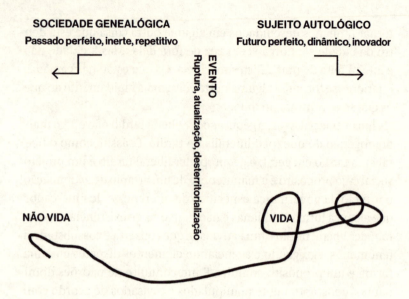

Figura 7.2 A sociedade genealógica e o sujeito autológico no geontopoder

É possível que, se não tivéssemos primeiro sido submergido/as no conceito biopolítico de população, não fosse possível refletir ansiosamente sobre o conceito de primavera silenciosa ou de sexta extinção – não apenas a extinção da espécie humana mas a extinção de todas as formas de vida.[4] O significado da extinção pode parecer translúcido como a água e pesado como a gravidade. Mas trata-se de um conceito, não de um fato, cujo significado surgiu, assim como seus efeitos, de uma ciência dos séculos XVIII e XIX. Além disso, trata-se de um conceito dependente de outros conceitos, tais como os de *espécie* e *população*. Uma espécie, como sabemos, é um conceito da biologia – a espécie é uma das unidades básicas da classificação biológica e da taxonomia. A posição da espécie, enquanto

---

4 Ver Rachel Carson, *Primavera silenciosa*, trad. Claudia Sant'Anna Martins. São Paulo: Gaia, 2010; Elizabeth Kolbert, *A sexta extinção: Uma história não natural*, trad. Mauro Pinheiro. Rio de Janeiro: Intrínseca, 2015.

classificação, está abaixo de gênero, que está abaixo de família, que está abaixo de ordem, e assim por diante, de trás para a frente, mais acima ou no topo das classes biológicas: a Vida cujo contrário não é a Morte, mas a Não Vida, é um conceito geológico. Uma população, como também sabemos, são todos aqueles que vivem em uma mesma área geográfica e pertencem a uma única espécie. E aqui podemos encontrar uma tática do poder, ou da governança, ou da governabilidade – entre outras palavras possíveis –, uma tática que depende desse conceito de Vida, mas cujo oposto agora é Morte, uma tática que também emergiu com essa ciência das espécies e das populações nos séculos XVIII e XIX e agora se encontra envolta no conceito de *biopoder* – um conceito tornado vivo pelo historiador francês Michel Foucault, cujos sentidos, táticas e figuras sabemos de cor. Sabemos, por exemplo, que o biopoder oculta seu modo de matar por meio do discurso da vida, de fazer viver, um discurso que nos diz para sermos normais, saudáveis e vitais: viver bem, florescer, almejar o êxito. Permite, também, a morte daqueles que não almejam o êxito ou que, de tanto almejá-lo, se esgotam e morrem, e não desperdiça tempo matando-os – a não ser que seja necessário, em centros secretos de detenção que estimulam a morte por afogamento. Essa forma de biopoder é translúcida e pesada como essa água e essa gravidade. Sabemos que tal forma de poder possui quatro figuras, quatro estratégias e quatro discursos. E sabemos de cor essas quatro figuras, estratégias e discursos: a criança masturbadora, a mulher histérica, o casal malthusiano e o adulto pervertido.

Por conseguinte, a extinção pode muito bem ser um conceito dependente de outros conceitos cujos impactos afetivos e discursivos dependem de outros conceitos que produzem outros conceitos – biologia e geologia, por exemplo – e que produzem modos e táticas de poder, que produzem figuras sociais, que produzem outros conceitos e, sem tais conceitos, sem espécie, sem população, sem Vida e Não Vida, não há extinção, não há morte em massa. Isso não significa que viverei para sempre, ou que seres humanos viverão para sempre, ou que pessoas não morrerão, ou que não terão a morte simulada por água – substância considerada essencial à emergência da vida. Eu não. Nós não. Eles sim. Isso também é translúcido como um copo de água e pesado como a gravidade. Estávamos ausentes e teremos desaparecido. Eles serão torturados e deixados para morrer. E depois ficarão ausentes e desaparecerão. No entanto, isso significa que a Vida e a Não Vida desaparecerão como afetos, assim como a população, a espécie e a extinção – suas modalidades de poder e seus afetos.

Diante do Antropoceno, do Meteoroceno (ou da mudança climática, se você preferir) – respire –, a geologia e a meteorologia nos têm fornecido alguns marcadores aterrorizantes: o surgimento da vida, há muito muito tempo, no período Pré-Cambriano, quando aparecem as bactérias, as cianobactérias e os protozoários, agora se vincula à ausência radical de vida no futuro muito muito distante, no pós-Antropoceno, quando a Terra terá se tornado Marte, algo que possuía vida, mas que agora está despido dela. No entanto, ao fornecer esses marcadores aterrorizantes, que nos dão não apenas a população, mas a extinção, e não apenas a extinção das espécies, mas a extinção da Vida em si mesma, a geologia e a meteorologia também podem estar oferecendo um novo marcador: a morte da diferença entre Vida e Não Vida e, portanto, entre Vida e Morte, fornecendo, portanto, a morte da própria Extinção, uma metaextinção que ocorre quando a própria Vida se torna extinta.

Observemos a Vida e a Não Vida no Antropoceno e no Meteoroceno. A geologia e a meteorologia estão devorando sua disciplina companheira, a biologia. É possível separarmos a Vida da Não Vida se olharmos para como e onde a vida começou, e como e por que ela chegará ao fim? A vida não é um milagre – a dinâmica oposta à inércia da substância rochosa. É a Não Vida que carrega, ou que deveria carregar, o potencial mais radical, pois a Não Vida criou aquilo que ela radicalmente não é, Vida, e com o tempo essa extensão de si será recolhida novamente dentro de si como foi frequen-

Geontopoder liberal tardio

temente em outros tempos. Ela dobrará sua própria extensão de volta aos estratos geológicos, à existência rochosa, ao passo que a Vida só pode desmoronar no que já existe. A vida é um mero momento dentro do desdobramento dinâmico mais vasto da Não Vida. E assim a vida é devorada, da perspectiva geológica, sob a pressão do Antropoceno e do Meteoroceno. A vida é apenas mais um órgão interno de um planeta que estará aqui mesmo quando ela não estiver, mesmo quando nós não estivermos, avançando seu desdobramento, criando sabe-se-lá-o-quê. A Vida será um conceito relevante lá? Se não, talvez a Não Vida seja finalmente libertada da ansiedade da Vida, libertada de ser Não Vida ou, como poderia ter dito Luce Irigaray, de ser o outro do mesmo, livre finalmente para ser o outro do outro.

Até lá, talvez seja melhor não nos surpreendermos com as táticas e técnicas mobilizadas pela emergência do geontopoder, muito similares ao liberalismo tardio. Por todo o lado escutamos o Evento vindouro, o imaginário catastrófico que orienta e demanda ação – a última onda, a sexta extinção. E, no entanto, uma temporalidade muito distinta pulsa em vários terrenos – o rio se torna um aterro sanitário; o nevoeiro se transforma em nevoeiro fotoquímico; formações rochosas se transformam em componentes para computadores. É por isso que a poética do quase evento sutura os estudos ambientais de Rob Nixon ao otimismo afetivo de Lauren Berlant e aos mundos em desmoronamento do liberalismo tardio?[5] É certamente por isso que percebemos o constante jogo de sedução das políticas liberais tardias de reconhecimento mais antigas: a constatação repentina, o acolhimento de um diferinte naquilo que já existe,

---

5   R. Nixon, *Slow Violence and the Environmentalism of the Poor*. Cambridge: Harvard University Press, 2013. Ver também a tese de doutorado de Nick Shapiro, *Spaces of Uneventful Disaster Tracking Emergency Housing and Domestic Chemical Exposures from New Orleans to National Crises*. Institute for Social and Cultural Anthropology, University of Oxford, 2014.

a extensão, ao outro, das qualidades que já valorizamos mais e a partir das quais criamos grande parte do nosso valor.

Juntem os instrumentos musicais. Vistam as batas. Rezem uma missa para o repouso da alma dos mortos. Agarrem-se à vida mesmo que na qualidade de sua extinção em massa.

Geontopoder liberal tardio

Agradecimentos

Este livro representa minha compreensão acerca de um conjunto de pensamentos e dados analíticos referentes à governança da diferença e dos mercados no liberalismo tardio de ocupação. O texto provavelmente será mais bem compreendido na relação com meus livros anteriores. Em todo caso, fiz o possível para escrever um livro autocontido. Não haveria pensamento para autoconter se não fosse um mundo de pensadores e atores críticos que conheço ou conheci. Para a maior parte das pessoas que leem este livro, seus nomes serão familiares e estranhos: Ruby Yarrowin, Betty Bilawag, Bobby Lane, Maudie Bennett, Agnes Lippo, Maggie Timber, Alice Wainbirri, Margorie Nuki, Ester Djarem, Tom Barradjap, John Bianamu, Frank Dumu, Cold Blood, membros e membras do Karrabing (incluindo Linda Yarrowin, Rex Sing, Rex Edmunds, Cecilia Lewis, Robyn Lane, Trevor Bianamu, Sandra Yarrowin e Claude Holtze), Nadia Abu El Haj, Julieta Aranda, David Barker, Thomas Bartlett, Sheridan Bartlett, Kathryn Behar, Lauren Berlant, Mario Blaser, Marisol de la Cadena, Jason Coleman, Jodi Dean, Dilip Gaonkar, Natasha Ginwala, Sarah Coleman Harwell, Elizabeth Johnson, Liza Johnson, Eduardo Kohn, Tess Lea, Tom Sleigh, Nick Shapiro, Audra Simpson, Peter Skafish, Anton Vidokle, Michael Warner, Robyn Wiegman, Elizabeth Wilson, Susanne Winterling, Brian Wood,

Kathryn Yuseff e Vivian Ziherl. Também gostaria de agradecer aos organizadores e ouvintes do Cogut Center for the Humanities, na Universidade Brown; aos Futuros da *Resistance* de Lyotard da Luma Foundation; à Society of the Humanities, na Universidade Cornell; ao colóquio Politics, Ethics, Ontologies, no Amsterdam Institute for the Social Sciences; ao colóquio Climatic Unconscious, promovido pela *e-flux* e pelo Remai Modern, Saskatoon; ao colóquio Engineered Worlds, na Universidade de Chicago; ao Center for the Study of Women and Men, no Hobart & William Smith College; ao More than Human Sensoria, na Chemical Heritage Foundation; à Royal Geographical Society; ao departamento de antropologia social da Universidade da Cidade do Cabo; ao *workshop* Indexing the Human, na Universidade Stellenbosch; ao Centre for Humanities Research, na Universidade do Cabo Ocidental; ao colóquio Anthropology of South Africa, em Potchefstroom; ao Pérez Art Museum, em Miami; ao colóquio EcoMaterialism, na Universidade da Califórnia, Irvine; ao *workshop* Critical Theory, na Universidade da Pensilvânia; ao departamento de antropologia da Universidade McGill; ao *workshop* Seminário Sawyer, na Universidade Cornell; ao Anthropocene Project, da Haus der Kulturen der Welt, e ao simpósio Learning how to Inherit Colonized and Ecologically Challenged Lifeworlds, na Universidade de Vitória (Canadá); à Canadian Association of American Studies, em Banff; ao departamento de estudos culturais e de gênero da Universidade de Sydney; ao curso de verão da Northwestern School of Communication; ao Center for the 21st Century, na Universidade de Wisconsin; ao *workshop* Comparative Politics, na Universidade de Chicago; ao Institute for Science, Innovation and Society, na Universidade de Oxford; ao Institute for Research on Women, na Universidade Rutgers; Theorizing Sovereignty, na Universidade Yale; à Academy of Fine Art, Oslo; ao departamento de ciência política da Universidade de Queensland; Cerisy; ao Institute for Global Law and Policy, na Harvard Law School; ao departamento de antropologia social da Universidade de Man-

Agradecimentos

chester; ao departamento de antropologia da Universidade Rice; ao Seminário Sawyer Indigenous Cosmopolitics: Dialogues about the Reconstitution of Worlds, na Universidade da Califórnia, Davis; e ao Consortium of Humanities Centers and Institutes, na Universidade Nacional da Austrália. Também gostaria de estender meus agradecimentos ao Northern Institute, na Universidade Charles Darwin, e à North Australian Research Unit, por proporcionarem ambientes hospitaleiros à minha estadia no norte.

Finalmente, mas não por último, gostaria de agradecer aos dois pareceristas anônimos, que demonstraram a qualidade preciosa, de tão rara, do envolvimento crítico tenaz; e, claro, ao meu editor de longa data, Ken Wissoker, e à minha amiga insubstituível e duradoura, Susan L. Edmunds.

Referências

AGAMBEN, Giorgio. *Homo Sacer: Sovereign Power and Bare Life* [1995], trad. Daniel Heller-Roazen. Stanford: Stanford University Press, 1998.

____. *The Open* [2002], trad. Kevin Attell. Stanford: Stanford University Press, 2004.

AGARD-JONES, Vanessa. "Spray". *Somatosphere*, 27 maio 2014.

AHMED, Sara. "Orientations Matter", in D. Coole e S. Frost (orgs.), *New Materialisms: Ontology, Agency, and Politics*. Durham: Duke University Press, 2010.

ALTHUSSER, Louis. Sur la Philosophie. Paris: Gallimard, 1994.

ALTMAN, Jon. "Indigenous Rights, Mining Corporations, and the Australian State", in S. Sawyer e E. T. Gomez, *The Politics of Resource Extraction: Indigenous Peoples, Multinational Corporations, Multilateral Institutions and the State*. London: Palgrave Macmillan, 2012.

____. "Indigenous Policy: Canberra Consensus on a Neoliberal Project of Improvement", in C. Miller e L. Orchard (orgs.), *Australian Public Policy: Progressive Ideas in the Neoliberal Ascendency*. Bristol: Policy Press, 2014.

ANSCOMBE, G. E. M. *Intention*. Oxford: Blackwell, 1963.

ARENDT, Hannah. *The Human Condition*. Chicago: University of Chicago Press, 1958 [ed. bras.: *A condição humana*, trad. Roberto Raposo. Rio de Janeiro: Forense Universitária, 2014].

____. "Man's Conquest of Space". *The American Scholar*, v. 32, n. 4, 1963/ "The Conquest of Space and the Stature of Man". *The New Atlantis*, n. 18, 2007 [ed. bras.: "A conquista do espaço e a estatura humana", in *Entre o passado e o futuro*, trad. Mauro W. Barbosa. São Paulo: Perspectiva, 2016].

ARISTARKHOVA, Irina. "A Feminist Object", in K. Behar (org.),

Object-Oriented Feminism. Minneapolis: University of Minnesota Press, 2016.

BADIOU, Alain. *The Adventure of French Philosophy*, trad. Bruno Bosteels. London: Verso, 2012.

BARAD, Karen. "Posthumanist Performativity: Toward an Understanding of How Matter Comes to Matter", *Signs: Journal of Women in Cultural and Society*, v. 28, n. 3, 2003.

BARIKIN, Amelia. "Arche-Fossils and Future Fossils: The Speculative Paleontology of Julian Charrière", in N. Schweizer, *Julian Charrière: Future Fossil Spaces*. Milano: Mousse, 2014.

BAROSS, John A. e Sarah E. HOFFMAN. "Submarine Hydrothermal Vents and Associated Gradient Environments as Sites for the Origins and Evolution of life". *Origins of Life and Evolution of Biospheres*, v. 15, n. 4, 1985.

BENNETT, Jane. *Vibrant Matter: A Political Ecology of Things*. Durham: Duke University Press, 2010.

_____. "A Vitalist Stopover on the Way to a New Materialism", in D. Coole e S. Frost, *New Materialisms: Ontology, Agency, and Politics*. Durham: Duke University Press, 2010.

BENSON, Etienne. *Wired Wilderness: Technologies of Tracking and the Making of Modern Wildlife*. Baltimore: Johns Hopkins University Press, 2010.

BENVENISTE, Émile. "Subjectivity in Language" [1958], in *Problems in General Linguistics*, trad. Mary Elizabeth Meek. Coral Gables: University of Miami Press, 1973 [ed. bras.: "Da subjetividade na linguagem", in *Problemas de linguística geral*, trad. Maria da Glória Novak e Maria Luiza Neri. Campinas: Editora Unicamp, 1988].

BERARDI, Franco "Bifo". *Precarious Rhapsody: Semiocapitalism and the Pathologies of the Post-Alpha Generation*, trad. Arianna Bove et al. New York: Autonomedia, 2009.

_____. *After the Future* [2009]. Oakland: AK Press, 2011 [ed. bras.: *Depois do futuro*, trad. Regina Silva. São Paulo: Ubu Editora, 2019].

BLENCOWE, Claire. "Foucault's and Arendt's 'Insider View' of Biopolitics: A Critique of Agamben". *History of the Human Sciences*, v. 23, n. 5, 2010.

BRAAKMAN, Rogier e Eric SMITH. "The Compositional and Evolutionary Logic of Metabolism". *Physical Biology*, v. 10, n. 1, 2013.

BRAIDOTTI, Rosi. "Bio-Power and Necro-Politics: Reflections on an Ethics of Sustainability". *Springerin*, n. 2, 2007.

BRASSIER, Ray et al. "Speculative Realism", in R. Mackay (org.), *Collapse*, v. III: *Unknown Deleuze*. Falmouth: Urbanomic, 2007.

BROGAN, Walter A. *Heidegger and Aristotle: The Twofoldness of Being*. Albany: State University of New York Press, 2005.

BROMBERG, Svenja. "The Anti-Political Aesthetics of Objects and Worlds Beyond". *Mute*, 25 jul. 2013.

BUTTS, Kent Hughes, Brent BENKUS e Adam NORRIS. "Strategic Minerals: Is China's Consumption a Threat to United States Security?". *csl Issue Paper*, v. 7-11, jul. 2011.

CAMILLERI, Caroline et al. "Toxicity of the Herbicide Tebuthiuron to Australian Tropical Freshwater Organisms: Toward an Ecological Risk Assessment". *Supervising Scientist Report*, v. 131, 1998.

CAMPBELL, Scott M. *The Early Heidegger's Philosophy of Life: Facticity, Being, and Language.* New York: Fordham University Press, 2012.

CAMPBELL, Timothy. *Improper Life: Technology and Biopolitics from Heidegger to Agamben.* Minneapolis: University of Minnesota Press, 2011.

CANGUILHEM, Georges. *The Normal and the Pathological* [1966], trad. Carolyn R. Fawcett e Robert S. Cohen. New York: Zone, 1989 [ed. bras.: *O normal e o patológico*, trad. Maria Thereza Redig de Carvalho Barrocas. Rio de Janeiro: Forense Universitária, 2009].

____. "The Living and Its Milieu", trad. John Savage. Cambridge: MIT Press, 2001 [ed. bras.: "O vivente e seu meio, in *O conhecimento da vida*, trad. Vera Lucia Avellar Ribeiro. Rio de Janeiro: Forense Universitária, 2012].

CARRIERO, John. "Conatus and Perfection in Spinoza". *Midwest Studies in Philosophy*, v. 35, n. 1, 2011.

CARRUTH, Allison. "The Digital Cloud and the Micropolitics of Energy". *Public Culture*, v. 26, n. 2, 2014.

CARSON, Rachel. *Silent Spring.* New York: Houghton Mifflin, 1962 [ed. bras.: *Primavera silenciosa*, trad. Claudia Sant'Anna Martins. São Paulo: Gaia, 2010].

CHAKRABARTY, Dipesh. *Provincializing Europe: Postcolonial Thought and Historical Difference.* Princeton: Princeton University Press, 2007.

____. "The Climate of History: Four Theses". *Critical Inquiry*, v. 35, 2009.

CHEN, Mel Y. *Animacies: Biopolitics, Racial Mattering, and Queer Affect.* Durham: Duke University Press, 2012.

CHOY, Timothy. *Ecologies of Comparison: An Ethnography of Endangerment in Hong Kong.* Durham: Duke University Press, 2011.

CHRISTEN, Kim e Chris COONEY. "Digital Dynamics Across Cultures". *Vectors*, Ephemera, 19 maio 2008.

CHUN, Wendy Hui Kyong. *Control and Freedom: Power and Paranoia in the Age of Fiber Optics.* Cambridge: MIT Press, 2008.

____ e Lisa Marie RHODY. "Working the Digital Humanities: Uncovering Shadows between the Dark and the Light". *differences: A Journal of Feminist Cultural Studies*, v. 25, n. 1, 2014.

CLEMENS, Justin. "Vomit Apocalypse; Or, Quentin Meillassoux's After Finitude". *Parrhesia*, n. 18, 2013.

COHEN, Tom. "Introduction", in Tom Cohen (org.), *Telemorphosis:*

Theory in the Era of Climate Change. Ann Arbor: Open Humanities Press/Michigan Publishing, 2012.

COLEBROOK, Claire. *Death of the PostHuman: Essays on Extinction*, v. 1. Ann Arbor: Open Humanities Press/Michigan Publishing, 2014.

COMMONWEALTH of Australia. *Warumungu Land Claim: Report by the Aboriginal Land Commissioner to the Minister for Aboriginal Affairs and to the Administrator of the Northern Territory*. Report n. 31. Canberra: Australian Government Publishing Service, 1991.

COOLE, Diana e Samantha FROST (orgs.). *New Materialism: Ontology, Agency, Politics*. Durham: Duke University Press, 2010.

COWEN, Deborah. "A Geography of Logistics: Market Authority and the Security of Supply Chains". *Annals of the Association of American Geographers*, v. 100, n. 3, 2010.

DARNTON, Robert. *The Great Cat Massacre: And Other Episodes in French Cultural History* [1984]. New York: Basic Books, 2009 [ed. bras.: *O grande massacre de gatos e outros episódios da história cultural francesa*, trad. Sonia Coutinho. Rio de Janeiro: Graal, 1986].

_____ e Daniel ROCHE. *Revolution in Print: The Press in France, 1775–1800*. Berkeley: University of California Press, 1989 [ed. bras.: *Revolução impressa: A imprensa na França, 1775-1800*, trad. Marcos Maffei Jordan. São Paulo: Edusp, 1996].

DAVIS, Angela. *Abolition Democracy: Beyond Prisons, Torture, and Empire*. New York: Seven Stories Press, 2005 [ed. bras.: *A democracia da abolição: Para além do império, das prisões e da tortura*, trad. Artur Neves Teixeira. Rio de Janeiro: Difel, 2019].

DE LA CADENA, Marisol. "Indigenous Cosmopolitics in the Andes: Conceptual Reflections beyond 'Politics'". *Cultural Anthropology*, v. 25, n. 2, 2010.

DELEUZE, Gilles. *Difference and Repetition* [1968], trad. Paul Patton. New York: Columbia University Press, 1994 [ed. bras.: *Diferença e repetição*, trad. Luiz Orlandi e Roberto Machado. Rio de Janeiro: Paz e Terra, 2018].

_____. "On Spinoza". *Lectures by Gilles Deleuze* [24 jan. 1978]; deleuzelectures.blogspot.com/2007/02/onspinoza.html [ed. bras.: "O afeto e a ideia", in *Cursos sobre Spinoza (Vincennes, 1978-1981)*, trad. Emanuel Angelo da Rocha Fragoso et al. Fortaleza: EDUECE, 2019].

_____. *Cinema*, v. 1: *The Movement-Image* [1983], trad. Hugh Tomlinson e Barbara Habberjam. Minneapolis: University of Minnesota Press, 1986 [ed. bras.: *Cinema 1: A imagem-movimento*, trad. Stella Senra. São Paulo: Editora 34, 2018].

_____ e Félix GUATTARI. *A Thousand Plateaus: Capitalism and Schizophrenia* [1980], trad. Brian Massumi. Minneapolis: University of Minnesota Press, 1987 [*Mil platôs:*

Capitalismo e esquizofrenia, v. 1-5, trad. Aurélio Guerra Neto et al. São Paulo: Editora 34, 1995-97].

____ e ____. *What Is Philosophy?* [1991], trad. Hugh Tomlinson e Graham Burchell. New York: Columbia University Press, 1996 [ed. bras.: *O que é a filosofia?*, trad. Bento Prado Jr. e Alberto Alonso Muñoz. São Paulo: Editora 34, 2010].

DELOUGHREY, Elizabeth. "Satellite Planetarity and the Ends of the Earth". *Public Culture*, v. 26, n. 2, 2014.

DE MAN, Paul. "Semiology and Rhetoric", in Allegories of Reading: Figural Language in Rousseau, Nietzsche, Rilke, and Proust. New Haven: Yale University Press, 1982 [ed. bras.: "Semiologia e retórica", in *Alegorias da leitura: Linguagem figurativa em Rousseau, Nietzsche, Rilke e Proust*, trad. Lenita R. Esteves. Rio de Janeiro: Imago, 1996].

DEMILLE, John B. *Strategic Minerals: A Summary of Uses, World Output Stockpiles, Procurement*. New York: McGraw-Hill, 1947.

DEPARTMENT of Finance e COX Peninsula Remediation Project. "Submission to the Parliamentary Standing Committee on Public Works". Canberra: Australian Capital Territory Publishing, 2014.

DERRIDA, Jacques. "The Theater of Cruelty and the Closure of Representation", in *Writing and Difference* [1967], trad. Alan Bass. Chicago: University of Chicago Press, 1978 [ed. bras.: "O teatro da crueldade e o fechamento da representação", in *A escritura e a diferença*, trad. Maria Beatriz Marques Nizza da Silva, Pedro Leite Lopes e Pérola de Carvalho. São Paulo: Perspectiva, 2019].

____. *Archive Fever: A Freudian Impression* [1995], trad. Eric Prenowitz. Chicago: University of Chicago Press, 1998 [ed. bras.: *Mal de arquivo: Uma impressão freudiana*, trad. Cláudia de Moraes Rego. Rio de Janeiro: Relume-Dumará, 2001].

____. *The Beast & the Sovereign*, v. 1 [2008], trad. Geoffrey Bennington. Chicago: University of Chicago Press, 2009 [ed. bras.: *A besta e o soberano*, v. 1, trad. Marco Casanova. Rio de Janeiro: Via Verita, 2016].

DESCOLA Philippe. *The Ecology of Others* [2011], trad. Geneviève Godbout e Benjamin P. Luley. Chicago: Prickly Paradigm, 2013.

DOLPHIJN, Rick e Iris van der TUIN. *New Materialism: Interviews & Cartographies*. Ann Arbor: Open Humanities Press, 2012.

____ e ____. "'There Is Contingent Being Independent of Us, and This Contingent Being Has No Reason to Be of a Subjective Nature': Interview with Quentin Meillassoux", in *New Materialism: Interviews & Cartographies*. Ann Arbor: Open Humanities Press, 2012.

DONZELOT, Jacques. *The Policing of Families*, trad. Robert Hurley. New York: Pantheon, 1979.

EL-NAGGER, Mohamed Y. et al. "Electrical Transport along Bacterial Nanowires from *Shewanella oneidensis* MR-1". *Proceedings of the National Academy of Sciences of the United States of America*, v. 107, n. 42, 11 out. 2010.

ESPOSITO, Roberto. *Bíos: Biopolitics and Philosophy*. Minneapolis: University of Minnesota Press, 2008 [ed. port.: *Bíos: Biopolítica e filosofia*, trad. M. Freitas da Costa. Lisboa: Edições 70, 2010].

FOUCAULT, Michel. "What Is Critique?" [1978], in *The Politics of Truth*, trad. Lysa Hochroth e Catherine Porter. New York: New Press, 1997 [ed. port.: *O que é a crítica?; seguido de A cultura de si*, trad. Pedro Elói Duarte. Lisboa: Texto & Grafia, 2017].

_____. *Society Must Be Defended: Lectures at the Collège de France, 1975–1976* [1997], trad. David Macey. London: Picador, 2003 [ed. bras.: *Em defesa da sociedade: Curso no Collège de France, 1975-1976*, trad. Maria Ermantina d Almeida Prado Galvão. São Paulo: WMF Martins Fontes, 2010].

_____. *Security, Territory, Population: Lectures at the Collège de France 1977-1978* [2004], trad. Graham Burchell. London: Picador, 2009 [ed. bras.: *Segurança, território, população: Curso dado no Collège de France (1977-1978)*, trad. Eduardo Brandão. São Paulo: Martins Fontes, 2008].

_____. *The Government of Self and Others: Lectures at the Collège de France 1982-1983* [2008], trad. Graham Burchell. London: Picador, 2011 [ed. bras.: *O governo de si e dos outros: Curso no Collège de France (1982-1983)*, trad. Eduardo Brandão. São Paulo: WMF Martins Fontes, 2010].

FRANZESE, Sergio. *The Ethics of Energy: William James's Moral Philosophy in Focus*. Piscataway: Transaction, 2008.

FRASER, Nancy. "From Redistribution to Recognition? Dilemmas of Justice in a 'Post-Socialist Age.'" *New Left Review*, 1/212, jul.-ago. 1995.

FREDE, Michael. "On Aristotle's Conception of the Soul", in M. C. Nussbaum e A. O. Rorty (orgs.), *Essays on Aristotle's De Anima*. Oxford: Oxford University Press, 1995.

GAONKAR, Dilip Parameshwar e Elizabeth A. POVINELLI. "Technologies of Public Forms: Circulation, Transfiguration, Recognition". *Public Culture*, v. 15, n. 3, 2003.

GHOSH, Bishnupriya. "Looking through Coca-Cola: Global Icons and the Popular". *Public Culture*, v. 22, n. 2, 2010.

GILMORE, Ruth Wilson. *Golden Gulag: Prisons, Surplus, Crisis, and Opposition in Globalizing California*. Berkeley: University of California Press, 2007.

GITELMAN, Lisa. *Always Already New: Media, History, and the Data of Culture*. Cambridge: MIT Press, 2006.

GIROUX, Henry. *Youth in a Suspect Society: Democracy or Disposability*. London: Palgrave Macmillan, 2010.

GRAEBER, David e Thomas PIKETTY. "Soak the Rich: An Exchange on Capital, Debt, and the Future". *The Baffler*, n. 25, 2014.

GRAMSCI, Antonio. *Selections from the Prison Notebooks*. Org. Q. Hoare e G. N. Smith. New York: International Publishers, 1971.

GRIFFITHS, Michael. "Biopolitical Correspondences: Settler Nationalism, Thanatopolitics, and the Perils of Hybridity". *Australian Literary Studies*, v. 26, n. 2, 2011.

GROSZ, Elizabeth. *Becoming Undone: Darwinian Reflections on Life, Politics, and Art*. Durham: Duke University Press, 2011.

GRUSIN, Richard (org.). *The Nonhuman Turn*. Minneapolis: University of Minnesota Press, 2015.

HACKING, Ian. "Styles of Scientific Reasoning", in J. Rajchman e C. West (orgs.), *Post-Analytic Philosophy*. New York: Columbia University Press, 1985.

HALSALL, Francis. "Art and Guerrilla Metaphysics: Graham Harman and Aesthetics as First Philosophy". *Speculations*, v. 5, 2014.

HAN, The Anh, Luís Moniz PEREIRA e Francisco C. SANTOS. "The Role of Intention Recognition in the Evolution of Cooperative Behavior". Proceedings of the Twenty-Second International Joint Conference on Artificial Intelligence, 2011.

HANLEY, Catriona. *Being and God in Aristotle and Heidegger: The Role of Method in Thinking the Infinite*. Washington: Rowman and Littlefield, 2000.

HANSEN, Mark B. N. *New Philosophy for a New Media*. Cambridge: MIT Press, 2006.

HARAWAY, Donna. *Crystals, Fabrics, and Fields: Metaphors of Organicism in Twentieth-Century Developmental Biology*. New Haven: Yale University Press, 1976.

_____. "The Biopolitics of Postmodern Bodies: Constitutions of Self in Immune System Discourse". *differences: A Journal of Feminist Cultural Studies*, v. 1, n. 1, 1989.

HARDT, Michael. *Gilles Deleuze: An Apprenticeship in Philosophy*. Minneapolis: University of Minnesota Press, 1993 [ed. bras.: *Gilles Deleuze: um aprendizado em filosofia*, trad. Sueli Cavendish. São Paulo: Editora 34, 1996].

_____ e Antonio Negri. *Empire*. Cambridge: Harvard University Press, 2000 [ed. bras.: *Império*, trad. Berilo Vargas. Rio de Janeiro: Record, 2001].

_____ e _____. *Multitude: War and Democracy in the Age of Empire*. New York: Penguin, 2005 [ed. bras.: *Multidão: Guerra e democracia na era do império*, trad. Clóvis Marques. Rio de Janeiro: Record, 2005].

HARMAN, Graham. "On Vicarious Causation", in R. Mackay (org.), *Collapse*, v. II: *Speculative Realism*. Falmouth: Urbanomic, 2007.

_____. *Prince of Networks: Bruno Latour and Metaphysics*. Melbourne: re.press, 2009.

_____. *The Quadruple Object*. Winchester/Washington: Zero, 2011.

____. "The Road to Objects". *Continent*, v. 1, n. 3, 2011.

HARVEY, David. *The Condition of Postmodernity: An enquiry into the origins of cultural change*. London: Wiley-Blackwell, 1991 [ed. bras.: *Condição pós-moderna: Uma pesquisa sobre as origens da mudança cultural*, trad. Adail Ubirajara Sobral e Maria Stela Gonçalves. São Paulo: Loyola, 1993].

HIRD, Myra J. et al. "Making Waste Management Public (or Falling Back to Sleep)". *Social Studies of Science*, v. 44, n. 3, 2014.

HOLBRAAD, Martin. "The Power of Powder: Multiplicity and Motion in the Divinatory Cosmology of Cuban Ifá (or Mana Again)", in A. Henare, M. Holbraad e S. Wastell (orgs.), *Thinking through Things: Theorising Artefacts Ethnographically*. London: Routledge, 2006.

____. "Can the Thing Speak?". *Working Papers Series*, OAC Press, n. 7, 12 jan. 2011.

INGOLD, Tim. "Totemism, Animism and the Depiction of Animals", in *The Perception of the Environment: Essays on Livelihood, Dwelling and Skill*. London: Routledge, 2000.

IRIGARAY, Luce. *Speculum of the Other Woman*, trad. Gillian C. Gill. Ithaca: Cornell University Press, 1985.

JAMES, Ian. *The New French Philosophy*. London: Polity, 2012.

JAMES, William. "Will", in John J. McDermott (org.), *The Writings of William James: A Comprehensive Edition*. Chicago: University of Chicago Press, 1978.

____. "The Present Dilemma in Philosophy", in *Writings 1902-1910*. New York: Penguin, 1987.

____. *Pragmatism*. New York: Dover, 1995.

JAMESON, Fredric. "Future City". *New Left Review*, n. 21, maio-jun. 2003 [ed. bras.: "A cidade do futuro", trad. Mauricio M. S. Oliveira. *Libertas*, v. 10, n. 1, jan.-jun. 2010].

JOHNSON, Miranda. *The Land Is Our History: Indigeneity, Law, and the Settler State, 1967-2000*. New York: Oxford University Press, 2016.

KELSEY, Robin. "Reverse Shot: Earthrise and Blue Marble in the American Imaginary", in E. H. Jazairy (org.), *New Geographies*, v. 4: *Scales of the Earth*. Cambridge: Harvard University Press, 2011.

KOHN, Eduardo. *How Forests Think: Toward an Anthropology beyond the Human*. Berkeley: University of California Press, 2013.

KOLBERT, Elizabeth. *The Sixth Extinction: An Unnatural History*. New York: Henry Holt, 2014 [ed. bras.: *A sexta extinção: Uma história não natural*, trad. Mauro Pinheiro. Rio de Janeiro: Intrínseca, 2015].

LATOUR, Bruno. *We Have Never Been Modern*, trad. Catherine Porter. Cambridge: Harvard University Press, 1993.

LAZZARATO, Maurizio. *Signs and Machines: Capitalism and the Production of Subjectivity*, trad. Joshua David Jordan. Los Angeles: Semiotext(e), 2014 [ed. bras.:

Signos, máquinas e subjetividades, trad. Paulo Domenech Oneto e Hortencia Lencastre. São Paulo: Edições Sesc/n-1 edições, 2014].

LEA, Tess. *Bureaucrats and Bleeding Hearts: Indigenous Health in the Northern Territory*. Sydney: University of New South Wales, 2008.

____. *Darwin*. Sydney: NewSouth, 2014.

____. "'From Little Things, Big Things Grow': The Unfurling of Wild Policy". *e-flux*, n. 58, 2014.

LEARMAN, Deric R. et al. "Formation of Manganese Oxides by Bacterially Generated Superoxide". *Natural Geoscience*, v. 4, 2014.

LENNOX, James G. e Robert BOLTON (orgs.). *Being, Nature, and Life in Aristotle: Essays in Honor of Allan Gotthelf*. Cambridge: Cambridge University Press, 2010.

LEPADATU, Gilbert Vasile. *Early Heidegger's Transition from Life to Being*. PhD dissertation, University of Kentucky, 2009.

LEWIS, David Levering. *W. E. B. Du Bois: The Fight for Equality and the American Century 1919-1963*. New York: Henry Holt, 2000.

LEWIS, Simon L. e Mark A. MASLIN. "Defining the Anthropocene". *Nature*, n. 519, 2015.

LOVELOCK, James. "A Physical Basis for Life Detection Experiments". *Nature*, v. 207, n. 4997, 7 ago. 1965.

MACEDO DUARTE, Andre de. "Hannah Arendt, Biopolitics and the Problem of Violence: From Animal Laborans to Homo Sacer", in D. Stone e R. King (orgs.), *Hannah Arendt and the Uses of History: Imperia-*lism, Nation, Race, and Genocide*. London: Berghahn, 2007.

MACHEREY, Pierre. *De Canguilhem à Foucault: La force des normes*. Paris: La Fabrique, 2009.

MALABOU, Catherine. *The Future of Hegel: Plasticity, Temporality* [1996], trad. Lisabeth During. London: Routledge, 2005.

____. *Plasticity at the Dusk of Writing: Dialectic, destruction, Deconstruction* [2005], trad. Carolyn Shread. New York: Columbia University Press, 2009.

____. *Ontologie de l'accident*. Paris: Léo Scheer, 2009 [ed. bras.: *Ontologia do acidente: Ensaio sobre a plasticidade destrutiva*, trad. Fernando Scheibe. Florianópolis: Cultura e Barbárie, 2014].

MARTIN, William e Michael J. RUSSELL. "On the Origin of Cells: A Hypothesis for the Evolutionary Transition from Abiotic Geochemistry to Chemoautotrophic Prokaryotes, and from Prokaryotes to Nucleated Cells". *Philosophical Transactions of the Royal Society B*, v. 358, 29 jan. 2003.

MASCO, Joseph. *The Theater of Operations: National Security Affect from the Cold War to the War on Terror*. Durham: Duke University Press, 2014.

MASSUMI, Brian. "Event Horizon", in J. Brouwer e A. Mulder, *The Art of the Accident*. Rotterdam: Dutch Architecture Institute/v2, 1999.

____. *Parables for the Virtual: Movement, Affect, Sensation*. Durham: Duke University Press, 2002.

_____. "The Future Birth of the Affective Fact", in M. Gregg e G. J. Seigworth, *The Affect Theory Reader*. Durham: Duke University Press, 2010.

_____. *Ontopower: War, Powers, and the State of Perception*. Durham: Duke University Press, 2015.

MBEMBE, Achille. "Necropolitics", trad. Libby Meintjes. *Public Culture*, v. 15, n. 1, 2003.

MEILLASSOUX, Quentin. *After Finitude: An Essay of the Necessity of Contingency* [2006], trad. Ray Brassier. London: Bloomsbury, 2009.

MEZZADRA, Sandro, Julian REID e Ranabir SAMADDAR. *The Biopolitics of Development: Reading Michel Foucault in the Postcolonial Present*. New York: Springer, 2013.

MICHAELS, Walter Benn. *The Trouble with Diversity: How We Learned to Love Identity and Ignore Inequality*. New York: Holt, 2007.

MITCHELL, W. J. T. e Wang NING. "The Ends of Theory: The Beijing Symposium on Critical Inquiry". *Critical Inquiry*, v. 31, n. 2, 2005.

MOLNAR, George. *Powers: A Study in Metaphysics*. New York: Oxford University Press, 2006.

MOORE, Jason W. "The Capitalocene, Part I: On the Nature and Origins of our Ecological Crisis". *The Journal of Peasant Studies*, v. 44, n. 3, 2017.

MORGENSEN, Scott Lauria. "The Biopolitics of Settler Colonialism: Right Here, Right Now". *Settler Colonial Studies*, v. 1, n. 1, 2011.

MORTON, Timothy. *Hyperobjects: Philosophy and Ecology after the End of the World*. Minneapolis: University of Minnesota Press, 2013.

MULLARKEY, John. "Deleuze", in A. J. Bartlett e J. Clemens (orgs.), *Alain Badiou: Key Concepts*. London: Routledge, 2010.

MURPHY, Michelle. "Distributed Reproduction, Chemical Violence, and Latency". *The Scholar and Feminist Online*, v. 11, n. 3, 2013.

MYHRE, Knut Christian. "What the Beer Shows: Exploring Ritual and Ontology in Kilimanjaro". *American Ethnologist*, v. 42, n. 1, 2015.

NEGRI, Antonio. "The Labor of the Multitude and the Fabric of Biopolitics", trad. Sara Mayo, Peter Graefe e Mark Coté. *Mediations: Journal of the Marxist Literary Group*, v. 23, n. 2, 2008.

NIXON, Rob. *Slow Violence and the Environmentalism of the Poor*. Cambridge: Harvard University Press, 2013.

OWEN, Tim e Shelley JAMES. "The History, Archaeology, and Material Cultural of 105 Radar Station, Cox Peninsula, Northern Territory". *Australasian Historical Archeology*, v. 31, 2013.

PATTON, Paul. "Future Politics", in P. Patton e J. Protevi, *Between Deleuze and Derrida*. London: Bloomsbury, 2003.

PEIRCE, Charles Sanders. "Design and Chance" [1884], in N. Houser e C. Kloesel (orgs.), *The Essential Peirce: Selected Philosophical Writings*, v. 1: *1867-1893*. Bloomington:

Referências

Indiana University Press, 1992.

_____. "The Architecture of Theories" [1891], in N. Houser e C. Kloesel (orgs.), *The Essential Peirce: Selected Philosophical Writings*, v. 1: *1867-1893*. Bloomington: Indiana University Press, 1992.

_____. "The Doctrine of Necessity Examined [1892]", in N. Houser e C. Kloesel (orgs.), *The Essential Peirce: Selected Philosophical Writings*, v. 1: *1867-1893*. Bloomington: Indiana University Press, 1992.

_____. "The Law of Mind" [1892]", in N. Houser e C. Kloesel (orgs.), *The Essential Peirce: Selected Philosophical Writings*, v. 1: *1867-1893*. Bloomington: Indiana University Press, 1992.

_____. "Man's Glassy Essence" [1892]", in N. Houser e C. Kloesel (orgs.), *The Essential Peirce: Selected Philosophical Writings*, v. 1: *1867-1893*. Bloomington: Indiana University Press, 1992.

_____. "Evolutionary Love" [1893]", in N. Houser e C. Kloesel (orgs.), *The Essential Peirce: Selected Philosophical Writings*, v. 1: *1867-1893*. Bloomington: Indiana University Press, 1992.

_____. "Pragmatism" [1907], in N. Houser e C. Kloesel (orgs.), *The Essential Peirce: Selected Philosophical Writings*, v. 2: *1893-1913*. Bloomington: Indiana University Press, 1998.

PIKETTY, Thomas. *Capitalism in the Twenty-First Century*, trad. Arthur Goldhammer. Cambridge: Harvard University Press, 2014

[ed. bras.: *O capital no século* XXI, trad. Monica Baumgarten de Bolle. Rio de Janeiro: Intrínseca, 2014].

PINKUS, Karen. "Fuels and Humans, Bíos and Zōē", in T. Bristow e T. H. Ford (orgs.), *A Cultural History of Climate Change*. London: Routledge, 2016.

POVINELLI, Elizabeth A. "'Might Be Something': The Language of Indeterminacy in Australian Aboriginal Land Use". *Man*, v. 28, n. 4, 1993.

_____. *Labor's Lot: The Power, History, and Culture of Aboriginal Action*. Chicago: University of Chicago Press, 1994.

_____. "Do Rocks Listen? The Cultural Politics of Apprehending Australian Aboriginal Labor". *American Anthropologist*, v. 97, n. 3, 1995.

_____. *The Cunning of Recognition: Indigenous Alterities and the Making of Australian Multiculturalism*. Durham: Duke University Press, 2002.

_____. "Finding Bwudjut: Common Land, Private Profit, Divergent Objects", in E. Kowal, T. Lea e G. Cowlishaw (orgs.), *Moving Anthropology: Critical Indigenous Studies*. Darwin: Charles Darwin University Press, 2006.

_____. "Digital Futures". *Vectors*, 19 maio 2008.

_____. "Routes/Worlds". *e-flux*, n. 27, 2011.

_____. "After the Last Man: Images and Ethics of Becoming Otherwise". *e-flux*, n. 35, 2012.

_____. "The Will to Be Otherwise/

The Effort of Endurance". *South Atlantic Quarterly*, v. 111, n. 3, 2012.

POWELL, Alan. *Far Country: A Short History of the Northern Territory*. Darwin: Charles Darwin University Press, 1982.

PRITCHARD, Duncan. "Wittgenstein's On Certainty and Contemporary Anti-Scepticism", in D. Moyal-Sharrock e W. H. Brenner, *Readings of Wittgenstein's On Certainty*. London: Palgrave Macmillan, 2005.

RANCIÈRE, Jacques. *Dissensus: On Politics and Aesthetics* [1995], trad. Steven Corcoran. London: Bloomsbury, 2010 [ed. bras.: "Biopolítica ou política?", trad. Edélcio Mostaço. *Urdimento*, n. 15, out. 2010].

_____. "Ten Theses on Politics" [1997]. *Theory & Event*, v. 5, n. 3, 2001 [ed. bras.: "Dez teses sobre política", in *Nas margens do político*, trad. Vanessa Brito e João Pedro Cachopo. Lisboa: KKYM, 2014, pp. 147-48].

_____. *The Politics of Aesthetics: the distribution of the sensible* [2000], trad. Gabriel Rockhill. London: Continuum, 2006 [ed. bras.: *A partilha do sensível*, trad. Mônica Costa Netto. São Paulo: EXO experimental org/ Editora 34, 2005].

RAND, Sebastian. "Organism, Normativity, Plasticity: Canguilhem, Kant, Malabou". *Continental Philosophy Review*, v. 44, n. 4, 2011.

RICHARDSON, Robert. *William James: In the Maelstrom of American Modernism*. New York: Houghton Mifflin, 2006.

RORTY, Amélie Oksenberg. "Descartes and Spinoza on Epistemological Egalitarianism". *History of Philosophy Quarterly*, v. 13, n. 1, 1996.

ROSE, Nikolas. *The Politics of Life Itself: Biomedicine, Power, and Subjectivity in Twenty-First Century*. Princeton: Princeton University Press, 2009.

ROSENBERG, J. "The Molecularization of Sexuality: On Some Primitives of the Present". *Theory and Event*, v. 17, n. 2, 2014.

SADAVA, David E. et al. *Life: The Science of Biology*. New York: W. H. Freeman, 2012.

SALDANHA, Arun. *Sexual Difference: Between Psychoanalysis and Vitalism*. London: Routledge, 2013.

SCAMBARY, Benedict. *My Country, Mine Country: Indigenous People, Mining and Development Contestation in Remote Australia*. Canberra: Australian National University Press, 2013.

SCHLESINGER, William H. e Emily S. BERNHARDT, *Biogeochemistry: An Analysis of Global Change*. Waltham: Academic Press, 2013.

SERRES, Michel. *The Parasite* [1980], trad. Lawrence R. Schehr. Minneapolis: University of Minnesota Press, 2007.

_____. *Variations on the Body* [1999], trad. Randolph Burks. Minneapolis: Univocal, 2012 [ed. bras.: *Variações sobre o corpo*, trad. Edgard de Assis Carvalho e Mariza Perassi Bosco. Rio de Janeiro:

Bertrand Brasil, 2004].

SHAPIRO, Nicholas. "Illocality: Emergency Housing, Sick Space, and Distributed Architecture", in Spaces of Uneventful Disaster Tracking Emergency Housing and Domestic Chemical Exposures from New Orleans to National Crises. Tese (doutorado), Institute for Social and Cultural Anthropology, University of Oxford, 2014.

SHAVIRO, Steven. "Non-Phenomenological Thought". *Speculations*, v. 5, 2014.

_____. *The Universe of Things: On Speculative Realism.* Minneapolis: University of Minnesota Press, 2014.

SMITH, Daniel V. "Mathematics and the Theory of Multiplicities: Badiou and Deleuze Revisited". *The Southern Journal of Philosophy*, v. 41, n. 3, 2003.

SPINOZA, Baruch. *Ethics*, trad. G. H. R. Parkinson. Oxford: Oxford University Press, 2000 [ed. bras.: *Ética*, trad. Tomaz Tadeu. Belo Horizonte: Autêntica, 2017].

STAROSIELSKI, Nicole. "'Warning: Do Not Dig': Negotiating the Visibility of Critical Infrastructures". *Journal of Visual Culture*, v. 11, n. 1, 2012.

STENGERS, Isabelle. "Gilles Deleuze's Last Message"; recalcitrance. com/deleuzelast.htm.

_____. *Invention of Modern Science* [1993]. Minneapolis: University of Minnesota Press, 2000 [ed. bras.: *A invenção das ciências modernas*, trad. Max Altman. São Paulo:

Editora 34, 2002].

_____. *Thinking with Whitehead: A Free and wild Creation of concepts*, trad. Michael Chase. Cambridge: Harvard University Press, 2011.

STIKKERS, Kenneth W. "The Ethics of Energy: William James's Moral Philosophy in Focus". *Notre Dame Philosophical Reviews*, 3 maio 2009.

TAMPIO, Nicholas. "Assemblages and the Multitude: Deleuze, Hardt, Negri, and the Postmodern Left". *European Journal of Political Theory*, v. 8, n. 3, 2009.

THACKER, Eugene. *After Life.* Chicago: University of Chicago Press, 2010.

_____. "Necrologies; Or The Death of the Body Politic", in P. T. Clough e C. Willse (orgs.), *Beyond Biopolitics: Essays on the Governance of Life and Death.* Durham: Duke University Press, 2011.

——. Thacker, Eugene. "Biophilosophy for the 21st Century". 1000 Days of Theory, *CTheory*, 9 jun. 2005.

TRIGGER, David. et al. "Aboriginal Engagement and Agreement-making with a Rapidly Developing Resource Industry: Coal Seam Gas Development in Australia". *The Extractive Industries and Society*, v. 1, n. 2, 2014.

VAN DAM, R. A. et al. "Ecological Risk Assessment of Tebuthiuron Following Application on Northern Australian Wetlands". *Environment Australia Internal Report*, n. 362, 2001.

VERRAN, Helen. "The Educational

Value of Explicit Noncoherence: Software for Helping Aboriginal Children Learn about Place in Education and Technology", in David W. Kritt e Lucien T. Winegar (orgs.), *Critical Perspectives, Possible Futures*. Lanham: Lexington, 2007.

____ e Michael CHRISTIE. "Using/ Designing Digital Technologies of Representation in Aboriginal Australian Knowledge Practices". *Human Technology*, v. 3, n. 2, 2007.

VIGH, Henrik Erdman, and David Brehm Sausdal. "From Essence Back to Existence: Anthropology beyond the Ontological Turn". *Anthropological Theory*, v. 14, n. 1, 2014.

VIVEIROS DE CASTRO, Eduardo Viveiros. "Cosmological Deixis and Amerindian Perspectivism". *The Journal of the Royal Anthropological Institute*, v. 4, n. 3, 1998.

____. *Cannibal Metaphysics: For a Post-Structural Anthropology* [2009], trad. Peter Skafish. Minneapolis: Univocal, 2014 [ed. bras.: *Metafísicas canibais: Elementos para uma antropologia pós-estrutural*. São Paulo: Ubu Editora/ n-1 edições, 2018].

____. *Cosmological Perspectivism in Amazonia and Elsewhere: Four Lectures given in the Department of Social Anthropology, University of Cambridge, February–March 1998*. Manchester: HAU, 2012. Masterclass Series, v. 1.

WARNER, Michael. "Publics and Counterpublics", in *Publics and Counterpublics*. New York: Zone Books, 2002.

WILD, Rex e Patricia ANDERSON. *Ampe Akelyernemane Meke Mekarle/ "Little Children Are Sacred"*. Report of the NT Board of Inquiry into the Protection of Aboriginal Children from Sexual Abuse. Darwin: Northern Territory Government, 2007.

WILKEN, Rowan e Gerard GOGGIN (orgs.). *Mobile Technology and Place*. London: Routledge, 2012.

WITTGENSTEIN, Ludwig. *On Certainty*, trad. Denis Paul e G. E. M. Anscombe. New York: Harper and Row, 1972 [ed. bras.: *Da certeza*, trad. Maria Elisa Costa. Lisboa: Edições 70, 1990].

WOLFE, Charles T. "The Return of Vitalism: Canguilhem and French Biophilosophy in the 1960s". PhilArchive, 2015.

WOLFE, Patrick. "Settler Colonialism and the Elimination of the Native". *Journal of Genocide Research*, v. 8, n. 4, 2006.

WUNUNGMURRA, Wali. "Journey Goes Full Circle from Bark Petition to Blue Mud Bay". *ABC News*, 13 ago. 2008.

YUSOFF, Kathryn. "Geologic Life: Prehistory, Climate, Futures in the Anthropocene". *Environment and Planning D: Society and Space*, v. 31, n. 5, 2013.

____. "Geological Subjects: Nonhuman Origins, Geomorphic Aesthetics and the Art of Becoming Inhuman". *Cultural Geographies*,

v. 22, n. 3, 2015.

ZIAREK, Krzysztof. "A Vulnerable World: Heidegger on Humans and Finitude". *SubStance*, v. 42, n. 3, 2013.

ŽIŽEK, Slavoj. *The Fragile Absolute: Or, Why Is the Christian Legacy Worth Fighting For?* London: Verso, 2001 [ed. bras.: *O absoluto frágil: Ou Por que vale a pena lutar pelo legado cristão?*, trad. Rogério Bettoni. São Paulo: Boitempo, 2015].

_____. "Correlationalism and Its Discontents", in *Less Than Nothing: Hegel and the Shadow of Dialectical Materialism*. London: Verso, 2013.

Sobre a autora

ELIZABETH A. POVINELLI nasceu em 3 de fevereiro de 1962 na cidade de Buffalo, estado de Nova York, e doutorou-se em Antropologia pela Universidade Yale em 1991. É professora de Antropologia e Estudos de Gênero na Universidade Columbia, em Nova York, onde ocupa a cátedra Franz Boas. Nessa instituição, foi diretora do Institute for Research on Women and Gender e codiretora do Centre for the Study of Law and Culture. Em 2011, foi premiada pelo German Transatlantic Program e passou a integrar a American Academy in Berlin. Em 2018, foi eleita membra da Australian Academy of the Humanities.

Atua também na área audiovisual, sendo uma das membras fundadoras do Karrabing Film Collective. O coletivo recebeu diversos prêmios – incluindo o Visible (2015), da Fundação Zegna (Itália), o Cinema Nova (2015) de melhor curta de ficção, no Festival Internacional de Melbourne, e o Eye, do Eye Filmmuseum (Países Baixos) – e apresentou-se em eventos internacionais como Berlinale e documenta-14. Também é autora de obras individuais: uma série de desenhos em que reimaginou a pré-história como sedimentações coloniais foi exibida em Roma, no Museo delle Civiltà.

Em 2017, *Geontologias: Um réquiem para o liberalismo tardio* recebeu o prêmio Lionel Trilling de livro do ano.

Obras selecionadas

Routes/Worlds. Berlim/New York: Sternberg/e-flux, 2022.

Between Gaia and Ground: Four Axioms of Existence and the Ancestral Catastrophe of Late Liberalism. Durham: Duke University Press, 2021.

The Inheritance. Durham: Duke University Press, 2021.

Economies of Abandonment: Social Belonging and Endurance in Late Liberalism. Durham: Duke University Press, 2011.

"Digital Futures". *Vectors Journal of Culture and Technology in a Dynamic Vernacular*, 3 fev. 2009.

The Empire of Love: Toward a Theory of Intimacy, Genealogy, and Carnality. Durham: Duke University Press, 2006.

"Technologies of Public Forms: Circulation, Transfiguration, Recognition". *Public Culture*, v. 15, n. 3, 2003.

The Cunning of Recognition: Indigenous Alterities and the Making of Australian Multiculturalism. Durham: Duke University Press, 2002.

"Radical Worlds: The Anthropology of Incommensurability and Inconceivability". *Annual Review of Anthropology*, v. 30, out. 2001.

Labor's Lot: The Power, History and Culture of Aboriginal Action. Chicago: University of Chicago Press, 1994.

Título original: *Geontologies: A Requiem to Late Liberalism*

© Ubu Editora, 2023
© 2016 Duke University Press

Edição
Bibiana Leme

Revisão
Fabiana Camargo Pellegrini

Capa
Daniel Trench

Produção gráfica
Marina Ambrasas

Dados Internacionais de Catalogação na Publicação (CIP)
Elaborado por Vagner Rodolfo da Silva – CRB-8/9410

P879g Povinelli, Elizabeth A.
Geontologias: um réquiem para o liberalismo
tardio / Elizabeth A. Povinelli; título original: *Geontologies:
A Requiem to Late Liberalism*; tradução e apresentação por
Mariana Ruggieri. São Paulo: Ubu Editora, 2023. 304 pp.
ISBN 978 85 7126 095 5

1. Ciências políticas. 2. Liberalismo. 3.
Política. 4. Antropologia. 5. Meio ambiente. 6.
Materialismo. 7. Povos indígenas. 8. Capitalismo.
9. Sociologia. I. Ruggieri, Mariana. II. Título.

2023-277   CDD 320   CDU 32

Índice para catálogo sistemático:
1. Ciências políticas 320
2. Ciências políticas 32

EQUIPE UBU

Direção editorial
Florencia Ferrari

Coordenação geral
Isabela Sanches

Direção de arte
Elaine Ramos, Júlia Paccola [assistente]

Editorial
Bibiana Leme, Gabriela Naigeborin

Direitos autorais
Júlia Knaipp

Comercial
Luciana Mazolini, Anna Fournier [assistente]

Comunicação / Circuito Ubu
Maria Chiaretti e Walmir Lacerda [assistente]

Design de comunicação
Marco Christini

Gestão Circuito Ubu / site
Laís Matias

Atendimento
Micaely Silva

UBU EDITORA
Largo do Arouche 161 sobreloja 2
01219 011 São Paulo SP
ubueditora.com.br
professor@ubueditora.com.br
 /ubueditora

Fontes
Neue Haas Grotesk Round e Karmina

Papel
pólen bold 70 g/m²

Impressão e acabamento
Margraf